Isolde Charim

Die Qualen des Narzissmus

Über freiwillige Unterwerfung

Paul Zsolnay Verlag

Mit freundlicher Unterstützung der Kulturabteilung
der Stadt Wien, Literatur und Wissenschaft

Stadt Wien | Kultur

5. Auflage 2023

ISBN 978-3-552-07309-8

Satz: Nele Steinborn, Wien
Autorenfoto: © Daniel Novotny
Umschlag: Anzinger und Rasp, München
Druck und Bindung: CPI books GmbH, Leck
Printed in Germany

FSC www.fsc.org
MIX
Papier | Fördert
gute Waldnutzung
FSC® C083411

Inhalt

Kapitel 1

Woher rührt unsere Freiwilligkeit?

Vorrede

Ausgangspunkt ist ein altes Erstaunen: Warum sind wir mit dem Bestehenden einverstanden? Ob dieses uns zum Vorteil gereicht oder nicht. Wir mögen hie und da murren – aber im Großen und Ganzen willigen wir in die Verhältnisse ein. Freiwillig. Woher rührt diese Freiwilligkeit?

Die Corona-Pandemie, die mit dem Beginn dieses Schreibens zusammenfiel, hat dem alten Erstaunen einen neuen Schauplatz eröffnet. Und auch wenn dies kein Buch über die Pandemie ist, können wir unsere Fragestellung doch von dieser aus aufspannen.

Erinnern wir uns: Mit den so genannten »Maßnahmen«, ob Händewaschen, Maskenpflicht oder Einschränkung der Sozialkontakte, kam die Frage auf: Warum befolgten viele, nicht alle, aber die Mehrheit, diese Vorgaben?

Die Antworten waren vielzählig. Man folge aus Angst. Angst vor den Strafen, vor den Sanktionen, die mit der Nichtbeachtung einhergingen. Das aber ist Gehorsam: Man erfüllt eine äußere Form – eine Vorschrift, einen Befehl, einen Erlass.

Man folge aber auch aus einer anderen Angst – aus Angst vor der Gefahr, vor dem Virus. Da kippt das Folgen – von Gehorsam in Vernunft. Als rationales, abwägendes Wesen, als aufgeklärter Bürger hat man Einsicht in die Notwendigkeit der Einschränkungen. Man folgt also aus Überzeugung – nun nicht mehr einer vorgeschriebenen Form, sondern einem vorgegebenen Inhalt. Einem Inhalt, der einen überzeugt. Generell also gilt: Man folgt entweder einer Form, die sich durchsetzt, oder einem Inhalt, der einen überzeugt.

Meistens waren es wohl Mischformen. Wer ist schon gänzlich ein braver Bürger oder zu hundert Prozent ein autonomes Subjekt? Und trotzdem bleibt da etwas offen – etwas, das eben die Pandemie sichtbar gemacht hat. Man konnte nämlich, vor allem zu Beginn, kaum abschätzen, was vernünftig ist und was nicht. Was schützt und was nicht. Masken – erst nein, dann ja. Schmierinfektionen, Berührungen von Oberflächen – erst hochdramatisch, dann vernachlässigenswert. Zufällige Begegnungen auf der Straße – erst bedrohlich, dann gleichgültig. Und trotzdem folgte man. Mit Vernunft alleine war das nicht zu erklären. Denn man fügte sich auch dort ein, wo es nicht argumentierbar war. Und trotzdem war dies auch nicht reiner Gehorsam.[1]

Ziel der Politik war es, das Verhalten der Menschen bis in die kleinsten Alltagshandlungen hinein zu verändern. Deshalb war sie darauf angewiesen, dass die Menschen mitwirkten. Woher rührte nun die Akzeptanz dieser Vorgaben? Manche Stimmen meinten, das Verhalten der Menschen ließe sich am besten durch positive Anreize regulieren. Also weder durch Zwang noch durch Überzeugung, sondern durch Manipulation. Aber so wie unklar ist, was in solch einer Situation vernünftig ist, so ist auch unklar, was hier als positiver Anreiz funktioniert. Alle diese Möglichkeiten sind letztlich ungenügend. Auch eine Mischung ist unzureichend. Denn ihr entgeht das zentrale Moment: die Freiwilligkeit. Freiwillig – aber nicht aus Vernunftgründen.

Die Ausnahmesituation hat also über den Anlassfall hinaus gezeigt: Man muss die Frage anders stellen. Wenn für ein Geschehen, wenn generell für die gesellschaftlichen Verhältnisse die Freiwilligkeit einer großen Menge von Menschen zentral ist – woher rührt dann solche Freiwilligkeit? Woher rührt die Freiwilligkeit von aufgeklärten Subjekten des 21. Jahrhunderts? Das ist das Erstaunen. Und das ist unsere Frage.

La Boéties paradoxe Formel

Im Jahr 1546 oder 1548[2] hat der französische Autor Étienne de La Boétie eine »Abhandlung über die freiwillige Knechtschaft« geschrieben.[3] Er hat damit eine vielzitierte Formel geprägt, die Freiwilligkeit mit Knechtschaft verbindet: die paradoxe Mischung eines freiwilligen Zwangsverhältnisses.

Wie kann es sein, fragt La Boétie, dass so viele Menschen, ganze Dörfer, Städte, Völker, einen einzigen Tyrannen erdulden? Und seine Antwort lautet: Der Herrscher hat nicht mehr Macht, als man ihm gibt. Auch der Tyrann nicht. Er hat nur so viel Macht, wie man ihm zugesteht. Er schadet den Menschen nur, soweit sie zu dulden bereit sind. Das Geheimnis der Herrschaft liege also im Einverständnis der Beherrschten. Die Unterdrückten akzeptierten ihre Unterdrückung freiwillig. Das ist die paradoxe Lektion, die La Boétie seinen Zeitgenossen gibt. Und er ruft ihnen zu: Ihr seid es, die ihn mächtig macht! Die Macht der Tyrannen ist eure Freiwilligkeit!

Um frei zu sein, müssten die Völker nur aufhören zu dienen, so La Boétie. Denn es stünde in ihrer Wahl, Knecht oder frei zu sein. Aber sie willigen in ihr Unglück ein – mehr noch: Sie jagen diesem nach.

»Wahrlich ein höchst merkwürdiges und doch so gemeines Phänomen«, so La Boétie.[4]

Warum aber unterwerfen sich Menschen – unabhängig davon, ob dies ihren Interessen entspricht? Vor allem aber (und das ist die viel virulentere Frage): Warum unterwerfen sich Menschen, wenn dies ihren Interessen *nicht* entspricht?

La Boétie erklärt das paradoxe Phänomen so: Ursprünglich mag die Unterjochung eines Volkes gewaltsam gewesen sein. Sobald es aber unterjocht sei, würde es in eine »tiefe Vergessenheit seiner Freiheit verfallen« und willig dienen. Woher aber rührt dieses Vergessen? Wie kommt es zur Verkehrung von Zwang in Freiwilligkeit? La Boéties Antwort auf diese Frage ist eine ganze Auflistung.

Erstens durch Betrug und Verführung. Also durch die List der Tyrannen, die sich geschickt mächtiger Hilfsmittel bedienten: Huren- und Spielhäuser, öffentliche Spiele und Ergötzlichkeiten, Feste mit Fleischverteilung. »So betrogen sie den Pöbel, dessen Herr immer der Bauch ist.«[5] Man könnte auch sagen: Es handelt sich um einen Tausch – aber einen schlechten Tausch. Denn der Preis ist die Freiheit.

Zweitens aber wirke die Herrschaft durch alles, was die Leichtgläubigkeit befördert. Vor allem durch das Brimborium der Macht – die Pracht, die Lügen, die Religion. Durch alles also, was die Menschen blendet.

Drittens würde die Freiwilligkeit durch Gewohnheit und Erziehung befördert: Diese würden die Natur des Menschen, der doch »zur Freiheit geboren ist«, deformieren. Freiwilligkeit wäre also nichts als die Deformation der natürlichen Tendenz der Menschen zur Freiheit. Erziehung und Gewohnheit würden diese Natur verschütten, verderben – so dass sich die Menschen mit dem Ersatz der Freiheit, nämlich der Freiwilligkeit, begnügen. Ein Ersatz, der ihnen durch Gewohnheit und Erziehung natürlich wird – gegen ihre angeborene »unverdorbene Natur«. Freiwilligkeit wäre demnach also der zur zweiten Natur gewordene Ersatz der wahren Freiheit.

Trotzdem er meint, der Eigensinn zu dienen würde tiefe Wurzeln schlagen – trotzdem die (Selbst-)Versklavung zur zweiten Natur geworden ist – trotzdem schreibt La Boétie seinen Text als Aufruf, als Manifest, als Appell: »Seid entschlossen, nicht mehr zu dienen, und ihr seid frei.« Sobald man nicht mehr einwillige, Sklave zu sein, wäre man demnach befreit. Als ließe sich die zweite Natur einfach abschütteln. La Boéties Aufruf an seine Zeitgenossen beruht auf zweierlei: Zum einen denkt er die Knechtschaft als ein äußerliches Verhältnis – vor allem dort, wo sie auf Zwang und Betrug beruht. Und zum anderen führt die Freiwilligkeit ein erstaunliches Dasein in seinem Text: Sie ist nämlich abwesend. Erstaunlich für einen Text, der doch von ihr handelt. Vielleicht ist die Freiwilligkeit deshalb so abwesend in diesem Text, da sie ihm nur ein Mangel ist: die Abwesenheit der wahren, unverfälschten, natürlichen Freiheit. Freiwilligkeit ist ihm nur die deformierte, die korrumpierte menschliche Natur.

La Boéties Paradoxon ist ein ebenso anhaltendes wie veränderbares Phänomen. Anhaltend ist es, weil wir auch heute noch in freiwilligen Zwangsverhältnissen leben. Veränderbar aber ist es, weil sich mit den gesellschaftlichen Verhältnissen auch das verändert, was freiwilliges Unterordnen jeweils ist.

Freiwilliges Fügen gibt es nach wie vor – aber die *Art*, sich zu fügen, und das, worein man sich fügt, verändern sich. Es ist also ein konstantes Phänomen – mit unterschiedlichen Ausprägungen, unterschiedlichen Intensitäten, unterschiedlichen Arten des Zustandekommens und mit unterschiedlicher Theoretisierung. So geht es heute nicht um freiwillige Knechtschaft, sondern um freiwillige Unterwerfung. Ein wichtiger Unterschied. Denn der Unterworfene ist nicht der Knecht eines Herrn – er fügt sich vielmehr in die Verhältnisse. Er fügt sich ein. Im Unterschied zur Knechtschaft ist dies eine Unterwerfung, die sich selbst nicht als eine solche versteht. Sie wird vielmehr als Einverständnis erlebt – als Einverständnis mit dem Bestehenden, als Akzeptanz der Gesellschaftsordnung. Mehr noch. Die Freiwilligkeit dieses verkappten Zwangsverhältnisses erscheint als ihr Gegenteil: Eine Unterwerfung, die als Ermächtigung erlebt wird. Die Wirkmächtigkeit solcher freiwilligen Unterwerfung kann gar nicht überschätzt werden. Denn diese ist die weitreichendste, effizienteste Form, wie eine bestehende Ordnung, wie bestehende Verhältnisse gestützt, getragen, perpetuiert werden. Mit und gegen die eigenen Interessen.

Wenn die freiwillige Unterwerfung aber ebenso anhaltend wie veränderbar ist, dann stellt sich die Frage: Was bedeutet eigentlich Freiwilligkeit? Und wo kommt diese her?

Erweiterung der Formel

Wir sind also auf der Suche nach jener Freiwilligkeit, die bei La Boétie abwesend ist. Die bei ihm ein Aschenputtel-Dasein führt. Weil sie ihm nur eine Verfallsform des »Triebs« zur Freiheit ist. Eine zivilisatorische Deformation, die die Natürlichkeit des Freiheitsimpulses verschüttet.

Diese Suche ist aber keine archäologische, die im Schutt der Zivilisation gräbt. Denn dann würden wir ja La Boéties Annahme bestätigen. Diese Suche begibt sich vielmehr auf einen Umweg – ein Umweg, der das Gesellschaftliche nicht als Deformation, sondern als Möglichkeit, ja als Bedingung jener ominösen Freiwilligkeit versteht.

La Boétie kommt das Verdienst zu, den Begriff geliefert zu haben: die paradoxe Formel der freiwilligen Unterwerfung. Aber er hat keine gültige Definition hinterlassen. Seine Vorstellung ist die Vorstellung eines entscheidungsfähigen Subjekts, das dem Tyrannen gegenübersteht. Ob dieses durch Zwang, der zur Gewohnheit wird, durch Betrug oder durch Verführung zur freiwilligen Unterwerfung gebracht wird – in jedem Fall greift dies zu kurz. Denn es bleibt in all diesen Fällen ein äußerliches Verhältnis. Die freiwillige Unterwerfung aber bedarf, ja sie beruht, mehr noch: sie *ist* ein innerliches Verhältnis.

Wir müssen also die Frage stellen: Wie kann man sich ein solches vorstellen? Und wo kommt dieses her?

Für eine Antwort auf diese Frage müssen wir uns vom Frankreich des 16. Jahrhunderts in die Niederlande des 17. Jahrhunderts wenden. Dort findet man bei Baruch de Spinoza eine andere Formulierung für die freiwillige Unterwerfung: Die Menschen würden »für ihre Knechtschaft kämpfen, als sei es für ihr Heil«.[6]

Damit verwechseln sie nicht nur ihre Knechtschaft mit ihrem Heil – sie kämpfen auch noch für diese. Warum?

Auf den ersten Blick würde man sagen: Knechtschaft bedeutet Zwang und Heil das, was man erhofft, wonach man trachtet. Freiwillig. Nun zeigt aber Spinoza, dass die Herrschaft des Staates sich nicht darauf beschränkt, Gehorsam zu erzwingen. Sie umfasst auch alle Mittel, die Menschen dazu bringen, aus freien Stücken zu gehorchen. Entscheidend ist, dass das für Spinoza keinen Unterschied macht. Ob man nun aus Angst vor Strafe, aus Hoffnung auf Gewinn, aus Liebe zu Gott oder zum Vaterland die Anordnungen des Souveräns befolgt, ist egal. Denn »nicht *weshalb* man gehorcht, sondern *dass* man gehorcht, macht nämlich einen zum Untertan«.[7]

Die Freiwilligkeit des Handelns alleine garantiert noch nicht, dass es nicht um unsere Knechtschaft, sondern tatsächlich um unser Heil geht. Denn freiwillig mag man zwar *aus eigenem Ermessen* handeln – aber das bedeutet noch nicht, dass man auch nach *eigenem Recht* handelt und nicht nach dem des

Staates, so Spinoza. Die Freiwilligkeit verändert also nicht die Tatsache, dass es sich um eine Unterwerfung handelt. Entscheidend ist nämlich, so Spinoza, dass Gehorsam nicht das äußerliche Handeln, sondern »die innere Haltung des Gemüts« ist. Hier ist es – das innere Verhältnis, das wir gesucht haben. Und dieses besagt: Freiwilligkeit bedeutet, die Anordnungen nicht nur zu befolgen, sondern dies auch mit »ganzem Herzen« zu tun. Deshalb muss man weiter gehen und sagen: Die Freiwilligkeit mindert nicht die Tatsache der Unterwerfung. Ganz im Gegenteil: Sie steigert diese vielmehr. So kommt Spinoza zu dem Schluss: Die größte Herrschaft übt aus, »wer über die Herzen seiner Untertanen regiert«.

Über die Herzen regieren heißt aber, die Affekte lenken – Leidenschaften wie Liebe, Hass, Verachtung ausrichten. Etwa auf den Kampf für die eigene Knechtschaft, die uns als Heil erscheint. Die wesentliche Richtung für die Leidenschaften aber ist die auf den Souverän.

Und hier nähern wir uns dem, was Spinoza »das letzte Geheimnis einer monarchischen Regierung« nennt: Die Untertanen verwechseln nicht nur ihr Heil mit ihrer Knechtschaft. Sie verwechseln nicht nur ihre Unterwerfung mit ihrer Freiwilligkeit. Sie verwechseln auch ihren Monarchen mit Gott.

Und das gibt uns – nach dem inneren Verhältnis – das nächste entscheidende Stichwort für die freiwillige Unterwerfung. Denn Prototyp einer solchen Unterwerfung ist für Spinoza die Religion. Insbesondere der Glaube an den monotheistischen Gott. Abstrakt, als reine Notwendigkeit verstanden, kann dieser unsichtbare Gott die Herzen nicht bewegen. Er ergreift die Gemüter nur, wenn er zu einer Vorstellung wird – wenn er also in eine Form gebracht wird, die das Gemüt fassen kann. Wenn er als Regent, als König, als Gesetzgeber vorgestellt wird, »mitleidig, gerecht« – mit menschlichen Eigenschaften also. Kurzum – Gott rührt die Herzen, wenn er als Mensch, als idealisierter Mensch, gefasst, und damit fassbar wird. Erst diese anthropomorphe, diese menschliche Gestalt der Autorität spricht zu den Herzen. Erst die Vorstellung des alten Manns mit weißem Bart bewegt die Gemüter und befördert den Gehorsam, um den es geht: den Gehorsam aus vollem Herzen – jene Unterwerfung, die man nicht als solche empfindet. Denn diese menschliche Vorstellung erzeugt das zentrale Moment der Freiwilligkeit: das »persönliche Verhältnis«[8] zur Autorität. Nur zu einem personalisierten Gott hat man ein persönliches Verhältnis von Liebe. Nur ein solcher Gott liebt mich. Und nur ein solcher liebt *mich*. Das bedeutet: Nur er liebt mich »vor allen anderen«, wie Spinoza es nennt. Ein entscheidender Punkt. Denn das bedeutet: Er sieht *mich*. Er meint *mich*. Und dieses Gemeint-Sein ist die Triebkraft der freiwilligen Unterwerfung, des Folgens aus ganzem Herzen – die weit über alle rein äußerlichen Vorstellungen von Betrug oder Verführung hinausgeht.

Wir halten fest: Im Zentrum der freiwilligen Unterwerfung steht also dieses innere Verhältnis – das persönliche Verhältnis zu Gott, zu einer Autorität. Der französische Philosoph Louis Althusser hat dieses Verhältnis in den 1970er Jahren in einen nüchternen Begriff übersetzt: Er nannte es eine Anrufung.[9]

Was ist das?

Anrufungen gibt es sowohl im religiösen Zusammenhang als auch außerhalb – in allen Fällen aber meint es dasselbe: die Ur-Szene der freiwilligen Unterwerfung. Auch wenn sie verallgemeinert, säkularisiert ist, bleibt doch die Religion das Modell für eine solche Anrufung.

Üblicherweise sagt man: Der Gläubige ruft Gott an. Dazu aber muss man schon an diesen glauben. Muss glauben, dass dieser einen erhören kann. Man muss also schon ein Glaubender sein. Das ist also eine sekundäre Anrufung. Die primäre Anrufung aber ist der Vorgang, die solcher Hinwendung zu Gott vorausgeht. Diese ist der Ruf, der *an uns* ergeht. Im genannten Fall wäre es der Ruf Gottes, der den Gläubigen erreicht.

Es ist dies ein zugleich höchst imaginärer und ein höchst realer Vorgang. Imaginär ist er, weil er von einer vorgestellten, imaginierten Autorität ausgeht – diese kann Gott, der Souverän, der Staat, die Nation, der Vater (als Instanz) oder auch ein abstraktes Prinzip sein. Diese sind alle von unterschiedlicher Natur, aber in der Anrufung werden sie alle zu einer vorgestellten, imaginären Autorität – zu einem anthropomorphen großen Subjekt, dessen Ruf an all die kleinen Subjekte ergeht, die wir sind – ob Gläubige, Staatsbürger oder Kinder. Die Autorität wird jeweils zum SUBJEKT.[10] Dieses SUBJEKT ruft seine Subjekte. Wie der alte Mann mit dem weißen Bart seine Schäfchen.

Dieser Ruf ist nicht nur ein wörtlicher Ruf, sondern ein gesamtes institutionelles Arrangement, eine gesamte praktisch-ideologische Anordnung – ein Ganzes von Institutionen, Symbolen, Praxen, Ritualen, Zeremonien, Formen, Traditionen, durch die hindurch der Ruf sich bahnt, artikuliert, zirkuliert, bis er das Subjekt trifft. Ein ganzes Universum, das man als Ideologie bezeichnen kann.

Dieser Ruf beginnt mit der Geburt (oder schon davor), wenn in den Familien Name, Platz und Identität des Neugeborenen als erste Einführungen in die Gesellschaft bestimmt werden. Der Ruf setzt sich dann fort – in Schulen und Ausbildungsstätten. Er weitet sich aus zu einem ganzen Chor von Rufen: zum Ruf der religiösen Institutionen, zum Ruf der politischen Organisationen, zum Ruf der kulturellen Formen und Instanzen. Jeder Ruf ist das Angebot, die Möglichkeit, die Ausstattung mit einer konkreten Identität, mit einem konkreten Platz. Manchmal ergänzen sie sich. Manchmal widersprechen sie sich aber auch. Was beim Einzelnen dann eine Lebenskrise auslösen kann. Solche Rufe können von überallher kommen.

James Joyce hat diese Vielstimmigkeit der Rufe beschrieben, wenn dem Künstler als jungem Mann »unentwegt die Stimmen seines Vaters und seiner Lehrer in den Ohren (klangen), die ihn ermahnten, vor allem immer ein Gentleman zu sein, und ihn ermahnten, vor allem immer ein guter Katholik zu sein. (...) Als der Turnsaal eröffnet worden war, hatte er eine weitere Stimme gehört, die ihn ermahnte, stark und männlich und gefeit zu sein, und als die nationale Erweckungsbewegung langsam auch im College spürbar geworden war, hatte noch eine weitere Stimme ihn beschworen, seinem Vaterland treu zu sein und daran mitzuwirken, ihrer hingesunkenen Sprache und Tradition wieder aufzuhelfen. In der profanen Welt würde, wie er es voraussah, eine weltliche Stimme ihn beschwören, mit all seinem Streben und Tun dem gesunkenen Stand seines Vaters wieder aufzuhelfen, und in der Zwischenzeit mahnte die Stimme seiner Schulgefährten ihn, ein anständiger Kamerad zu sein, andere vor Blamage zu bewahren oder sie rauszuhauen und sich nach besten Kräften dafür einzusetzen, schulfreie Tage zu erwirken.«[11]

Der Ruf richtet sich also an uns. Er adressiert uns. Er erreicht uns, wenn wir ihn vernehmen. Wenn wir dem Ruf folgen. Wir folgen ihm aber nicht, wie wir einem Befehl folgen. Wir folgen ihm, indem wir ihm antworten. Indem wir sagen: Ja, das bin ich. Der bin ich. Genau der. Dann übernehmen wir unseren Namen, unseren Platz, unsere Identität. Dann übernehmen wir jenen Namen, den das SUBJEKT uns anbietet. Dann übernehmen wir jene Identität, die es uns präsentiert. Dem Ruf folgen heißt also zum Ich werden, zu einem bestimmten Ich. Heißt zum Subjekt eines SUBJEKTS werden – eines jeweiligen SUBJEKTS, denn dieses kann im Laufe des Lebens wechseln.

Wir haben gesehen – Gott, der Souverän, der Staat, die Nation, der Vater, alle können die Position des Rufenden einnehmen. Aber ebenso auch die Revolution, die Tugend oder die Avantgarde. Der Anrufung ist es egal, welchen Namen das SUBJEKT trägt. So wie es ihr egal ist, ob sie uns zum Gläubigen, zum Sohn, zur Tochter, zum Staatsbürger, zum Rebellen macht. In jedem Fall bildet eine Anrufung die jeweilige Ur-Szene unserer Identität und damit unserer freiwilligen Unterwerfung – einer Unterwerfung, die wir eben nicht als solche erleben. Sondern als einen Ruf, dem wir freiwillig folgen. Den wir übernehmen. Den wir als unseren erkennen. Von dem wir uns gemeint fühlen. Die Art kann wechseln, aber die Tatsache der Anrufung, die Tatsache, dass wir einem Ruf – irgendeinem – folgen, begleitet uns ein Leben lang. Ob in Kontinuität oder in Disruption mit früheren Anrufungen.[12]

Wenn wir uns an Spinozas paradigmatisches Beispiel der Religion erinnern, dann zeigt schon eine kursorische Betrachtung, wie sich die religiöse Anrufung im Laufe der Zeit verändert.

Als in unseren Breiten das Christentum als Staatsreligion vorherrschend war, waren sämtliche gesellschaftliche Institutionen Zirkulationssphären dieser religiösen Anrufung. Da erging der religiöse Ruf in den Familien ebenso wie in den Schulen. Da bestimmte er die Identität ebenso wie die Lebenswelt – etwa durch den Kalender: Er taktete die Zeit in heilige und profane, Arbeits- und freie Zeiten. Er begleitete die Lebensstationen: von der Taufe über Initiationsformen bis hin zur Ehe und zum Tod.

Heute, wo sich die religiösen Bekenntnisse und Formen vervielfachen, vervielfachen und spezifizieren sich sowohl die Rufe (sie zielen nicht mehr auf alle, sondern auf spezifische Gruppen) als auch deren institutionell-ideologische Zirkulationssphären. So versuchen etwa minoritäre religiöse Communitys, ihren Ruf in ihren abgeschirmten Bereichen durchzusetzen – ebenso wie sie versuchen, sich als besondere Stimme an allgemeinen ideologischen Schauplätzen, etwa den Schulen, vernehmbar zu machen.

Aber die Tendenz, dass gesellschaftliche Anrufungen sich multiplizieren – und das nicht nur im religiösen, sondern in allen Bereichen –, tut dem Konzept selbst keinen Abbruch. Die Anrufung ist nach wie vor die Art, wie Identität, wie freiwillige Unterwerfung hergestellt wird. Anders gesagt: Die Anrufung ist ein steter Mechanismus und kennt zugleich unendliche Variationen.

So können sich auch abstrakte Prinzipien in einen Ruf verwandeln. Prinzipien wie Gerechtigkeit oder Liberté, Egalité, Fraternité. Aber auch Vernunft, Hedonismus oder Freiheit – alles kann zu einer Anrufung werden. In diesen Fällen zu einer säkularen Anrufung.

Wird ein abstraktes Prinzip zu einem Ruf, dann erfährt auch dieses eine anthropomorphe Wende: Es wird zu einem SUBJEKT. Es leiht sich also eine »menschliche« Form, beziehungsweise diese wird ihm verliehen. Es ist wie bei jenen antiken Göttern, die man »Themengötter« nennen könnte, wo einem Prinzip ein Gott, eine göttliche Gestalt zugeordnet wird – wie etwa Athene der Weisheit, Aphrodite der Liebe, Justitia der Gerechtigkeit. Diese stellen das Prinzip dar, sie »verkörpern« es gewissermaßen. Soweit man das von einer Gottheit sagen kann.

Es mag absurd klingen, die antiken Götter zur Erläuterung der säkularen Anrufung heranzuziehen. Aber es hat durchaus ein Fundament in der Sache. Denn eine Anrufung ist nie gänzlich säkular. Auch ohne antike Götter.

Von einem abstrakten Prinzip kann nur dann ein Ruf ausgehen, wenn es zum Ideal wird – dem weltlichen Pendant der göttlichen Gestalt. Denn das Ideal ist eine säkulare Überhöhung. Selbst so grundlegend säkulare Prinzipien wie die Autonomie oder die Vernunft verwandeln sich dabei. Sie werden zum Glauben. Vernünftig sein ist etwas anderes als an die Vernunft glauben. Letzteres bedeutet: Die Vernunft wird in ein imaginäres SUBJEKT verwandelt, von dem ein Ruf ausgeht. Ein solches SUBJEKT ist das Prinzip in seiner Reinform: das Ideal der Vernunft. Als solches ist es zugleich Maßstab und Vorstellung eines idealen Typus.

Es gibt Prinzipien, deren Ideale fordernd für das Subjekt sind – etwa die Pflicht. Und es gibt Prinzipien, deren Ideale ein Versprechen bergen – etwa die Autonomie oder der Hedonismus. In jedem Fall aber erreichen sie das Subjekt als Ruf. Das heißt: Das Ideal eröffnet ein persönliches Verhältnis zu einem abstrakten Prinzip. Nicht nur fühlt sich das Subjekt, das den Ruf vernimmt, gemeint: Du bist ein vernünftiges Subjekt. (Eher: Du sollst ein vernünftiges Subjekt sein.) Oder: Du bist ein genießendes Subjekt. Das persönliche Verhältnis hat auch eine affektive Dimension: Liebe und Hass werden hier zu Lob und Tadel. Die Wirkung ist nicht geringer.

Jetzt verstehen wir auch, dass die freiwillige Knechtschaft von La Boéties Subjekten bedeutet, dass sie dem Ruf ihres Tyrannen gefolgt sind, dass sie ihn erhört haben. Erst dann, erst wenn man sich als Subjekt des SUBJEKTS versteht, erst wenn man in diese Art von persönlichem Verhältnis eingetreten ist – so persönlich, dass es uns durchdringt, dass es unsere Identität bildet –, erst dann kann man von Freiwilligkeit sprechen.

Wie ist nun dieses persönliche Verhältnis zu einem SUBJEKT zu denken, wenn dieses mein Gemüt nicht nur rührt, sondern gewissermaßen auch formt? Wenn diese Autorität meine Freiwilligkeit prägt? Ist die Freiwilligkeit dann Folge meiner Unterwerfung – oder ist die Unterwerfung Folge meiner Freiwilligkeit?

Tatsächlich lässt sich diese Frage so nicht beantworten. Denn es handelt sich um eine Schleife: Die Autorität anerkennen, ihrem Ruf folgen – also sich unterwerfen, verwandelt uns. Es macht uns zu Subjekten, die eine bestimmte Identität haben – die handeln können. Die Unterwerfung macht uns also zu Handelnden, die entscheiden können, ob sie einem Ruf folgen, sich also freiwillig unterwerfen, oder nicht (und damit einem anderen Ruf folgen). Man muss jemand sein, um sich zu unterwerfen – und man muss sich unterwerfen, um jemand Bestimmter zu werden (oder ebendies zu verweigern – dann aber wird man zu jemandem Anderen).

Die Freiwilligkeit ist also nicht »natürlich« – wie La Boéties Freiheitstrieb –, sondern muss hergestellt, gebildet werden. Durch eine Anrufung. Insofern ist sie ein gesellschaftliches Produkt – und eben keine gesellschaftliche Deformation. Freiwilligkeit ist nicht die Eindeutigkeit einer einfachen Zustimmung, sie ist die Zweideutigkeit eines paradoxen Verhältnisses – der freiwilligen Unterwerfung. Darin folgen wir La Boétie. Aber das Verhältnis, auf dem die freiwillige Unterwerfung beruht, ist das persönliche Verhältnis zur Autorität. Dieses ist eine starke Bindung – geradezu eine Verstrickung.

Man ist über ein liebendes Verhältnis mit der Macht, die einen unterwirft, verbunden. Spinozas »Herrschaft über die Herzen« ist ein Zugriff, dem man nicht so leicht entgeht. Deshalb lässt sich auch nicht so leicht ein Ausgang aus solcher freiwilligen Unterwerfung finden. Freiwillige Unterwerfung – das ist eine Verstrickung, die sich nur sehr schwer auflösen lässt.

La Boétie konnte seinen Aufruf, die Ketten abzuwerfen, schreiben, weil er das Verhältnis zur Macht rein äußerlich gefasst hat. Ein äußerliches Verhältnis lässt sich abschütteln. Tatsächlich aber kämpfen die Menschen für ihre Ketten, »als sei es für ihr Heil« – weil sie diese Ketten verinnerlicht haben. Mehr noch: weil diese Ketten sie grundlegend an »ihr« SUBJEKT und damit an »ihre« eigene Subjektivität binden.

Ist das also die Formel der freiwilligen Unterwerfung: ein persönliches Verhältnis zu einer anthropomorphen, zu einer personalisierten Autorität?

Nicht ganz: Denn damit wäre ein Moment der freiwilligen Unterwerfung noch nicht benannt – ihre gesellschaftliche Funktion.

Die vollständige Formel der freiwilligen Unterwerfung ist – leider – noch etwas komplizierter. Sie lautet:

»Die Ideologie repräsentiert das imaginäre Verhältnis der Individuen zu ihren realen Existenzbedingungen.«

Ein Ungetüm von einem Satz. Dieser steht wie ein Monolith in einem Fragment, in einem Textfragment.[13] Dieser Satz ist eine Zumutung. Und doch ist er nichts anderes als die behäbige Formel der freiwilligen Unterwerfung. Es bleibt also nichts übrig, als den Monolithen abzutragen, den Satz zu zerlegen.

Dazu muss man zuerst festhalten: Der Gegensatz von real und imaginär entspricht nicht dem Gegensatz von Wirklichkeit und Schein, von Realität und Illusion. Ebenso wie er nicht den Gegensatz von materiell und ideell meint.

»Reale Existenzbedingungen« (die eigentlich als »reelle« zu übersetzen wären) meint vielmehr das Ganze der Gesellschaftsordnung – ohne jede anthropomorphe Übersetzung. Ohne vorgestellte Form. Ideologisch nackt. Ohne personalisierende Gestalt aber ist dies die anonyme Struktur der gesellschaftlichen Verhältnisse. Hier ist das Individuum de-zentriert. Es steht nicht in deren Zentrum. Mehr noch: Es sind jene Verhältnisse, in denen die Menschen nur Agenten sind. Agenten von Verhältnissen, die sie übersteigen und beherrschen. Hier kann man nicht einmal von Unterwerfung sprechen, denn so betrachtet sind die Individuen nur Rädchen. Und als Rädchen kann man *sich* nicht unterwerfen – man kann nur angeschlossen *werden*. An die Gesellschaftsmaschine. An die Produktionsmaschine.

Das aber ist subjektiv nicht lebbar. So wie es auch nicht wirklich zu erfüllen ist. Man kann sich nicht als Agent seines Lebens fühlen. Man kann sich nicht als Rädchen eines Systems erleben. Beziehungsweise wenn man sich so fühlt, ist es nicht lebbar. Es braucht also ein *lebbares* Verhältnis. Ebendas meint das Wort vom »imaginären Verhältnis« in unserem monolithischen Satz – »das imaginäre Verhältnis der Individuen zu ihren realen Existenzbedingungen«. Nun ist dieses imaginäre Verhältnis ein doppeltes.

Es ist zum einen ein Selbstverhältnis: dass man *jemand* ist. Jemand wird. Jemand Bestimmter. Jemand Unverwechselbarer. Ein Verhältnis, wo man einem Ruf folgt, ein Ich wird. Wo man also nicht Agent, sondern Subjekt ist. Nicht Rädchen, sondern Handelnder.

Das imaginäre Verhältnis ist aber nicht nur ein Selbst – es ist auch ein Weltverhältnis: das persönliche Verhältnis zur Welt.

Wie soll man sich ein persönliches Verhältnis zur Welt vorstellen? In etwa so wie der Spinozist die Sonne erlebt: »Wenn wir zum Beispiel die Sonne anschauen, stellen wir uns vor, sie sei ungefähr 200 Fuß von uns entfernt«, schreibt Spinoza.[14] Das prägt unsere Vorstellung von der Sonne – unabhängig von unserem Wissen über ihre wahre Entfernung. Auch wenn wir nachher ihre wahre Entfernung erkennen oder erfahren, »so werden wir sie uns nichtsdestoweniger noch immer als nah vorstellen«. Das bedeutet: Wir erleben die wahrgenommene Sonne nicht als etwas, das in unserem Bewusstsein ist. Wir erleben sie vielmehr als unsere »Welt«, so Althusser.[15]

Es geht also nicht darum, den Irrtum aufzuklären. Es geht nicht darum zu sagen: Eigentlich, in Wahrheit, ist eure kleine Sonne so und so groß – belegt mit Zahlen. Und ihr – also wir – erliegen einer perspektivischen Illusion, wenn wir glauben, die Sonne sei tatsächlich die kleine Sonne, die wir von unserem Fenster aus wahrnehmen. Es geht nicht um Aufklärung. Es geht nicht um den Gegensatz von Illusion und Wahrheit, von Verkennen und Erkennen. Es geht vielmehr darum, die perspektivische Illusion als solche zu verstehen. Nicht als nichtig oder falsch – sondern als Notwendigkeit dieser »inadäquaten Idee«, wie Spinoza das genannt hat: als notwendige Illusion, als wirksamer Schein. Anders gesagt: Es geht darum, deren »praktisch-gesellschaftliche Funktion«[16] zu verstehen. Diese lässt sich klar benennen: Ihre Funktion ist es, die Welt für uns lebbar zu machen. Denn die gelebte Distanz zur Sonne bedeutet, dass unsere Position, unser Standort Teil dieser unserer Welt ist. Ja, dass sich uns die Welt von diesem unseren Standort aus erschließt. Dieser Standort mag eine perspektivische Illusion sein, eine inadäquate Idee – er ist dennoch nichts weniger als die Grundlage unserer »Welt«, unserer »Realität«. Unsere »Welt« – das ist das imaginäre Verhältnis, das gelebte Verhältnis, das lebbare Verhältnis. Das ist eine Welt, in der ich gemeint bin. In der ich vorkomme. Als Adressat. Eine Welt, die auf mich bezogen ist – so wie ich auf sie. Eine Welt, in deren Zentrum ich stehe. Das imaginäre Verhältnis meint eine Ordnung, in der ich einen Platz habe. Nicht als Rädchen, sondern als Subjekt. Anders gesagt: Das ist jenes Verhältnis, jene Ordnung, in der Freiwilligkeit überhaupt erst möglich wird.

Dass dieses Verhältnis imaginär ist, dass wir als Subjekte eine imaginäre Identität haben – das spricht nicht dagegen. Es geht nicht darum, den Schleier des Imaginären zu lüften, um eine darunter verborgene Realität zu erkennen. Es geht nicht darum, dem handelnden Subjekt die Maske herunterzureißen, um den funktionierenden Agenten bloßzulegen. Es geht auch nicht darum, die reale gesellschaftliche Ohnmacht in eine Verherrlichung des handelnden, autonomen Subjekts zu verkehren, die aber leider eine Illusion ist. Es geht beim Imaginären weder um eine Verkehrung, noch um eine – reine – Illusion. Es geht vielmehr darum, die Notwendigkeit zu verstehen, die Funktionstüchtigkeit, die Wirksamkeit von dem, was man imaginär nennt. Es geht vielmehr darum, dass unsere imaginäre Subjektivität, unser imaginäres Verhältnis zur Welt die *Bedingung* unseres Funktionierens ist. Insofern ist sie illusionär und nicht illusionär zugleich. Es ist eine Illusion, die wirkt. Und als solche kommt ihr eine eigene Realität zu.

Der monolithische Satz vom »imaginären Verhältnis der Individuen zu ihren realen Existenzbedingungen« ist die behäbige Formel der freiwilligen Unterwerfung: Er besagt, dass man nur am Schauplatz des imaginären Verhältnisses, nur im Ideologischen, mit dem ausgestattet wird, was man braucht. Hier erhält man das Rüstzeug, um den Ansprüchen der realen Existenzbedingungen zu genügen. Denn nur als Akteur ist man ein guter Agent. Nur als Subjekt, also mit einer Identität als handelndes Subjekt, kann man gut funktionieren. Wir mögen in der großen Maschine der Produktionsverhältnisse nur Rädchen sein – selbst dann, wenn wir handeln. Aber wir können nicht als Rädchen funktionieren, wenn wir uns als solche vorstellen, erleben. Wir können nur dann als Agenten »handeln«, wenn wir keine solchen sind. Besser gesagt: wenn wir uns nicht als solche vorstellen. Wir müssen uns selbst – wie imaginär auch immer – als Subjekte erleben, erfahren, um als Rädchen funktionieren zu können. Man könnte auch sagen: Unsere gesellschaftliche Existenz bedarf und befördert diese unsere Spaltung. Wir sind gespaltene Wesen. Alle. Agenten und Handelnde. Angeschlossene und freiwillig Unterworfene. Eingefügt in die fremde Notwendigkeit der realen Existenzbedingungen – und uns einfügend in die »eigene« Notwendigkeit des Imaginären. Dies ist die widersprüchliche, paradoxe Logik unserer gesellschaftlichen Existenz.

Der monolithische Satz, die behäbige Formel der freiwilligen Unterwerfung, besagt also: Man kann nur als Subjekt, nur mit einer Identität als handelndes Subjekt, gut funktionieren. Das heißt: freiwillig funktionieren. Das heißt: von alleine funktionieren.[17] Denn das ist das Geheimnis der freiwilligen Unterwerfung, das Geheimnis ihrer ungeheuren Wirksamkeit: Sie ist das, was jeden von uns von alleine funktionieren lässt. Mit ganzem Herzen.

Wir alle folgen einem Ruf. Aber dieser Ruf verändert sich immer wieder. Was also ist der Ruf, der heute an uns ergeht? Was ist es, das uns heute von alleine funktionieren lässt? Eine andere Formulierung für die Frage: Was befördert unsere freiwillige Unterwerfung heute?

Kapitel 2

Narzissmus als freiwillige Unterwerfung

Die These dieses Buches lautet: Die vorherrschende Anrufung, der wir heute folgen, ist der Narzissmus. Eine andere Formulierung dafür wäre: Narzissmus ist die Art, wie wir uns heute freiwillig unterwerfen. Dies ist nicht der Versuch, die gesellschaftliche Komplexität auf ein Konzept festzunageln, welches ihr Geheimnis enthüllen soll. Es ist vielmehr der Versuch, den besonderen Modus zu fassen, wie wir in der Gesellschaft leben.

Die These vom Narzissmus ist nicht neu. Sie beansprucht also keinerlei Originalität. Zwei der bekanntesten Bücher zu dem Thema sind schon vor Jahrzehnten erschienen: Richard Sennetts »Tyrannei der Intimität« 1977 und Christopher Laschs »The Culture of Narcissism« 1979. Hier soll nur ein spezifisches Verständnis von Narzissmus dargelegt werden – in Übereinstimmung ebenso wie in Differenz zu den genannten Autoren.

Beide Autoren, Sennett wie Lasch, grenzen den Narzissmus deutlich vom Egoismus ab. Das ist keineswegs selbstverständlich, gelten doch Narzissmus und Egoismus im Alltagsverständnis als gleichbedeutend. Sennett hingegen schreibt: »Ein Egoist, der sich auf aggressive Weise in der Welt Befriedigung verschafft, der genießt, was er hat und was er ist, der weiß, wie man sich etwas nimmt«, entspricht *nicht* dem Profil des Narzissten.[18] Lasch argumentiert da durchaus vergleichbar. Auch er unterscheidet den Narzissmus von dem, was er eine »robuste Individualität«[19] nennt – ein Egoismus, der in der Welt nichts als eine »freie Wildnis« sieht, die er nach seinem Willen formt.

Wir halten also fest: Narzissmus ist das Gegenteil von solch einer ausgeprägten, selbstgewissen Eigenliebe.

Das ist die eine Abgrenzung. Die andere ist die Abgrenzung gegenüber der Psychoanalyse. Diese ist deutlich heikler. Denn natürlich ist Narzissmus ein Begriff der Psychoanalyse. Das bestreitet niemand. Zugleich geht es aber darum, Narzissmus eben nicht als Pathologie zu verstehen, nicht als Charakterstörung. Man borgt sich also einen psychoanalytischen Begriff, um eine neue gesellschaftliche Normalität, eine neue »soziale Form« (Sennett), ein neues gesellschaftliches Phänomen zu bezeichnen: den »kollektiven Narzissmus« (Lasch). Genau so soll der Narzissmus auch hier betrachtet werden: als gesellschaftsbildendes, gesellschaftsbestimmendes Moment. Hier aber beginnen auch die Differenzen zu beiden Autoren. Denn für beide hat ebendies eine – jeweils – andere Bedeutung.

Sennett versteht die Gesellschaft des Narzissmus als eine »Gesellschaft der Intimität«. Das Ergebnis einer historischen Verfallsgeschichte – des Verfalls der nostalgisch idealisierten »Gesellschaft der Öffentlichkeit« des 18. Jahrhunderts. War Letztere eine Bühne für gesellschaftliche Konventionen und Verhaltensregeln, so sei an deren Stelle die narzisstische »Tyrannei der Intimität« getreten: eine Gesellschaft, in der die Öffentlichkeit zu einer Bühne des privaten Selbst verkommen sei. Seit dem 19. Jahrhundert habe das intime Ich die öffentliche Sphäre zunehmend usurpiert. Mit allen Empfindlichkeiten und allen Selbstbezüglichkeiten, die damit einhergehen.

Lasch wiederum kritisiert Sennetts Darstellung vom Rückzug ins Private. Der entwickelte Kapitalismus würde das Private keineswegs besonders fördern – sondern vielmehr verwüsten. Der Narzissmus, der daraus hervorgehe, sei das Ende der Privatheit, das Ende der »bürgerlichen Individualität«. Eine andere Verfallsgeschichte also.

Beiden Darstellungen folgen wir nicht. Wir verstehen Narzissmus weder als eine Pervertierung des bürgerlichen Subjekts – noch als eine beklagenswerte öffentliche Intimität.

Die Differenz lässt sich vielleicht am besten am antiken Mythos des Narziss deutlich machen. Für Sennett verweist der Mythos auf die Gefahr einer Versenkung ins Ich, die überall nur Bilder des eigenen Selbst sieht. Solch ein Weltverhältnis hindere Narziss, die Differenz zwischen Ich und Welt, zwischen Innen und Außen also, wahrzunehmen. Tatsächlich aber erklärt das nicht, warum er, der sich doch nur mit sich selbst beschäftigt, nur sich wahrnimmt – warum gerade Narziss sich in sein Spiegelbild verliebt, ohne sich darin wiederzuerkennen. Warum erkennt er sich darin nicht? Woher rührt diese Fremdheit?

Um diese Frage zu beantworten, müssen wir auf Freuds Konzept des Narzissmus zurückgreifen – allerdings nur insofern es einen spezifischen Funktionsmodus des Psychischen skizziert. Und eben nicht, insofern es ein Nicht-Funktionieren, einen Defekt – kurzum eine Pathologie beschreibt. Hier geht es um Narzissmus als spezifisches Verhältnis von Innen- und Außenwelt, als spezifisches Welt- und Selbstverhältnis. Wir erlauben uns deshalb, das Freud'sche Konzept ausschließlich unter diesem Gesichtspunkt zu lesen – das heißt im Hinblick auf eine mögliche *narzisstische Anrufung*.

Laut Freud ist der Narzissmus ein eigenes Prinzip der Psyche. Diese Behauptung muss man in ihrer ganzen Tragweite betrachten. Denn sie besagt: Der Narzissmus ist ein Trieb mit einer eigenen Energie, einem eigenen Ziel und einer eigenen Geschichte in der Psyche des Einzelnen.

Im Unterschied zur Sexuallibido ist die Energie dieses Ich-Triebs eine nicht-sexuelle. Während der Sexualtrieb ganz auf ein äußeres Objekt gerichtet ist, zielt der narzisstische Trieb darauf, alle Energie dem eigenen Ich zuzuführen. Das entspricht dem Unterscheid zwischen Lieben und Geliebt-Werden.

Was nun die Geschichte des Narzissmus im Seelenleben anlangt, so unterscheidet Freud verschiedene Etappen. Genauer gesagt: zwei.

Die erste Etappe ist ein Zustand der frühesten Kindheit. Das Baby lebt in einer symbiotischen Beziehung mit dem, was noch nicht seine Umwelt ist – es kennt ja noch keinen Unterschied zwischen Innen und Außen. Das ist der »primäre Narzissmus« – eine wunderbare Einheit, ein uneingeschränktes Lustprinzip, ein perfektes Glück, ein reines Allmachtsgefühl. Man könnte dies, frei nach Freud, ein ozeanisches Sein nennen – die »innige Verbundenheit des Ichs mit der Umwelt«.

Was einen aus diesem Paradies vertrieben hat, ist keine Sünde: Es ist vielmehr die bittere Erfahrung der Realität. Etwa der Entzug der mütterlichen Brust. Gegen die Perfektion des reinen Lust-Ichs tritt die Welt als Außen, als Störung, als Mangel in Erscheinung. Die Welt als solche ist also das, was den primären Narzissmus trübt. Später kommen zu diesem Eintritt des Realitätsprinzips noch die Mahnungen der Eltern oder anderer Autoritäten sowie die ethischen Vorstellungen der Gesellschaft als Vertreibung aus dem Narzissmusparadies hinzu. Neben das Realitäts- tritt also auch das Gesellschaftsprinzip gegen den Narzissmus auf den Plan.

Angesichts all der Konflikte und massiven Einsprüche sollte der Narzissmus im Laufe des Heranwachsens eigentlich untergehen. Er bliebe dann, so Freud, nur eine Episode in der Entwicklung des Einzelnen. Hier aber setzt eine interessante Lektion der Psychoanalyse ein. Diese besagt: Triebregungen verschwinden nicht einfach. Auch wenn sie in Konflikt mit gesellschaftlichen Vorstellungen geraten. Warum? Weil man nicht »auf die einmal genossene Befriedigung verzichten« will.[20]

Dieses Nicht-Verzichten ist also selbst schon ein narzisstisches Prinzip! Es besagt, dass man nichts aufgibt, was Befriedigung verspricht. Deshalb geht der ursprüngliche Narzissmus nicht einfach verloren.

Was nun passiert, ist zweierlei – und beides ist für unseren Kontext relevant.

Zum einen bleiben Reste von diesem allumfassenden Gefühl, so Freud, im Seelenleben erhalten. Auch wenn man keine bewusste Erinnerung daran hat, so hat es doch eine Spur hinterlassen. Manchen drängt sich diese im späteren Leben als ein Gefühl wieder auf: als »ozeanisches Gefühl« einer unauflöslichen Verbundenheit mit dem All, einer Zusammengehörigkeit mit dem Ganzen, wie Freud schreibt. Ein Gefühl, das oftmals religiös interpretiert wird.[21] Weniger religiös gestimmte Gemüter nehmen diese unbewusste Erinnerung als eine Sehnsucht wahr – die nach dem seligen Zustand. Diese Sehnsucht treibt uns fortan, den verlorenen Narzissmus wiederzugewinnen. Der primäre Narzissmus »überlebt« also als stummes Drängen, diesen Zustand wiederherzustellen. Wir können festhalten, dass man zeit seines Lebens – mal mehr, mal weniger intensiv – nach diesem primären Glücksgefühl strebt.

Zum anderen aber hat der Narzissmus nun eine gravierende Veränderung durchgemacht: Im Konflikt zwischen Nicht-Verzicht und den vielen gesellschaftlichen Einsprüchen hat er sich verwandelt. Er hat eine neue Form angenommen. Das infantile Allmachtsgefühl, die ehemalige Vollkommenheit wird, so Freud, als Ideal im Subjekt aufgerichtet – als Instanz des Ich-Ideals. Dieses Ideal wird damit zum »Ersatz für den verlorenen Narzissmus der Kindheit«.[22] Ein schöner Gedanke – das Ideal ist ein Ersatz. Ersatz für einen Zustand, der ebendarum perfekt war, weil er keines Ideals bedurfte. Damit verschiebt sich aber die Bedeutung des Narzissmus: Denn nun steht nicht mehr das

Ich im Zentrum, sondern das Ideal.[23] Narzissmus ist nunmehr Bezug zum Ich-Ideal. Dies ist die zweite Etappe: der »sekundäre Narzissmus«, wie Freud es nennt.

Dieses Ich-Ideal ist eine widersprüchliche Instanz der Psyche. Es ist »Erbe des primären Narzissmus« (wo das Kind sich selbst genügte), und zugleich geht es aus den Anforderungen, den Einflüssen der Umgebung hervor. Hier verbinden sich also zwei widersprüchliche Momente: ursprünglicher Narzissmus und Identifizierungen – mit den Eltern, mit ihren Vertretern, mit den kollektiven Idealen. Hier verbindet sich also das einzige direkte, unvermittelte Weltverhältnis, das wir je hatten, mit einem überaus vermittelten. Das Ich-Ideal fügt so das Intimste mit dem Äußerlichen der gesellschaftlichen Vorstellungen und Forderungen zusammen. Es ist damit zugleich Innerlichkeit und gesellschaftliche Instanz im Subjekt. Anders gesagt: Das Ich-Ideal ist Statthalter der Gesellschaft im Intimsten des Subjekts – in seinem Selbstverhältnis, in seinem Selbstgefühl.

Freuds Darstellung ist hier durchaus explizit, wie das bereits erwähnte Zitat im vollen Wortlaut belegt: Was der Mensch »als Ideal vor sich hin projiziert, ist der Ersatz für den verlorenen Narzissmus seiner Kindheit, in der er sein eigenes Ideal war«.[24] Für uns ist hier ein Wort entscheidend: eigenes. In der Kindheit, im primären Narzissmus, war man sein *eigenes* Ideal. Demnach aber ist das Ideal im sekundären Narzissmus nicht mehr das eigene. Folgerichtig betont Freud im weiteren Verlauf des Textes: Das Ideal habe nun »außer seinem individuellen einen sozialen Anteil, es ist auch das gemeinsame Ideal einer Familie, eines Standes, einer Nation«.[25]

Mit dem Heranwachsen übernehmen wir also das fremde, äußere Ideal und anerkennen es als das neue »eigene«. Man muss sich diese Paradoxie vor Augen halten: Das, was den Menschen in seinem primären Narzissmus stört, das, was ihn aus diesem Paradies vertreibt – die elterlichen, dann die gesellschaftlichen Bilder und Vorstellungen –, genau dies ist nun Ziel des narzisstischen Triebs. Man könnte auch sagen: Das Ideal des Narzissmus ist zutiefst anti-narzisstisch.

Aber nicht nur die »sozialen Anteile« des Ideals kommen uns von außen zu. Die Äußerlichkeit geht viel weiter: Sie betrifft auch den »individuellen« Anteil: das Bild von uns selbst. Es ist als *Ideal-Ich* jener Teil des Ich-Ideals, der die ideale Gestalt, die ideale Form, das ideale Bild von uns birgt. Und auch dieses Bild kommt uns »von außen« zu.

Der französische Psychoanalytiker Jacques Lacan hat dies in einer berühmten Szene festgehalten: dem »Spiegelstadium«.[26] Es mag erstaunlich klingen, wenn wir uns dieser Szene jetzt ob ihrer Anschaulichkeit zuwenden – erstaunlich angesichts eines Autors, der nicht gerade für seine Anschaulichkeit bekannt ist. Lacan schildert das Ereignis wie folgt: »Vor dem Spiegel ein Säugling, der noch nicht gehen kann, ja nicht einmal aufrecht stehen kann.«[27] Das Baby, das zu diesem Zeitpunkt noch »eingetaucht ist in motorische Ohnmacht« und »vom Schimpansenjungen an motorischer Intelligenz übertroffen« wird, sieht und erkennt sein eigenes Bild im Spiegel. Ein entscheidendes »Aha-Erlebnis«, auf das das Kind jubelnd reagiert.

Wir wollen hier der Reihe nach aufzählen, was an dieser »Geschichte«, an dieser »Matrix« der Ich-Bildung, wie Lacan es nennt, für uns relevant ist.

Zunächst einmal: Was sich dem Kind im Spiegel bietet, ist das Bild, die Gestalt, die es (noch) nicht ist, da es dieses Stadium der Reife (noch) nicht erreicht hat: das einheitliche Bild einer Ganzheit, die Lacan »orthopädisch« nennt, die »totale Form eines Körpers«. Dieses ideale Bild legt somit einen Abstand fest. Die ursprüngliche Einheit des ozeanischen Seins, dieses unmittelbare Erleben und Einssein, verwandelt sich hier. Es erfährt eine Spaltung: den Unterschied, den Abstand zwischen dem Bild und dem Ich. Denn das ideale Bild ist das, was das Kind (noch) nicht ist. Damit wird aber für das Subjekt sein Bezug zum Ideal ein für alle Mal festgelegt: als grundlegende »Nichtübereinstimmung« mit seinem Idealbild, wie Lacan es nennt. Grundlegend, denn man wird diese Einheit, die das Ideal ausmacht, niemals einholen. Das macht die Ich-Bildung zu einem »Drama«, so Lacan, das hier vor dem Spiegel seinen Ausgang nimmt.

Zudem ist der Abstand, der das Ich von seinem Ideal trennt, nicht neutral: Denn als Bild der totalen Gestalt ist es das Bild eines besseren Ichs. Dieses ist nun, wie es bei Freud heißt, »im Besitz aller wertvollen Vollkommenheiten«.[28] Es ist somit Vor-Bild im doppelten Sinne: Es steht vor dem Ich (ist ihm also Außen), und es ist ihm, ob seiner Vollkommenheit, erstrebenswertes Vorbild. Der Abstand zwischen Bild und Ich ist also hierarchisch und wertend. Dieser Abstand, dieses Nichtübereinstimmen mit dem Ideal ist nicht nur für immer uneinholbar. Es verweist das Ich auch in eine ewige Unzulänglichkeit. Das Ich, das sich hier erstmals bildet, ist kein glorreiches Ich, sondern eines, das immer zu wenig ist gegenüber seiner Vorgabe.

Das Ideal-Ich situiert damit das Ich auf einer »fiktiven Linie«. Damit übersetzt Lacan die konkrete Gestalt im Spiegel in etwas Abstraktes. Eine fiktive Linie ist eine Vorgabe. Ab nun folgt das Ich sein Leben lang dieser Linie, die unser Ideal ist. Ab nun orientiert es sich an ihr. Das heißt: Ab nun stellt sich dem Subjekt stets die Frage: Erreiche ich sie?

Diesem idealen Ich, dieser idealen Gestalt, diesem idealen Bild gilt nun die narzisstische Liebe. Das ist eine entscheidende Veränderung. Denn es bedeutet, dass die narzisstische Zuwendung, die früher dem Ich galt, nun einem teilweise »von außen aufgenötigten Ideal«, einer »von außen aufgenötigten Gestalt«

zukommt. Man wird dies nicht mehr leichtfertig als »Selbst«-Liebe bezeichnen können – auch wenn sie unsere narzisstischen Energien mobilisiert.

Das ideale Bild löst aber nicht nur Liebe aus – sondern auch »Identifikation.« Der Sinn, den die Psychoanalyse diesem Terminus laut Lacan gibt, lautet: sich verwandeln. Genauer: »eine durch das Bild ausgelöste Verwandlung«. In diesem Sinne könnte man sagen: Vom Idealbild geht ein Ruf aus, eine Anrufung. Diesem Ruf folgt man, indem man sich verändert, indem man sich dem Bild anverwandelt, indem man sich mit ihm eben identifiziert.

Bei Lacans Kind zeigt sich dies in einer »jubilatorischen Geschäftigkeit« – es ahnt ja noch nichts von dem Drama –, die das Kind in Bewegung setzt, ja manchmal sogar aufstehen lässt, obwohl es bisher noch gar nicht gehen oder richtig stehen konnte. Im Laufe des Lebens wird immer wieder der Ruf des Ideals ergehen. Immer wieder wird sich das Subjekt mit dem Ideal identifizieren. Immer wieder wird es versuchen, sich diesem anzuverwandeln – also probieren, durch »dialektische Synthesen«, so Lacan, den Abstand zum Ideal zu überwinden. Immer wieder wird es also versuchen, den Gegensatz zwischen dem Ideal, das wir sein sollen, und der Realität, die wir sind, diese Nichtübereinstimmung, aufzuheben.

Dieser Abstand verringert sich im Laufe des Lebens keineswegs. Ganz im Gegenteil. Er verfestigt sich vielmehr: Das Ich bleibt damit ein stets unzulängliches Ich, das stets versuchen wird, dem Ideal nahezukommen. Ein vergebliches und insofern dramatisches Unterfangen. Denn die »fiktive Linie« des Ideals lässt sich nur »asymptotisch erreichen«, wie Lacan schreibt. Man kann sich seiner Orientierungslinie also bestenfalls annähern. Sie bleibt aber unerreichbar – weil sie ebenso vollkommen wie fiktiv ist.

Hier wird also von Beginn an ein unaufhebbares Ungenügen etabliert. Und damit eine stete Nicht-Befriedigung. Zugleich aber ist es genau das, was eine fortwährende Bewegung in Gang setzt, um das Ideal doch zu erreichen. Eine Bewegung, die dazu verurteilt ist, dieses nie zu erreichen. Wir sind also unserem Ideal gegenüber auf ewig im Hintertreffen, und wir werden von ihm ständig in Gang gesetzt – ihm nachzueifern, ihm zu folgen. Ins Unerreichbare.

Was für ein trister Ausblick auf unsere Grunddisposition als Subjekte. Und zugleich: was für ein unbändiger Motor. Was für eine Antriebskraft – tyrannisch, unstillbar, unbeirrt. Ebendeshalb versiegt diese nicht. Sie mag sich erschöpfen, aber sie braucht sich nicht auf.

Genau diese Unerreichbarkeit befördert auch die zweite Funktion des Ich-Ideals: Neben seiner imaginären Funktion als Vorbild, der Vorgabe einer vollkommenen Gestalt also, ist es auch Kontrollinstanz. Das Vorbild, dem das Subjekt sich anzuverwandeln sucht, ist nämlich auch Maß. Als Inbegriff eines höheren, eines besseren Ichs wird es zum Maßstab für das kleine Ich. Es wird zum Eichmaß, an dem das Ich gemessen wird. Von dem aus es beobachtet und bewertet wird. Der Bezug zum Ideal ist also sowohl ein liebender, identifikatorischer als auch ein kontrollierender. Eine Frage aber bleibt noch offen: Warum will man es überhaupt erreichen? Was »verspricht« das Ideal?

Mehr als ein Versprechen ist es ein Locken, eine Aussicht: die Sehnsucht nach dem primären Narzissmus mit den gesellschaftlichen Anforderungen in Einklang zu bringen.

Das Ich-Ideal ist, wie wir gesehen haben, eine widersprüchliche Instanz: Erbe des primären, selbstgenügsamen Narzissmus *und* Reservoir der gesellschaftlichen Einflüsse. Sein Ziel ist deshalb ebenso widersprüchlich: Es will den perfekten Kreislauf, das ozeanische Sein wieder erreichen – aber *indem* es die Anforderungen erfüllt. Jene Anforderungen, die den ersten Kreislauf unterbrochen haben. Die Verheißung lautet deshalb: Stimme mit dem Ideal überein, und du wirst das lange ersehnte ozeanische Sein wiedergewinnen – wenn auch in veränderter Gestalt: als ozeanisches Gefühl. Man folgt also dem Ruf des Ideals, weil es einen neuen Zugang zum verlorenen Paradies, zum erstrebten Zustand »verspricht«.

Wir haben nunmehr gesehen: Das Ich-Ideal ist zugleich Versprechen, Forderung und maßgebliches Bild. Kurzum – wir können jetzt den Schritt machen, der noch fehlt, den Schritt zu unserer zentralen These: Narzissmus bedeutet freiwillige Unterwerfung unters Ich-Ideal. Freiwillige Unterwerfung unter den Ruf, der von unserem »eigenen« Ideal-Bild ausgeht – von dessen individuellen ebenso wie von dessen sozialen Anteilen. Freiwillige Unterwerfung unter die höhere Form des Ichs. Freiwillige Unterwerfung unter das Bild von »sich«, mit dem man nicht übereinstimmt. Welches man aber zu verwirklichen sucht.

Und genau das führt uns nach diesem doch etwas ausführlicheren Exkurs zu unserer Ausgangsfrage zurück: Wieso erkennt sich der Narziss des Mythos nicht, als er im Wasser sein Spiegelbild sieht?

Wenden wir uns also dem Mythos zu. In Ovids Darstellung hat die Geschichte des schönen Nymphensohns zwei Teile. Im ersten Teil erblickt Narcissus ein Bild im Wasser, das ihn entzückt. Er erkennt es nicht als sein Bild, sein Spiegelbild – er erkennt sich also nicht in ihm. Denn das Bild »vereint alle Vollkommenheiten«. Anders gesagt: Was er sieht, ist sein Ideal-Ich. Das erklärt sowohl sein Entzücken als auch sein Nicht-Erkennen.

Der Mythos ist eine wunderbare Anordnung: Er stellt die

Spaltung von Ideal und Ich szenisch dar. Er bringt damit die Ambivalenz des Ideals auf den Punkt: Dieses ist zugleich Ich und Nicht-Ich. Zugleich Teil der Person und dieser »äußerlich«.

Es war Caravaggio, dem es gelungen ist, diese Szene, diese Ambivalenz in einem Gemälde zu fassen. In seinem »Narziss« sieht man den Jüngling am Ufer. Der kniende Narziss und sein Bild im Wasser bilden gemeinsam einen geschlossenen, perfekten Kreis – mit dem entblößten Knie als Zentrum, als Angelpunkt des Kreises, das hell aus dem Dunkel heraussticht. Das Bild einer perfekten Einheit.

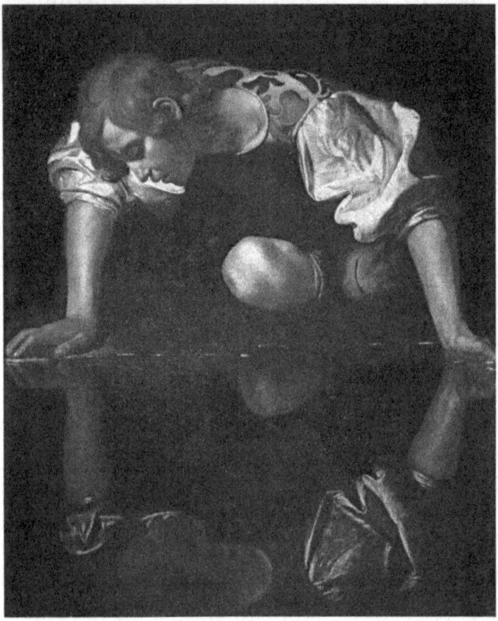

Für uns ist diese Form des Bildes zentral: die Form des Kreises, die das Verhältnis zur Welt als Symbiose darstellt. Ein vermeintliches Weltverhältnis. Denn es ist das Verhältnis zu einer

»Welt«, die ihm nur insofern Welt ist, als sie »seine« Welt ist – nur insofern »außen«, als sie »sein« Außen ist – nur insofern Einheit, als sie »seine« Einheit mit seinen Vorstellungen von der Welt ist. Die Form macht das Gemälde zum Bild eines Einsseins mit der Welt, zum Bild eines ozeanischen Gefühls.

Von daher auch der erschütternde Effekt des Gemäldes bereits beim ersten Anblick.

Die Form des Kreises rund um das Knie ist die Form der wiedergewonnenen Einheit – jener Seligkeit, nach der wir ein Leben lang streben. Sie suggeriert die Wiederherstellung dieses idealen Moments, die Wiedergewinnung dieses perfekten Zustands. Durch die Trennungen der Welt hindurch. Die Form ist die Form des Paradieses. Des unwiderruflich verlorenen primären Narzissmus.

Aber der perfekte Kreis des Gemäldes schließt sich nur, wenn das Außen, wenn die Welt zugleich fremd und nichtfremd ist. Wenn sie also »mein« Außen ist. Caravaggio zeigt die Ambivalenz: den Moment der Einheit mit dem, von dem man meint, es sei nicht man selbst. Den Moment, wo der eigene Blick auf die Welt – also die eigene Perspektive – als »Welt« erlebt wird. Wie die kleine Sonne des Spinozisten, die nur unsere Distanz, unsere Perspektive auf sie ist. Wie die kleine Sonne, die wir als unsere »Welt« erfahren.

Kurzum – Caravaggio zeigt uns: Das ozeanische Gefühl, die Spur des primären Narzissmus, erweist sich, nichts anderes zu sein als unser imaginäres Verhältnis zur Welt. Caravaggios Bild ist das Bildnis eines solchen imaginären Verhältnisses. Und es zeigt: Der Narzissmus ist die Reinform dieses Verhältnisses: Ihm, also Narziss, ist doch die Welt zugleich er selbst und ein Anderer/Anderes.

Der zweite Teil des antiken Mythos setzt ein in dem Moment, wo Narziss sich in seinem Spiegelbild erkennt. »Du bist ich! Nun merk' ich, und nicht mehr täuscht mich mein Bildnis!«, ruft er aus.[29] Damit beginnt sein Untergang. Anders als in der landläufigen Version, wo es zu keinem Erkennen kommt und Narziss gerade deshalb untergeht, weil er sich in seinem Spiegelbild nicht wiedererkennt. Bei Ovid aber setzt sein Untergang in dem Moment ein, wo er sich erkennt. Gemäß der Prophezeiung des Sehers Teiresias: Narziss könne nur alt werden, »wenn er sich nicht kennet«. Warum?

Antwort auf diese Frage liefert der Vergleich zwischen Spiegelstadium und Mythos: Beide, Kind und Narziss, sehen ihr Spiegelbild. Beide reagieren mit Entzücken. Das Kind: illuminative Mimik, jubilatorische Aufnahme. Narziss: bezaubert, bewundernd. Das Entzücken rührt in beiden Fällen von der totalen Gestalt, vom Ideal her: vom Bild der Einheit, das sich dem noch »fragmentierten« Kind präsentiert, und vom Bild der Vollkommenheit, das sich dem schönen Jüngling bot. Beide treten in eine Art Austausch mit dem Spiegelbild. Beim Kind sind es eine Reihe von Gesten, mit deren Hilfe es spielerisch die Beziehung zu den gespiegelten Gesten aufnimmt. Narziss wiederum sucht das Bild zu küssen, zu berühren. Und genau hier trennen sich die Geschichten.

Während sich das Kind das Spiegelbild als solches spielerisch »erobert« – missversteht Narziss (zunächst) das Spiel, die »Antwort« des Bildes als eine Art Dialog:

»Denn wie oft ich den Mund zur flüssigen Welle hinabbog,
Ebenso oft kam dieser mit aufwärtsstrebendem Mündlein.«[30]

Das motorisch unfertige Kind *identifiziert* sich mit dem Bild einer körperlichen Einheit – es versteht dieses also als Ruf, als Ruf zur Veränderung, dem es folgt. Narziss aber hatte sich bereits in das Spiegelbild verliebt (als es ihm noch fremd war) – in das Bild der Vollkommenheit. Er hatte das Spiegelbild bereits als Objekt, als Liebesobjekt erkoren. Das Erkennen kam zu spät. Es konnte die – falsche – Triebenergie nicht mehr bremsen. Er hatte den selbstbezogenen narzisstischen Trieb bereits mit dem weltbezogenen Objekttrieb verwechselt.

Er wollte mit dem Ideal eins werden – aber er suchte die falschen Symbiose. Statt dem Ruf des Ideals zu folgen und sich ihm gemäß zu gestalten – wie Lacans Kind –, missversteht Narziss die Anrufung: Narziss geht unter, weil er das Ideal haben möchte – statt es zu sein oder zu werden. Narziss geht also unter, weil er zu wenig narzisstisch ist!

Als er verstand, dass sein Begehren aussichtslos war, verzehrte er sich. Denn sein Ich war in der Verliebtheit zu sehr verarmt. Das Ideal war ihm, wie Rilke über diesen Mythos schrieb, »nicht zu erreichen«. Dem »normalen« narzisstischen Trieb wird diese Unerreichbarkeit zum endlosen Antrieb – dem Objekttrieb aber wird sie zur Aussichtslosigkeit.

Narziss erlag also einer Triebverwechslung.

Zeigt Caravaggio das Bild eines *richtigen* imaginären Verhältnisses, so ist die Geschichte des Narziss die einer *falsch verstandenen* Anrufung.

Das ist vielleicht die entscheidende Lektion des Narziss-Mythos für uns: Es ist die falsch verstandene Anrufung, die in den Untergang führt. Heißt das im Umkehrschluss: Wenn man die narzisstische Anrufung »richtig« versteht, geht man nicht unter? Denn dann bleibt: Narzissmus stellt ein »richtiges«, also ein funktionierendes, ein lebbares imaginäres Verhältnis her.

Für den Narzissmus als freiwillige Unterwerfung gilt deshalb: Sein Ziel ist nicht eine Entladung. Sein Ziel ist vielmehr das sich Umgestalten, sich Anverwandeln – also nicht Entladung, sondern Erfüllung des Ideals. So unerreichbar dieses auch immer bleiben mag. Das aber bedeutet: Der narzisstische Ruf eröffnet eine unversiegbare Energie, einen steten Antrieb. Ein zentrales Motiv für den Narzissmus als »soziale Form«, als gesellschaftliches Phänomen.

Ab dem Moment, wo unsere Argumentation bei der Idealbildung angelangt war, ab dem sekundären Narzissmus also – ab dem Moment, wo ersichtlich wurde, dass das Verhältnis des kleinen Ichs zum großen, zum idealen ICH dasjenige einer liebenden, einer freiwilligen Unterwerfung war – ab dem Moment waren wir wieder bei unserem eigentlichen Thema angelangt.

Und ab da stellte sich die Frage: Haben wir damit nicht das rein psychische Geschehen verlassen? Die Antwort lautet: ja und nein. Ja – denn ab dem Moment sind wir über das rein psychische Geschehen hinausgegangen. Nein – denn es zeigt sich, dass es eine strukturelle Ähnlichkeit zwischen manchen innerpsychischen und manchen ideologischen Vorgängen gibt. Wobei »strukturelle Ähnlichkeit« zu kurz greift. Denn die Idealbildungen einer Epoche, so Freud, sind nicht nur ähnlichen Ursprungs wie jene des Einzelnen. Sie stellen auch ähnlich strenge Forderungen. In diesen Vorgaben, in diesen Forderungen fallen also individuelle und kollektive Idealbildungen zusammen. Der »kulturelle Entwicklungsprozess der Menge und der eigene des Individuums« sind, nach Freuds Wort, miteinander »verklebt«.[31]

»Verklebt« ist hier der zentrale Begriff für uns. So hat etwa eine Kultur, eine Gesellschaft nicht nur ein Über-Ich, wie Freud schreibt. Dieses Über-Ich ist auch noch mit jenem der Einzelnen innig verbunden – eben *verklebt*.[32]

Hier liegt also nicht nur eine strukturelle Ähnlichkeit vor, sondern eine tatsächliche Überschneidung. Man könnte auch sagen: Wir sind im Seelenleben schon ideologisch strukturiert.

Es ist also kein Zufall, dass unsere Darstellung mit Erreichen des Ich-Ideals das rein psychische Geschehen verlassen hat. Denn die Ideale (sowohl jenes des bisher noch unerwähnten Über-Ichs als auch jenes des Ideal-Ichs) sind ja genau der Schnittpunkt zwischen Gesellschaft und Individuum. Sie sind das Einfallstor der Gesellschaft. Ohne diese Überschneidung hätte die psychoanalytische Theorie nur einen metaphorischen Wert für die Ideologietheorie – nicht aber einen analytischen. So aber ermöglicht das Vokabular der Psychoanalyse nicht nur die beschreibende Darstellung der Phänomene, sondern liefert auch Begriffe zu deren Erklärung.

Wir können jetzt also dazu übergehen, den Narzissmus nicht nur als psychisches Prinzip, sondern als die eingangs erwähnte »soziale Form« zu betrachten – wie Sennett das genannt hat. Auch wenn Sennett diese soziale Form anders versteht. Für ihn bedeutet dies, dass sich eine Kultur etabliert hat, »der das Vertrauen in die Bedeutung der Öffentlichkeit abhanden gekommen ist und die von der Intimität als Maßstab für die Bedeutsamkeit der Realität beherrscht wird«.[33] Und genau dem folgen wir nicht. Es geht nicht um die Intimität eines bestehenden Subjekts, das sich in die Öffentlichkeit ausdehnt. Es geht vielmehr um ein Subjekt, das herzustellen ist. Immer wieder. Wir sollen dieses narzisstische Gesellschaftssubjekt ja erst werden. Und es geht auch nicht darum, dass dieses Subjekt mit seiner Intimität die Öffentlichkeit usurpiert – sondern vielmehr darum, dass Narzissmus zu einer gesellschaftlichen Forderung geworden ist. In diesem Sinn bedeutet Narzissmus als »soziale Form«: Vom idealen ICH geht ein Ruf aus: Werde dein Ideal! Solche narzisstische Anrufung ist ein Ruf, der von überall ertönt. Der Ruf, der von einem Ideal an das kleine Ich, das wir alle sind, ergeht. Es ist dies ein gesellschaftlicher Ruf geworden, der uns auffordert, narzisstische Energien zu mobilisieren. Ein Ruf, der uns zu einem narzisstischen Selbst- und

Weltverhältnis drängt. Es uns abverlangt. In all der Paradoxie, die dem innewohnt. Und diese narzisstische Anrufung erreicht uns – in der einen oder anderen Form – alle.

Nun ist es keineswegs selbstverständlich, in diesem Zusammenhang von einer Anrufung zu sprechen. Sind doch die »normalen«, die »gängigen«, die »üblichen«, also die bisherigen Anrufungen jene nach dem Über-Ich-Typus. Diese mögen sich, wie erwähnt, nach ihrer jeweiligen Autorität unterscheiden: Gott, Regent, Nation oder ein abstraktes Prinzip wie Gerechtigkeit. In ideologischer Hinsicht aber haben sie alle eine vergleichbare Struktur: eine Über-Ich-Struktur.

Die narzisstische Anrufung ist also ein Sonderfall. Sie ist in vielen Hinsichten anders. Sie unterscheidet sich im Funktionsmodus, in der Art des Antriebs, die sie befördert, und in den Zielvorstellungen. Man könnte auch sagen, sie gehört einer anderen Gesellschaft, einem anderen Gesellschaftstypus an.

Christopher Lasch beschreibt diesen Gesellschaftstypus, wie wir gesehen haben, als Niedergang: als Niedergang der autoritären Familie, der repressiven Sexualmoral, der protestantische Arbeitsethik – als Niedergang von dem, was man eine Kultur des Über-Ichs nennen könnte. Für Lasch ist dies das Ende der bürgerlichen Ordnung im entwickelten Kapitalismus, die Erschütterung der wesentlichen Instanz dieser Ordnung: des autonomen Ichs. Deshalb äußert sich dieser Untergang für ihn im Aufkommen des Narzissmus als gesellschaftlichem Prinzip. Nun erst können wir darlegen, warum wir dieser Darstellung nicht folgen.

Der unterschiedlichen Auffassung liegt ein unterschiedliches Verständnis von Narzissmus zugrunde. Für Lasch bedeutet Narzissmus: Abbau der patriarchalen Autoritäten, Schwächung kollektiver Über-Ich-Vorstellungen (wie sie Väter oder Lehrer verkörpert haben) – insgesamt also eine Schwächung des »inneren Zensors«, die den Triebaufschub aufhebt und einem »chaotischen, impulsgetriebenen Charakter« freien Lauf lässt. Das steht unserem Verständnis von Narzissmus als Herrschaft des Ich-Ideals, als freiwillige Unterwerfung unters Ideal diametral entgegen. Weshalb wir diese Veränderung weder als Störung noch als Verfall einer alten Ordnung sehen, sondern vielmehr als das Aufkommen eines neuen Welt- und Selbstverhältnisses. Genau das meint das Wort von der narzisstischen Anrufung.

Um die Besonderheit dieser narzisstischen Anrufung zu verstehen, soll deshalb nun die Differenz zwischen Über-Ich-Anrufung und Ich-Ideal-Anrufung – also die Differenz zwischen gesellschaftlichem Über-Ich und gesellschaftlichem Ich-Ideal betrachtet werden. Wobei diese Aufzählung noch keine erschöpfende ist. Sie nimmt nur einige Punkte der Freud'schen Unterscheidung auf. Es ist eine erste Skizze, wie diese Begriffe hier verwendet werden. Weitere folgen in den nächsten Kapiteln.

Der erste Unterschied ist: Das gesellschaftliche Über-Ich etabliert nicht nur die moralischen Gesetze des Erlaubten und Verbotenen. Es gibt auch alle Normen vor, die man als Normalität verinnerlicht. In solch eine Ordnung soll man sich einfügen, einpassen. Eine solche Normierung erfüllt man, wenn man deren Kernpunkt erfüllt: den Durchschnitt.

Das gesellschaftliche Ich-Ideal hingegen ist ganz anderer Art: Es verlangt uns eine »Anpassung« ans Ideal ab. Das ist das Gegenteil einer Norm, die ja für alle gleich gilt. Das Ideal mag zwar allgemeine Züge haben – aber als Ideal ist es ein je besonderes, individuelles. Ja seine Quintessenz besteht gerade darin, Besonderheit, Individualität vorzuschreiben. Erfüllt wird das Ideal, wenn diese Besonderung gelingt. Interessant ist der Widerspruch, den das in sich trägt: Eine Norm kann widerspruchsfrei eine Anpassung verlangen. Aber wie kann das Ich-Ideal widerspruchsfrei durchgesetzt werden? Wie kann das Besondere vorgeschrieben, das Einzigartige verlangt werden? Welche Art von »Anpassung« kann das sein?

Eine Anpassung an Anforderungen kann auf zweierlei Arten erfolgen. In einem Fall verlangt sie ein *Befolgen*. Im anderen Fall ein *Sich-Verändern*.

Befolgt wird das Diktat des Über-Ichs und dessen Normierungen – ob in disziplinarischer oder in moralischer Hinsicht. So verlangt die Über-Ich-Anrufung ein Einfügen ins Verbot, also eine Einschränkung des Ichs. Genau darin besteht ja die Aufforderung, seinen Platz einzunehmen.

Der Ich-Ideal-Anrufung hingegen geht es nicht um ein Verbot, sondern um ein Vorbild. Deshalb übt sie keinen moralischen, sondern einen formbildenden, gewissermaßen einen ästhetischen Druck aus. Sie sagt: Du sollst du werden – und meint: Du sollst besser werden. Du sollst nicht einen Platz einnehmen, sondern versuchen, das Ideal zu erfüllen. Indem du dich ihm anverwandelst. Indem du dich veränderst. Immer und ständig.

Nun sind in jeder Anrufung beide Elemente vorhanden: Verbots- und Idealfunktion. Aber in einer jeweils anderen Mischung, das heißt unter jeweils anderer Vorherrschaft.

An der Stelle wird die Differenz des Äußerungsmodus relevant. Wie adressieren die unterschiedlichen Anrufungen ihre Subjekte? Die Über-Ich-Anrufung gibt ein Gesetz vor. Sie adressiert das Subjekt im Medium der Sprache – durch die Stimmen, die Worte der Eltern, der Autoritäten. Ein Ruf im wörtlichen Sinn. Die Ich-Ideal-Anrufung hingegen präsentiert dem Subjekt, wie wir gesehen haben, ein Bild: ein Vorbild im doppelten Sinn. Ein Bild, das es dem Subjekt vor-stellt. Und ein Bild, das es dem Subjekt vorgibt – als jene Vorgabe, nach der das Subjekt sich umwandeln, in die es sich verwandeln, der es sich anverwandeln soll. In diesem Sinne verstehen wir auch das Wort von Lacan: Das Über-Ich ist »zwingend« – das Ich-Ideal hingegen »exaltierend«. Exaltierend im Sinne einer Verbesserung, einer Steigerung. Denn das Bild des Ideals ist vor allem eines: Es ist mehr. Das, dem man sich anverwandeln, das, was man zu erreichen sucht – es ist immer mehr. Es ist größer als man selbst. Es verlangt, dass man über sich selbst hinauswächst. Während das Verbot immer eine Reduzierung des Ichs bedeutet, geht es hier um eine Steigerung hin zu dem, was einen übersteigt.

Dem Über-Ich folgt man aus einer spezifischen Art von Zwang. Dieser ist kein äußerlicher Zwang. Es ist vielmehr ein verinnerlichter Zwang, der sich zur unerbittlichen Notwendigkeit auswachsen kann. Verinnerlicht durch die Übernahme der Vorgaben, die – nebst Kontrolle, Zensur und Strafe – als Über-Ich ja Teil der Person werden. Die schlimmste Drohung dieser »Besatzungsmacht«, deren wirksamstes Herrschaftsmittel aber ist: das schlechte Gewissen. Das Über-Ich ist eine Herrschaft des Gesetzes und der Normen. Aber es ist auch eine Herrschaft der Autoritäten, der akzeptierten und auch geliebten Autoritäten – ob personeller oder prinzipieller Natur. Insofern geht es hier auch um Identifizierung – aber eine Identifizierung eigener Art: eine Unterordnung, eine freiwillige Unterwerfung als Subjekt der Autorität.

Dem Ich-Ideal mit seinem Bild vom Ideal-Ich aber folgt man aus einer paradoxen Selbstliebe, die ja dem Ideal gilt – und man folgt, um selbst geliebt zu werden. Und dennoch ist dies eine Herrschaft – nicht minder unerbittlich. Und das Befolgen der Vorgaben ist ebenso eine Unterwerfung, eine freiwillige Unterwerfung eigener Art: Wenn das große ICH zur Autorität wird, dann ist die Anverwandlung an dieses Ideal nicht nur unterwerfend. Es ist sogar eine Verschärfung der Unterwerfung.

Denn die freiwillige Unterwerfung unters Über-Ich bleibt partiell. Oder kann zumindest partiell bleiben. Die freiwillige Unterwerfung unters Ich-Ideal hingegen ist immer total. Denn man kann gegen sie keine Gegenkräfte mobilisieren. Die Vorgabe ist ja eine Vollkommenheit, die zur eigenen gemacht werden soll. Wo dies scheitert, ist dies keine mangelnde Akzeptanz des Ideals, sondern ein Defizit in dessen Erfüllung. Wo diese also scheitert, macht sich etwas ganz anderes breit als ein schlechtes Gewissen: ein vernichtendes Gefühl der Minderwertigkeit, eine umfassende Kränkung.

Zugleich aber ist dieses Scheitern zwangsläufig. Denn das Ideal ist immer – mehr. Und es fordert immer – mehr. Es bleibt immer unerreichbar – man kann sich ihm, wie erwähnt, nur »asymptotisch« nähern. Es ist nur punktuell, nur momentan erfüllbar.

Das Ideal gibt also beides vor: ständige Annäherung und notwendiges Scheitern. Das erzeugt eine ganz eigene Qualität von Antrieb. Das Ich-Ideal ist ein tyrannischer Feldherr, der das Ich ständig und stets weitertreibt. Wir sind nie weiter vom Glück des primären Narzissmus entfernt als in jenen tyrannischen Anforderungen des Ich-Ideals: Narzissmus ist eine Tyrannei des Ideals – nicht eine Tyrannei der Intimität.

Hier begegnen wir zum ersten Mal einem äußerst erstaunlichen Phänomen: den Qualen des gesellschaftlichen Narzissmus. Erstaunlich ist dies insofern, als Ideologie ja immer als illusionärer Trost, als falsche Idylle verstanden wird. Als Schein, der über eine bittere Realität hinwegtäuschen soll. Und hier zeigt sich unerwartet, dass uns die ideologischen Verhältnisse selbst Qualen bereiten. Ein Moment der Ideologie, der hier besonders ausgeprägt ist: Statt nur falschen Trost zu spenden übt dieser Narzissmus auch richtigen Druck aus.

Noch erstaunlicher ist der Effekt, den das hat: Man kann

dieser freiwilligen Unterwerfung kaum entrinnen. Gerade das Quälerische macht aus dem Narzissmus eine nahezu unaufhebbare Verstrickung.

Es sind genau diese beiden Momente, die die narzisstische Anrufung für eine Gesellschaft so interessant, so brauchbar machen: die besondere »Qualität« des Antriebs und die Unentrinnbarkeit der Verstrickung.[34]

Manche dieser Differenzen, die hier fein säuberlich aufgelistet und getrennt wurden, werden im weiteren Verlauf noch in der einen oder anderen Mischung wiederkehren. Für den Moment aber haben wir alle Elemente versammelt, um eine weitere These zu formulieren. Diese besagt: Die Art, wie wir uns freiwillig unterwerfen, hat eine Veränderung erfahren. Diese kann als eine Verschiebung von einer Über-Ich-Anrufung hin zu einer Ich-Ideal-Anrufung verstanden werden. Wenn Individuelles und Kollektives miteinander »verklebt« sind, dann manifestiert sich in dieser Verschiebung eine gesellschaftliche Veränderung. Denn die Veränderung der ideologisch-psychischen Anordnung ist Folge einer gesellschaftlichen Veränderung. Mit Althusser gesprochen hieße das: Wenn sich die realen Existenzbedingungen verändern, ändern sich auch die imaginären Verhältnisse.

Die Frage, die mit dieser These einhergeht, aber lautet: Was bedeutet es, wenn freiwillige Unterwerfung mittels Narzissmus funktioniert? Was bedeutet es für eine Gesellschaft, wenn sie mittels eines anti-gesellschaftlichen Prinzips funktioniert? Wenn das Anti-Soziale des Narzissmus zu ihrem Funktionsmodus geworden ist?

Kapitel 3

Die neoliberale Trompete

Eine Gesellschaft mit zwei Logiken

Wir stehen also vor der Frage: Was bedeutet es für eine Gesellschaft, wenn sie mittels eines anti-gesellschaftlichen Prinzips wie dem Narzissmus funktioniert?

Um uns dieser Frage anzunähern, müssen wir einen Umweg nehmen. Dieser nimmt seinen Ausgang bei einem Text von Helmut Dubiel. In »Der nachliberale Sozialcharakter« beschreibt der deutsche Soziologe die Funktionsweise der bürgerlichen Gesellschaft.[35] Entgegen dem, was man annehmen könnte, kannte diese Gesellschaft, die doch mit dem Kapitalismus einherging, keine alleinige, uneingeschränkte Geltung der Marktgesetze. Historisch hatte diese nie nur eine, sondern vielmehr zwei Funktionsweisen. Anders gesagt: Selbst in der klassischen kapitalistischen Gesellschaft folgte nicht alles der Logik des Kapitals. Es gab immer auch Bereiche, die davon ausgenommen waren. Dubiel zählt dazu die Bildung, die Kunst, die Kultur, die Familie, die Liebe. Diese Bereiche folgten ihrer eigenen Logik – sie hatten also ihre eigene Funktionsweise, die auf nichtökonomischen Prinzipien beruhte. Diese doppelte Funktionsweise war keineswegs zufällig. Das ist der springende Punkt.

Dubiel verweist auf eine lange Tradition bürgerlicher Autoren, denen es notwendig schien, den destruktiven Charakter der freien Konkurrenz durch eine kulturelle, sittliche, moralische oder politische Begrenzung zu entschärfen. Das, was in der Sphäre des Marktes erforderlich war – Egoismus, Verfolgung des Eigennutzes, Durchsetzungsfähigkeit –, sollte also in den anderen Sphären durch Prinzipien wie Altruismus, Loyalität, Fairness beschränkt werden. Etwa in der Familie, die zusammenhält und sich nicht an der freien Konkurrenz orientiert. Damit wurde die Kapitallogik aber nicht nur beschränkt, sie wurde geradezu konterkariert. Denn dieses Organisationsprinzip war nicht nur eigenständig, es war dem ökonomischen vielmehr entgegengesetzt. In diesem Sinne war die bürgerliche Marktgesellschaft also, so Dubiel, eine »paradoxe Formation«. Sie vereinte nicht nur zwei unterschiedliche Logiken, zwei Funktionsweisen. Sie stabilisierte sich vielmehr gerade durch ihre anti-kapitalistischen Prinzipien. Denn erst diese glichen die sozial destruktiven Folgen aus. Sie bedurfte solcher Gegenlogik, um als Marktgesellschaft überhaupt funktionieren zu können.

Die Argumentation lautet also: Bleibt das Prinzip der egoistischen Nutzenmaximierung, das in der Ökonomie vorherrscht, ungebremst, dann hat dies zerstörerische gesellschaftliche Folgen. Deshalb bedarf dieses der Ergänzung durch ein ihm gegenläufiges Prinzip der Solidarität und Gegenseitigkeit, das es bremst, eindämmt, einschränkt. Etwa mittels Sittlichkeit oder mittels Kultur oder mittels familiären Zusammenhalts. Solche gegenläufigen Prinzipien stabilisieren das kapitalistische Profitstreben, die Marktrationalität gesellschaftlich, *indem* sie diese einschränken. Einfach weil deren ungehinderte Entfaltung, deren unbeschränkte Expansion gesellschaftszerstörend, anti-gesellschaftlich ist. Die Paradoxie einer Stabilisierung durch Gegenläufigkeit.

Für unseren Zusammenhang ist relevant, dass diese Prinzipien, diese Sphären sich lange Zeit als eigene behaupteten. Bei allem Zugriff, den die Kapitalverhältnisse auf diese auch haben mochten – von der Familie bis zur Kunst –, blieben sie dennoch relativ autonom. Und genau durch diese Eigenständigkeit garantierten sie das gesellschaftliche Funktionieren. Gerade weil sie der Marktlogik (relativ) entzogen waren, stabilisierten sie die Gesellschaft insgesamt. Entspricht Dubiels Konzept der zwei Logiken der Unterscheidung zwischen imaginären und realen Verhältnissen, wie wir sie in Kapitel 1 getroffen haben – also der Unterscheidung zwischen einem persönlichen, gelebten Verhältnis zur Welt und den gegebenen Existenzbedingungen des anonymen Gesellschaftsganzen, in die wir eingefügt sind? Die Antwort lautet: teilweise.

Die Soziologie hat für diese doppelte Logik eine wenig charmante Terminologie. Sie spricht von einer System- und einer Sozialintegration. Systemisch werden die Individuen ohne ihr Zutun, durch die ökonomischen Zusammenhänge integriert. Durch jene Zusammenhänge also, die sich ihrem Willen entziehen. Sozial aber integrieren *sich* die Individuen aktiv. Indem sie Normen, Praktiken, Traditionen folgen. Die Subjekte werden also, so Dubiel, zweifach in die Gesellschaft eingefügt – systemisch und sozial.

Dubiel sieht nun Letzteres durch das Erbe einer präkapitalistischen Sittlichkeit garantiert: Die soziale Integration beruhte auf einem alten Arbeitsethos ebenso wie auf alten Verpflichtungsgefühlen. Ja mehr noch: Die »irrationale Hinnahme und Folgebereitschaft« – in unserer Terminologie: die freiwillige Unterwerfung – konsumierte feudale Vorstellungen von Loyalität. Von diesen vormodernen Restbeständen einer alten Sittlichkeit und Arbeitsmoral, die weitergewirkt haben, habe die kapitalistische Gesellschaft lange gezehrt. Sie musste »quasi parasitär« davon zehren, denn sie kann solches nicht selbst produzieren, so Dubiel.

Die Krise, die Dubiel in seinem Aufsatz Ende 1993 analysiert, beginnt für ihn dort, wo die Bedingungen dieser Paradoxie – die »moralischen Polster« des Kapitalismus – sich erschöpfen. Erschöpfen meint die Verausgabung der alten Bestände einer Moral, die nicht nachgeliefert, nicht nachproduziert werden kann.

Ende des 20. Jahrhunderts sieht er das Marktverhalten entgrenzt und durch keine außer-marktlichen Normen mehr hinreichend gebremst. In diesem Auslaufen, in dieser Erosion der doppelten Logik, der zweifachen Funktionsweise sieht Dubiel den wahren Triumph der bürgerlichen Gesellschaft – und nicht etwa deren Verfall.

Was nun aber auftritt, sei ein neuer Sozialcharakter: der titelgebende »nachliberale Sozialcharakter«. Nun ist »Sozialcharakter« ein durchaus fragwürdiger soziologischer Begriff. Denn er bezeichnet einen Typus, der ein exaktes Abbild der jeweiligen Gesellschaft sein soll. Das würde aber Dubiels Analyse einer doppelten, einer widersprüchlichen, einer paradoxen Funktionsweise der kapitalistischen Gesellschaft vehement widersprechen. Denn diese meint ja gerade keine Widerspiegelung der Marktverhältnisse, kein Abbild, sondern vielmehr zwei gegenläufige Logiken. Mehr noch: Die Funktion des Sozialcharakters – also das Erzeugen von konformem Verhalten – widerspricht exakt der ideologischen Funktion einer gegenläufigen Sozialintegration, wie Dubiel sie skizziert.

Wieso also spricht er von einem »Sozialcharakter«?

Weil für Dubiel die klassischen Funktionsbedingungen der kapitalistischen Gesellschaft nicht mehr gegeben sind. Weil kein Vorrat an Sittlichkeit mehr vorhanden ist, um die Kapitallogik in die Schranken zu weisen. Das bedeutet also ein schrankenloses Ausbreiten der Systemlogik. Marktimperative halten Einzug in all jene Bereiche, die ihnen zuvor entgegengesetzt und entzogen waren. Es ist dies die alleinige, ungehemmte, ungefilterte Vorherrschaft der einen Logik, der des Marktes. Dies habe einen ebenso entgrenzten, hemmungslosen Individualismus zur Folge. Dessen reiner Utilitarismus, der nur auf Nutzenmaximierung aus sei, zersetze alle Refugien des Gemeinschaftlichen. Und damit auch alle Bestände an Fürsorge und Solidarität. In allen Schichten. Und genau das habe zahlreiche Pathologien zur Folge. Diese reichen, so Dubiel, vom Brüchigwerden der sozialen Integration bis zu Gewerkschaften, die nur noch unpolitische Individualinteressen vertreten. Von einem konsumistischen Hedonismus bis hin zu vehementen Krisen der Selbstbeziehung.

Kurzum – das Aufkommen eines »nachliberalen Sozialcharakters« scheint für Dubiel ein Symptom zu sein. Denn der Alptraum einer ungebremsten kapitalistischen Gesellschaft, einer Gesellschaft der ungefilterten Marktrationalität könne ja nicht funktionieren. Zu destruktiv seien deren Tendenzen. Von einem nachliberalen Sozialcharakter zu sprechen heißt demnach, diesen als »Widerspiegelung« einer Unmöglichkeit, als »Abbild« eines anti-gesellschaftlichen, eines dysfunktionalen Systems zu verstehen. Die Pathologien, die das notwendigerweise zur Folge hat, äußern sich dann eben im Symptom eines narzisstischen Sozialcharakters. Entspricht Dubiels Analyse also unserem Konzept?

Halten wir fest: Wir folgen Dubiel, was die doppelte und paradoxe Funktionsweise der Gesellschaft betrifft. Aber wir verstehen diese anders: nämlich als imaginäre, gelebte Verhältnisse einerseits und als reale, gegebene Verhältnisse andererseits. Der springende Punkt dabei ist: Dieses Imaginäre ist weder notwendig moralisch noch ein vormoderner Restbestand. Anders gesagt: Es muss nicht notwendigerweise begrenzend wirken – und kann dennoch ein Gegenprinzip sein. Man muss sich das in seiner ganzen Bedeutung klarmachen: Es gibt auch Gegenprinzipien, also Prinzipien, die nicht der Kapitallogik entsprechen, und die dennoch nicht moralisch, also bremsend, einschränkend, eindämmend sind. Genau das ist der Fall beim heute vorherrschenden Narzissmus.

Das bedeutet: Wir haben auch heute keine Gesellschaft der einen Marktlogik – deren Folgekosten eine narzisstische Pathologie wäre. Wir haben vielmehr auch heute zwei unterschiedliche Funktionsweisen – die der realen und die der imaginären Verhältnisse. Denn es gibt keine Gesellschaft ohne imaginäre Verhältnisse. Diese speisen sich keineswegs aus alten Verpflichtungen. Vor allem aber – und das ist entscheidend – wirken sie nicht begrenzend, sondern vielmehr steigernd, exaltierend, stimulierend. Deshalb ist für uns der Narzissmus kein Symptom einer mono-logischen Kapitalgesellschaft – kein pathologisches Symptom eines Nicht-Funktionierens.

Christopher Lasch, dem wir in Kapitel 2 schon begegnet sind, sieht im Narzissten den adäquaten Sozialcharakter eines irrlaufenden Spätkapitalismus. Hier zeige sich, so Lasch, die Realität des entfesselten Kapitalismus. Hier enthülle sich die Wahrheit einer Gesellschaft der reinen Konkurrenz. Hier zeige sie deren »wahre Fratze«. Demgegenüber behaupten wir nachdrücklich: Der Narzisst entspricht nicht der Systemlogik. Anders gesagt: Der Narzisst ist nicht die Realität des entfalteten Kapitalismus, sondern dessen Imaginäres. Er gehört nach wie vor einer anderen Logik an. Der Narzissmus ist weder eine begrenzende Sittlichkeit noch die wirkliche Marktlogik. Er entspricht vielmehr unserem imaginären Bezug zur Marktlogik.[36] Als solcher ist er ein Gegenprinzip ganz neuer Art. Wie grundlegend neu der Narzissmus als Gegenprinzip ist, lässt sich daran ermessen, wie sehr eben solche narzisstischen Tendenzen als anti-gesellschaftlich bis vor kurzem noch eingedämmt wurden. Wie viel Moral und gesellschaftliche Autorität wurde aufgeboten, um ebendiese zu begrenzen – von der Pflicht als Einschränkung der Selbstliebe bis zur moralischen Verurteilung aller selbstsüchtigen Begierden. Heute ist der Narzissmus von einem zu bekämpfenden Übel zu einem Antriebsmodus geworden. Wir haben also eine eminente Veränderung im Imaginären: Und diese geht mit Veränderungen der realen Verhältnisse einher. Wie aber sehen diese aus?

Foucault und der Neoliberalismus

Zur Klärung dieser Frage kehren wir zu Dubiels Alptraum zurück: Der Kapitalismus hätte sich voll entfaltet. Er hätte jegliche Gegenlogik verdrängt und würde in der einsamen Alleinherrschaft der einen, der System-Logik triumphieren. In diesem Szenario kündigt sich etwas an. Eine Veränderung, eine Verschiebung, die Dubiel erahnt – die er aber noch nicht erfasst hat. Was ist daraus geworden?

In den Vorlesungen, die der französische Philosoph Michel Foucault 1979 an einer der Pariser Elite-Hochschulen, dem Collège de France, gehalten hat, wird die knappe Skizze von Dubiels Alptraum zu einem breit angelegten Gemälde.[37] Foucault skizziert jene Veränderungen, die damals noch neu waren. Heute aber sind sie unter dem Stichwort »Neoliberalismus« jedem geläufig. Foucault zeichnete hier schon sehr früh den Weg, den dieser nehmen wird.

Man muss vorausschicken, dass der Foucault dieser Vorlesungen sich einem für ihn unüblichen Gegenstand widmet: der Theorie des Liberalismus. Wobei er selbst als Interpret dieser Theorie spricht – und nicht als einer ihrer Vertreter.

Als solch ein Interpret bestimmt er den Neoliberalismus doppelt: Dieser sei sowohl Deutungsprinzip als auch politischökonomisches Programm. Beides mit dem einen Ziel: Gesellschaft und Wirtschaft zu rationalisieren. Diese also gemäß einer bestimmten Vorstellung von Rationalität umzugestalten. Folgen wir Foucaults Darstellung in beiden Hinsichten: dem Programm und dem Deutungsprinzip.

Das Programm dieser Umgestaltung bestehe darin, so Foucault, den Markt zum regulativen Prinzip der Gesellschaft zu machen. Das bedeutet nicht das, was man unmittelbar zu verstehen meint: Es geht nicht darum, dass alles zur Ware wird. Es geht nicht darum, die Gesellschaft nur am Tausch auszurichten. Das sei das Prinzip einer anderen Gesellschaft gewesen – der Gesellschaft der Massenproduktion, so Foucault. Diese war durch ihre Massenwaren auf Gleichförmigkeit gepolt: standardisiert und diszipliniert. In diesem Stadium befinden wir uns nicht mehr, behauptet *der* Theoretiker der Disziplinierung schon Ende der 1970er Jahre. Die neoliberalen Theoretiker hatten schon damals eine Gesellschaft im Blick, deren zentrales Prinzip nicht der Warentausch, sondern ein anderer Mechanismus ist: der Wettbewerb. Alles sollte auf Wettbewerb ausgerichtet werden. Damit verschiebe sich aber, so Foucault, der Fokus: von der Gleichförmigkeit hin zu einer Vielzahl von Unterschieden. Im Wettbewerb gehe es nicht darum, die Menschen gleichzurichten, sie zu standardisieren wie die Massenwaren. Es gehe vielmehr um das »Spiel« ihrer Ungleichheiten. Deshalb sei das Subjekt des Wettbewerbs ein Homo oeconomicus, ein ökonomisches Wesen. Aber nicht mehr, so Foucault, im alten Sinne eines tauschenden Menschen. Sondern in einem neuen Sinn: der Mensch als Unternehmer, der in Konkurrenz zu allen Anderen tritt. Es war klar: Setzt sich dieses neue regulative Prinzip durch, sind die Auswirkungen enorm.

Aber der Weg hin zu einer solchen neoliberalen Gesellschaft ist weder zwingend noch geradlinig.[38] Nicht einmal in der Darstellung. So gibt es auch bei Foucault eine Art Zwischenstopp: nämlich bei den deutschen »Ordoliberalen«. Diese bezogen sich zwar auf eine Vorkriegstheorie, die von der »Freiburger Schule der Nationalökonomie« in den 1930er Jahren entwickelt wurde. Ihre Glanzzeit aber hatten sie nach dem Zweiten Weltkrieg. Foucault nennt namentlich: Walter Eucken, Wilhelm Röpke, Alfred Müller-Armack. Vor allem aber wird der deutsche Ordoliberalismus mit einem Namen verbunden: mit Ludwig Erhard – CDU-Wirtschaftsmininster der BRD und als »Vater des deutschen Wirtschaftswunders« ebenso wie als »Vater der sozialen Marktwirtschaft« bekannt. Diese Konservativen der Nachkriegszeit stellten eine Mischform zwischen altem Konservativismus und neuem Liberalismus dar, die bis in die 1960er Jahre politisch relevant war.

Auch den Ordoliberalen ging es, so Foucault, vorrangig um den Wettbewerb. Ihr oberstes Ziel war es, diesen zu schützen. Für sie hieß das, die Gesellschaft so zu organisieren, dass sich der Wettbewerb ungehindert vollziehen und entfalten kann. Dazu brauchte es nicht nur eine entsprechende ökonomische, sondern auch eine adäquate Gesellschaftspolitik. Dieser Gesellschaftspolitik der Ordoliberalen aber hafte eine »ökonomisch-ethische Zweideutigkeit an«, so Foucaults schöne Formulierung.

Denn zum einen ging es den Ordoliberalen darum, das Modell des Unternehmens zu verallgemeinern – es zu vervielfachen und zu verbreiten. Aus diesem ökonomischen Modell sollte ein gesellschaftliches Modell werden: Alle sozialen Beziehungen sollten an der Trias »Investition-Kosten-Gewinn« ausgerichtet werden. Zum anderen aber ging es den Ordoliberalen darum, »dass das Individuum seinem Arbeitsmilieu gegenüber, seiner Lebenszeit, seinem Haushalt, seiner Familie, seiner natürlichen Umgebung nicht mehr entfremdet ist«.[39] Es ging also darum, so Foucault, gleichzeitig auch »warme«, also moralische und kulturelle Werte, gegen die »kalten« Mechanismen des Wettbewerbs wiederherzustellen. Wiederherstellen ist für die deutschen Ordoliberalen der Nachkriegszeit ein vielsagender Begriff: Geht es doch bei diesen »warmen« Werten, die den Individuen einen Anker, einen Hafen bieten sollten, um die Gemeinschaftswerte: Es ging also darum, nach dem Krieg die alte, prä-faschistische Gemeinschaft gegen die berechnende, gefühllose Gesellschaft, die sie selbst etablieren wollten, *wiederherzustellen*.

Die Ordoliberalen träumten, so Foucault, von einer Gesellschaft, die »eine Gesellschaft für den Markt und eine Gesellschaft gegen den Markt« ist: Orientiert am Wettbewerb, sollte sie zugleich aber auch Ausgleich gegen dessen Defizite sein. Das ist ihre »ökonomisch-ethische Zweideutigkeit«. Hier finden wir also genau Dubiels Schema wieder: eine Gesellschaft der zwei Funktionsweisen, der zwei Logiken. Die Ordoliberalen stützten sich dabei nicht nur auf dasselbe Schema, sondern auch auf dieselbe Argumentation, wie sie Dubiel skizzierte: Der Wettbewerb schaffe eine passende Ordnung für eine Marktwirtschaft, aber er sei kein gesellschaftliches Organisationsprinzip. Denn in moralischer und gesellschaftlicher Hinsicht wirke er wie ein »soziales Sprengmittel«. Er sei auflösend statt verbindend. Trennend statt vereinigend. Ausgehend von diesem Befund braucht es also Gegenkräfte – Kräfte, die die gesellschaftlichen Defizite des Marktprinzips ausgleichen. Die verbindende, integrative Gesellschaftspolitik, die den Ordoliberalen dabei vorschwebt, hat dieselbe paradoxe Funktion wie bei Dubiel: Sie soll das System stärken, *indem* sie ihm entgegensteht.

Es ist diese Zweideutigkeit, die die Ordoliberalen für Foucault verdächtig macht.

Deshalb kommt in Foucaults Darstellung genau hier der Bruch, den der »amerikanische Neoliberalismus« mit allen anderen Varianten des Liberalismus bedeutet. Gegen die Zweideutigkeit dieser Doppellogik stelle dieser Anarcho-Kapitalismus seine »strenge, vollständige und erschöpfende Radikalität«, wie Foucault nicht ohne einen Anflug von Bewunderung meint.[40] Diese Radikalität besteht darin, die ökonomische Form gänzlich zu verallgemeinern – ohne die Reparaturkosten für die gesellschaftlichen Schieflagen und Härten, die das mit sich bringt, zu begleichen. Es ist dies die Absage an alle Formen von Korrekturen und Abfederungen. Das bedeutet *nicht*, dass die Politik nicht mehr eingreifen solle. Laut Foucault ist Neoliberalismus keinesfalls ein Laissez-faire, ein reines Gewährenlassen der Ökonomik, wie man gemeinhin annimmt. Dieser verlange vielmehr sehr wohl nach einer intervenierenden Politik – nur wird diese anders gedacht: Sie soll nicht die sozialen Kosten des Wettbewerbs ausgleichen. Sie soll nur jene Mechanismen beseitigen, die dem Wettbewerb hinderlich sein könnten: kein Schutz *vor*, sondern ein Schutz *des* Wettbewerbs, wie Foucault sagt. Es geht also weder um eine Korrektur noch um einen Ausgleich der destruktiven Marktwirkungen: Zwischen Gesellschaft und ökonomischen Prozessen solle es, so Foucault, keine »Trennwand« geben. Anders gesagt: kein zweites Organisationsprinzip, keine zweite Logik, die diesen Kapitalismus befördert, indem sie ihm entgegensteht, die ihn bekräftigt, indem sie ihn begrenzt. Eine Monokultur. Eine einzige Logik. Hier ist er – Dubiels Alptraum: die Vorstellung eines so umfassenden Kapitalismus, dass er keiner Abfederung mehr bedarf. Genauer gesagt: Es geht nicht mehr darum, ob es solch einer Abfederung bedarf oder nicht. Es geht vielmehr darum, dass die Gesellschaft keine solche mehr zur Verfügung stellen soll.

Wettbewerb als alleiniges Prinzip bedeutet also: eine Gesellschaft des umfassenden Wettbewerbs. Wettbewerb in allen Sphären. Foucault spricht von einer grenzenlosen, einer absoluten Verallgemeinerung. Damit sich die ökonomische Form des Wettbewerbs aber dermaßen verallgemeinern kann, damit sie zum einzigen Organisationsprinzip werden kann, muss sie eben auch auf alle potentiell entgegenstehenden Bereiche ausgedehnt werden. Grenzenlos bedeutet: Der Mechanismus des Wettbewerbs muss auch nicht-wirtschaftliche Bereiche erfassen und diese umcodieren.

Das Programm der neoliberalen Umgestaltung zielt also auf eine uneingeschränkte Herrschaft der einen, der ökonomischen Logik. Neoliberale Theorie aber ist – wie eingangs erwähnt – nicht nur ein Programm, sondern auch eine Deutung. Genauer gesagt: Das neoliberale Programm beruht auf einem Deutungsmuster, auf einem Analyseschema. Dieses besteht in einer ökonomischen Interpretation der Gesamtgesellschaft. Also eine ökonomische Deutung auch des Nicht-Ökonomischen. Aber Deutung ist ein zu schwacher Begriff. Er suggeriert ein reines Verstehen und Erfassen – eine interessenlose Hermeneutik gewissermaßen. Tatsächlich aber handelt es sich um etwas ganz anderes: um einen aktiven Zugriff auf die Bedeutung. Um ein Umcodieren des Sinns. Kurzum – es geht um eine radikale Übersetzung allen gesellschaftlichen Geschehens in ökonomische Kategorien. Man könnte sagen: eine radikale Übersetzung allen gesellschaftlichen Geschehens in das, was man eine Denkweise, eine Sprache des Marktes nennen könnte. Alle sozialen Beziehungen – die Beziehungen zwischen den Menschen ebenso wie die Beziehung zu sich selbst – sollen in dieser Sprache des Marktes, in der Sprache des Wettbewerbs, in der Sprache der einen, ökonomischen Logik artikuliert werden. Artikuliert in einem starken Sinn: Alle sozialen Beziehungen, ob familiäre, freundschaftliche, professionelle, ja sogar das Verhältnis zu sich selbst, sollen nach dem Modell »Investition-Kosten-Gewinn« verstanden, begriffen, aufgefasst, gelebt werden.

Das ist ein Zugriff besonderer Art: Dieser Diskurs ist deskriptiv und performativ zugleich. Also Beschreibung und Umgestaltung in einem. Und beides gemäß ein und derselben Logik – beides in den Kategorien, in der Sprache des Marktes. Die neoliberale Theorie zielt sowohl auf einen eigenen Zugang zur Welt als auch auf eine eigene Gestaltung dieser Welt. Sie zielt also auf ein vollumfängliches Weltverhältnis. In diesem Sinne ist sie ökonomische Theorie und Ideologie in einem. Allerdings eine Ideologie besonderer Art.

Eine Ideologie, die so tut, als sei sie keine. Denn die Sprache des Marktes ist ein Taschenspielertrick: Die realen Verhältnisse sprechen nicht – eben weil sie real sind. Man könnte auch sagen: Sie sind darum real, weil sie nicht sprechen. Weil sie eine objektive, anonyme Struktur bilden. Jedes Sprechen aber würde eine subjektive Dimension, eine subjektive Perspektive bedeuten. Eine Sprache des Marktes gibt es also nicht. Die Übersetzung unserer sozialen Beziehungen etwa aus einer Vorstellung von Freundschaft in eine Frage von Investition und Gewinn – eine solche Übersetzung scheint von objektiven Marktkategorien geleitet. Tatsächlich aber entspricht sie nur einer ideologischen Vorstellung von eigenem Kalkül. Der Neoliberalismus beruht also auf einem ideologischen Kniff: als könnten die ökonomischen Verhältnisse und das Subjekt auf ein und dieselbe Logik reduziert werden. Gewissermaßen gleichgeschaltet.

Was eine solche Übersetzung in die Sprache des Marktes bedeutet, zeigt sich am deutlichsten an der zentralen Kategorie dieser Ideologie: am vielzitierten Humankapital.

Humankapital soll den Begriff der Arbeitskraft ersetzen. Als Humankapital soll auch der Arbeiter auf die Basis des Kapitals gestellt, in Kapitalverhältnisse übersetzt werden. Er wird von der Arbeitskraft zum Unternehmer seiner selbst, wie Foucault schreibt, der »für sich selbst sein eigenes Kapital ist, sein eigener Produzent, seine eigene Einkommensquelle«.[41]

Hier zeigt sich deutlich, was die Ausdehnung des ökonomischen Rasters, der Feldzug der neoliberalen Theorie, bedeutet: Diese will nicht Besatzungsmacht alter Gebiete, sondern Herrschaft über ein völlig neu strukturiertes Reich sein.

Was bringt es, wenn aus dem Arbeiter, dessen Kraft ausgebeutet wurde, ein Humankapital wird? Als Humankapital kann und soll der »gesamte« Mensch erfasst werden. Erfasst im doppelten Wortsinn: ebenso ergriffen wie neu gefasst. Die korrekte Formulierung lautet demnach nicht, dass die Arbeitskraft verwandelt, sondern dass der Mensch, der »ganze« Mensch zu einem solchen Humankapital wird. Die Ausdehnung des Gegenstandsbereichs der Ökonomie bedeutet also, alles als Kapitalverhältnis denken. Auch und vor allem das Verhältnis zu sich selbst. Investiert man ausreichend in sich, ist die Frage des Humankapitals. Damit wird der Zugriff nicht nur erhöht, im Sinne von gesteigert, sondern auch erweitert, im Sinne von ausgedehnt. Es ist dies die bis zum Überdruss bekannte Übersetzung des Menschen in die Sprache des Marktes. Der Mensch als Kosten-Nutzen-Faktor – nicht nur in einer fremden Kalkulation, sondern auch in seinem Selbstverhältnis – das nichts anderes als seine eigene Kalkulation sein soll. Damit beschränkt sich der Zugriff und damit auch die Verwertbarkeit nicht mehr auf die einfache Arbeitskraft, sondern erfasst das gesamte menschliche Potential – also das physische ebenso wie das psychische, das körperliche ebenso wie das seelische Potential. Alles, was zur Arbeitsfähigkeit beiträgt. Oder beitragen kann. Das steigert den Nutzen des Einzelnen.

Laut Foucault bedeutet dies aber nicht, dass die Individuen mit den ökonomischen Verhältnissen kurzgeschlossen werden – mit jenen Verhältnissen, die sie »übersteigen und die sie gewissermaßen an eine riesige Maschine knüpften, die sie nicht beherrschen«.[42] Das war die klassische linke Darstellung. Neoliberal betrachtet aber soll sich das Individuum, statt an die große ökonomische Maschine angeschlossen zu werden, vielmehr selbst verwerten. Als Unternehmer seines eigenen Humankapitals. Das Subjekt nicht mehr von realen Verhältnissen aus denken, die es übersteigen, die es eben nicht beherrschen kann, bedeutet – es zu ermächtigen, sich selbst anzuschließen. Das erhöht nicht nur den Nutzen, sondern senkt auch die Kosten, wie Foucault festhält.

Dieses paradoxe Verhältnis fasst Foucault in den erstaunlichen Begriff der »Kompetenzmaschine«.

Laut Foucault bilden die Kompetenzen des Arbeiters, seine Fähigkeiten, eine eigene Maschine. Seine Fähigkeiten sind also anschlussfähig. Sie sind verwertbar. Der Arbeiter werde dabei aber keineswegs entfremdet, so Foucault. Das ist der springende Punkt: Er werde eben nicht an eine Maschine angeschlossen, die ihm äußerlich ist und die sein menschliches Wesen usurpiert. Als Kompetenzmaschine wird der Arbeiter vielmehr zu seiner eigenen Maschine – so wie er zu seinem eigenen Unternehmer wird. Er wird zu seiner eigenen Maschine, die etwas produziert – nämlich Einkommen.

Diese ist nun, so Foucault in einer weiteren erstaunlichen Formulierung, »eine Maschine, die man nicht vom Arbeiter trennen kann«.[43] Die Kompetenzmaschine, die der Arbeiter nunmehr ist – zu der er werden soll –, diese Kompetenzmaschine ist also nicht *ident* mit dem Arbeiter. Sie ist zwar nicht abtrennbar von ihm. Sie ist untrennbar von ihm als Person. Die Kompetenzen bilden eine »Einheit« mit dem Arbeiter – aber sie sind nicht der Arbeiter. Man könnte sagen: Die Person, der Arbeiter, *verkörpert* seine Kompetenzen, er *verkörpert* seine Maschine gewissermaßen.

Eine Verkehrung eigener Art. Diese erfüllt einen doppelten Zweck.

Zum einen werden damit die Ressourcen des Einzelnen wesentlich erhöht: nicht nur um die geistigen und seelischen Kompetenzen, sondern auch und vor allem um das zentrale Moment: den Selbstantrieb. Die Kompetenzmaschine ist die Maschine, die sich selbst bewegt, sich selbst antreibt. Das ist die zentrale Ressource, die erschlossen werden soll. Selbstantrieb ist die Umcodierung, die Übersetzung eines uns vertrauten Begriffs: der Freiwilligkeit. Denn, und da sind wir beim zweiten Zweck angelangt: Die Intention, das Ziel ist es, diese Ressource direkt anzuzapfen. Kompetenzmaschine meint also: Selbstantrieb ohne den Umweg über das Innenleben. Selbstantrieb ohne freiwillige Unterwerfung.

Es mag das sein, was Foucault an diesem Konzept fasziniert hat. So schreibt er: Am Horizont dieser Idee, dieses Programms steht eine Gesellschaft, in der nur die Umwelt verändert, die Spielregeln variiert, das Umfeld manipuliert wird – die aber, und das ist das Entscheidende, die »Individuen nicht innerlich unterwerfen würde«.[44] Ein zentraler Satz für unsere Fragestellung. Die Reduktion der Gesellschaft auf eine Logik würde also bedeuten: Neoliberalismus sei ein kapitalistisches System, das keiner innerlichen Unterwerfung der Individuen bedarf. Hier sind wir nicht nur beim entscheidenden Moment dieses Konzepts angelangt, sondern auch bei der größtmöglichen Differenz zu unserer Position.

Wie soll man sich dieses nun vorstellen? Wann braucht es keine innerliche Unterwerfung?

Auf eine innere Unterwerfung könnte man nur dann verzichten, wenn es keine eigene Dimension des Subjekts gäbe. Wenn man diese Dimension einziehen, die Innerlichkeit durchstreichen könnte. Das würde voraussetzen, das Subjekt könne vollständig in die Sprache des Marktes übersetzt werden. Als wären die Subjekt, die diesen Kapitalismus bevölkern, Subjekte ohne Imaginäres. Subjekte also, die nur als Humankapital, nur als Kompetenzmaschine gedacht, erfasst, erlebt werden – sowohl von den Anderen als auch von sich selbst. Dann bräuchte es auch keine freiwillige Unterwerfung, kein imaginäres Verhältnis zu den realen Existenzbedingungen – dann gäbe es nur eine Art von Verhältnis: das Marktverhältnis. Reale Veränderungen ohne innerlichen Bezug kann es nur geben, wenn die Innerlichkeit der Subjekte ganz der einen Logik einverleibt wird. Anders gesagt: Der Neoliberalismus meint, kein neoliberales Subjekt zu brauchen.

Dubiels Alptraum aber ist Foucaults Traum. Von daher rührt auch seine (man kann nicht umhin, es so zu nennen) Faszination für den Neoliberalismus: Schluss mit »ökonomisch-ethischen Zweideutigkeiten«. Hin zur Eindeutigkeit einer Gesellschaft, die scheinbar keiner psychischen Ergänzung, keiner inneren Stütze bedarf. Kein Imaginäres – nur die realen Existenzbedingungen. Es ist der Traum einer Gesellschaft jenseits dieser Unterscheidung.

Wenn man keiner neoliberalen Subjekte, wenn man also keiner innerlichen Unterwerfung bedarf, dann werden Konzepte wie Einsozialisierung oder Anrufung überflüssig. Dann reicht ein simples Reiz-Reaktions-Schema. Keine Verinnerlichung, sondern einfache Manipulation der Subjekte, indem man deren Umfeld, deren Milieu beeinflusst, indem man »positive Anreize« setzt.[45] Weshalb folgerichtig die adäquate Psychologie des Neoliberalismus der Behaviorismus ist, der nur das äußere Verhalten betrachtet.

Sehen wir uns einmal an, wie solcher Behaviorismus mit seinen Verhaltenstechniken sich in der Sprache des Marktes artikuliert.

Besonders deutlich wird das bei der Frage: Wie wird das Humankapital gebildet, erworben – jenes Humankapital, das nicht angeboren ist? Die Antwort der neoliberalen Theorie lautet: durch Bildungsinvestitionen. Diese gehen weit über Lernen und Berufsausbildung hinaus. Foucault zitiert hier ein Beispiel für solch eine Investition ins Humankapital: »die Zahl der Stunden, die eine Mutter mit ihrem Kind verbringt, wenn es noch in der Wiege liegt«. Man weiß, meint Foucault, dass diese Zeit der Zuwendung »sehr wichtig für die Bildung einer Kompetenzmaschine sein wird. Oder, wenn Sie so wollen, für die Konstitution eines Humankapitals, und dass das Kind viel besser angepasst sein wird, wenn seine Eltern oder seine Mutter ihm so viele Stunden gewidmet haben, als wenn sie ihm viel weniger gewidmet hätten.«[46] Insofern sei diese bloße Zeit der Zuwendung als Investition zu betrachten.

Natürlich zieht Foucault hier ein Beispiel heran, das seinen Effekt auf die Zuhörer (es ist ja eine Vorlesung) nicht verfehlt. Die Zeit der Mutter als Investition in die Baby-Kompetenzmaschine ist natürlich dazu angetan, die Radikalität dieses Neoliberalismus zu veranschaulichen. Was dabei aber – unintendiert – auch veranschaulicht wird, ist die Unzulänglichkeit dieser Theorie.

Denn die Drastik der Formulierung lässt eines vergessen: Warum wendet die Mutter diese Zeit auf, und warum hat dies solch eine Wirkung auf das Kind? Klar – das ist nicht die Frage der neoliberalen Analyse. Diese fragt nur nach dem Effekt. Ihr geht es nur um die Entsprechung von bloßer Zeit und Effizienz. Aber wenn man den Vorgang solcherart darstellt, so analysiert – wessen Perspektive entspricht das? Ist das die Perspektive der Mutter? Nein. Es ist der Blick des Ökonomen, der Blick von außen. Klammern wir die Frage aus, ob es ökonomisch überhaupt zulässig ist, diesen Vorgang als Investition ins Humankapital, als Bildung der Kompetenzmaschine Kind zu analysieren. Selbst wenn wir davon absehen, bleibt: Diese Darstellung genügt nicht einmal ihrer eigenen neoliberalen Logik.

Denn sie verfehlt das, was hier wirkt. Und warum es wirkt.

Was man hier »Reiz« nennt – eine gezielte Manipulation der äußeren Umgebung also –, kann eben nicht als Reiz fungieren, wenn es »funktionieren« soll. Die Zuwendung der Mutter kann nicht als Reiz erfolgen, wenn sie wirksam sein soll. Ebenso wie die Aufnahme der Zuwendung durch das Kind nur deshalb die intendierte »Reaktion« erzielt, weil diese eben keine einfache Reaktion sein kann, wenn sie wirken soll. Kurzum – wenn dies gemäß der neoliberalen Logik das so genannte Humankapital erhöhen soll, wenn dies also eine »Investition« sein soll, dann kann sie nicht auf eine solche reduziert werden. Dann kann sie nicht als solche – nämlich als Investition – getätigt werden. In aller Paradoxie. Den Vorgang als Verbesserung des Humankapitals darzustellen bedeutet also, die subjektive Dimension durchzustreichen. Das erfolgt nicht in aller ökonomischen Unschuld. Denn es bedeutet, diese Darstellung als die maßgebliche Darstellung zu behaupten – und die Ebene des Imaginären von Mutter und Kind auf eine Verbrämung, auf einen Deckmantel des eigentlichen Vorgangs zu reduzieren. Und genau an dem Punkt wird die Unzulänglichkeit dieser Analyse zu einem Fehler.

Denn die Ebene des Imaginären lässt sich nicht einziehen. Der Vorgang lässt sich nicht auf ein Reiz-Reaktions-Schema reduzieren – weil er solcherart nicht wirkt. Die Effizienz der Zuwendung wird auch nicht hinter dem Rücken der Subjekte, also quasi objektiv, unabhängig von deren emotionalen

»Flausen«, zu einer erfolgreichen Investition ins Humankapital. Denn der springende Punkt ist: Selbst in der neoliberalen Logik bedarf die Rationalität der Investition ja gerade des »Umwegs« über den subjektiven Moment, um zu wirken. Auch ganz ohne Mystifikation eines menschlichen Wesens gibt es also etwas, was sich nicht in diese Art der ökonomischen Interpretation auflösen lässt – nämlich die Funktionsweise des Psychischen.

Die Psychologie, auf der diese neoliberale Logik beruht, ist wie gesagt der Behaviorismus. Dieser verstand sich immer als extremer Gegenentwurf zur Psychoanalyse. Vor allem in seinen Anfängen galt er dieser auch als eine Herausforderung. Nicht zufällig hat deshalb der Psychoanalytiker Jacques Lacan dem Traum vom Behaviorismus in einem Seminar eine Abfuhr erteilt – diesem Traum von der einfachen Manipulation des menschlichen Verhaltens durch Reize, welche gezielt gewünschte Antworten »triggern«, also auslösen. Diese Abfuhr erfolgte mit Blick auf das sprichwörtliche Pawlow'sche Experiment. Die Anordnung des Experiments ist wohlbekannt: Ein Ton wird ausgelöst. In der gängigen Version ist dies ein Gong – in Lacans Version hat Pawlow selbst (wohl zu Beginn der Experimentenreihe) in eine Trompete geblasen. Wir behalten dies bei, weil das Bild von Pawlow, der in die Trompete bläst, einen nicht zu verleugnenden Charme hat. Nun also: Pawlow macht einen Ton mit seiner Trompete, in dessen Folge der Testhund ein Stück Fleisch erhält. Durch Wiederholung soll so ein konditionierter Reflex gebildet werden, bei dem der Klang der Trompete schon ausreicht, um jene Speichelsekretion beim Hund zu »triggern«, die sonst nur der Anblick des Fleisches auslöst.

Das Tier soll also auf das Symbol, den Ton, so reagieren, wie es sonst nur auf die Realität, das Fleisch, reagiert. Solch konditionierter Reflex – wo die Antwort auf einen bestimmten Reiz eingeübt wird – sollte die Manipulierbarkeit des Verhaltens belegen.

Lacan hingegen meint: In Bezug auf den Hund sei das, was das Experiment demonstriere, nur von geringem Interesse. Ein mageres Mysterium, so Lacan. Denn die Manipulation verändere nichts an der Natur des Hundes. Die Trompete erreiche nur das, was schon da war. Was hier tatsächlich demonstriert werde, sei aber etwas ganz anderes. Nicht der Hund liefere den Beweis, sondern vielmehr Pawlow, der diese Anordnung konstruiert hat. Das Experiment bestätige somit vor allem eines: Pawlows Existenz als Wissenschaftler. Diese werde bekräftigt. So erhalte dieser mit seinem Reiz-Reaktions-Schema nur »seine eigene Botschaft in verkehrter Form zurück«.[47] Denn bei diesem Experiment werde nicht das Begehren des Hundes, sondern das Begehren von Pawlow befriedigt. Von Pawlow mit seiner Trompete. Dieser streife den Gewinn seiner Anordnung ein. In Bezug auf den Hund belege das Experiment nur, so Lacan, dass das, was man in der Reaktion zu entdecken meint, schon vorher da gewesen sein muss. Deshalb nennt Lacan den Behaviorismus Pawlows eine Ideologie. Umgelegt auf unsere Thematik bedeutet das: Man muss schon Unternehmer seiner selbst sein, man muss sich schon als Verkörperung seiner Fähigkeiten, als Repräsentant seiner Kompetenzmaschine verstehen, um als solcher auf die neoliberale Trompete zu reagieren. Da reicht es nicht, wie Foucault das in Bezug auf den Staat und den Wettbewerb gesagt hat, die Rahmenbedingungen zu sichern. Es genügt nicht, das Milieu zu verändern, um das Verhalten kostengünstig zu beeinflussen. Der »Reiz« wirkt nur dann, wenn das Subjekt schon ein solches ist.

Was heißt es nun, wenn der Neoliberalismus meint, keine innerliche Unterwerfung zu brauchen? Wenn er das Imaginäre durchstreichen – aber die Seelenkräfte anzapfen möchte? Was ist das, wenn er den Selbstantrieb durch Rahmenbedingungen, durch Manipulation triggern möchte wie einen Reiz? Was heißt es, wenn der Neoliberalismus in die Pawlow'sche Trompete bläst? Wenn also die neoliberale Trompete die Anrufung der Subjekte ersetzen soll: Reiz-Reaktion statt Ruf und Antwort, Reflex statt freiwilliger Unterwerfung? Es heißt, dass der Neoliberalismus einem Missverständnis unterliegt. Als ob Neoliberalismus ohne neoliberales Subjekt möglich wäre. Als ob die Veränderung der Verhältnisse darin bestehen könnte, die Ebene des Subjekts einzuziehen, durchzustreichen. All das heißt: Diese »Theorie« funktioniert nicht. Denn diese »Theorie« beruht auf einer falschen Voraussetzung, auf einem falschen Verständnis, wie Subjekte funktionieren. Anders gesagt: So eine Gesellschaft der einen, der ökonomischen Logik würde nicht funktionieren. Nicht wegen des fehlenden Zusammenhalts, wie die Ordoliberalen meinen. Sie würde nicht funktionieren, weil wir, weil die Subjekte anders funktionieren. Der Traum von der einen ökonomischen Logik macht die Rechnung ohne die psychische Disposition der Individuen. Der Traum von der einen Logik ist das Phantasma des Neoliberalismus.

Der Neoliberalismus ist also als Gesellschaftstheorie eine falsche Theorie. Das Konzept der reinen realen Existenzbedingungen verkehrt sich in sein Gegenteil: in eine Ideologie. Noch dazu in eine Ideologie, die so nicht funktionieren kann.

Nun gab es in den letzten Jahrzehnten aber Veränderungen. Massive Veränderungen aller Art, die man eben als Neoliberalismus bezeichnet. Heißt das: Neoliberale Vorstellungen haben sich durchgesetzt – trotz ihrer falschen Konzepte von

Individuum und Gesellschaft? Oder heißt das nicht vielmehr: Das, was sich durchgesetzt hat, ist nicht einfach Neoliberalismus. Anders gesagt: Entspricht das, was sich durchgesetzt hat, den Vorstellungen des theoretischen Neoliberalismus?

Sprechen wir also nicht einfach von Neoliberalismus – sprechen wir von entfaltetem Kapitalismus. Die Frage, die sich uns dabei stellt, lautet: Wenn wir es weder mit einer einfachen Manipulation noch mit einen passgenauen Sozialcharakter zu tun haben – was ist dann unser imaginäres Verhältnis zu diesem entfalteten Kapitalismus? Mit welcher anderen, mit welcher zweiten, mit welcher Gegenlogik tragen wir zu dessen Stabilisierung bei?

Auf der Suche nach dem neoliberalen Subjekt

Wir sind auf der Suche nach jenem Subjekt, welches das neoliberale Phantasma von der einen Logik unterschlagen möchte. Auf der Suche nach unserem imaginären Verhältnis zum entfalteten Kapitalismus. Auf dieser Suche wenden wir uns nun Ulrich Bröckling zu.

Der deutsche Soziologe beschreibt fast dreißig Jahre nach Foucaults Vorlesung gewissermaßen das, was in der Zwischenzeit geschah.[48]

Bei Bröckling treffen wir wieder auf jene Figur, der wir schon bei Foucault begegnet sind: dem Unternehmer seiner selbst. Jenem Unternehmer, der sein eigenes Kapital ist und sich selbst verwertet. Aber wie hat er sich verändert! Aus einem Konzept ist er zu einer Leitfigur geworden. 2007 kann Bröckling feststellen: Der Unternehmer seiner selbst ist zum hegemonialen, zum vorherrschenden Subjekt-Typus geworden. Als Leitbild ist er zugleich Vorbild, an dem die Menschen ihr Verhalten orientieren, und Forderung: Handle unternehmerisch! Führe dein Leben wie ein Unternehmen! Sei selbstständig, verantwortlich, initiativ! Wir kennen alle diese Melodie.

Für uns ist Bröcklings Analyse doppelt interessant. Zum einen durch die Art, wie er das Problem in aller Paradoxie positioniert: eine Wirtschaftstheorie und ein Wirtschaftsprogramm, das die Ebene des Subjekts einziehen will – und sich zugleich in eine Leitfigur übersetzt, verdichtet, und durch diese wirkt. Noch dazu eine Leitfigur, die unserem Narzissten durchaus ähnelt. Und zum anderen, weil Bröckling fragt: Wie hat sich diese Figur als Leitbild durchgesetzt? Wie wirkt so eine Figur? Wie findet solch ein Typus Eingang in die Gesellschaft? Wie geht so eine Vorstellung, so ein Programm in das Verhalten der einzelnen Menschen ein?

Zunächst einmal geht Bröckling davon aus, dass die Individuen als Unternehmer ihrer selbst »adressiert« werden. Er spricht explizit davon, dass sie als solche, als Marktsubjekte, *angerufen* werden. Das Konzept der Anrufung, also jener Ruf, der unsere Identität bildet, begegnet uns hier wieder – allerdings in einer veränderten Form. Denn Bröckling versteht darunter eine »Real-Fiktion«. Real-Fiktion bedeutet: Die Menschen *sind* noch keine Marktsubjekte, aber sie werden dennoch als solche adressiert. Sie werden angesprochen, »als ob« sie schon solche Unternehmer ihrer selbst wären. Dieses »Als ob«, diese Fiktion, soll die Angerufenen verändern. Konstant als unternehmerisches Selbst adressiert, würden die Menschen beginnen, sich auch langsam in solche zu verwandeln, zu solchen Unternehmern zu werden. Sie würden beginnen, sich real als jene zu verhalten, als die sie fiktiv angesprochen werden. Sie würden also ein Verhältnis zu sich selbst entwickeln, in dem sie sich als ihr eigenes Kapital verstehen. Sie würden beginnen, sich und ihr Handeln nach Investions- und Gewinnkriterien zu bestimmen.

Das Konzept des Unternehmers seiner selbst beschreibe also keine Wirklichkeit, so Bröckling. Es versuche vielmehr, eine solche herzustellen. Eine Veränderung auszulösen. In diesem Sinne sei es eben eine Real-Fiktion. Auf den ersten Blick sieht Bröcklings Real-Fiktion unserer Anrufung zum Verwechseln ähnlich. Bei genauerer Betrachtung wird sich aber zeigen, dass gerade die Ähnlichkeit grundlegende Unterschiede verbirgt.

Bröcklings Analyse eröffnet für uns eine Reihe von Zweideutigkeiten – zwischen dem, was man bei ihm lernen kann, und dem, worin wir uns von ihm unterscheiden. Das zwingt uns, genaue Unterscheidungen zu treffen.

Auch bei Bröckling ist der Ruf dieser Real-Fiktion, der Ruf, der die Veränderungen auslösen soll, nicht einfach nur ein Ruf im Sinne einer wörtlichen Anrufung. Dieser ergeht und erreicht die Subjekte vielmehr mittels zahlreicher Praktiken. Bröckling bezieht sich dabei auf die Praktiken der Selbstformung, die Michel Foucault berühmt gemacht hat: jene »Technologien des Selbst«, mit deren Hilfe der Einzelne an sich arbeitet mit dem Ziel, sich zu verändern. Körperlich und seelisch. Weshalb diese Praktiken von Fitnessprogrammen über Diätmodelle bis hin zu Paartherapien reichen. Auch für uns sind diese Praktiken der Selbstzuwendung zentral – auch wenn wir sie als narzisstische Praktiken verstehen.[49]

All die Trainings, Workshops, Coaches, Therapien, all die Programme und Techniken sollen für Bröckling nun das in Gang setzen, was die Subjekte zu Unternehmern ihrer selbst macht. Und dabei macht Bröckling etwas Entscheidendes aus: dass nämlich all diese Techniken auf einem Glauben beruhen. Dem Glauben an die schöpferischen Potentiale des Einzelnen. Dem Glauben an die eigene Besonderheit. Dem Glauben ans Ich – nicht an das Ich, das ich bin, sondern an das Ich, das ich sein werde. Das ich werden kann. Nach Anwendung der Techniken. Der Ruf sagt also nicht nur: Du *sollst* dich verändern! Sondern er suggeriert auch: Du *kannst* dich verändern! Deshalb lasse sich, so Bröckling, all dies auf einen zentralen Glauben zurückführen: den »Glauben an die unendliche Gestaltbarkeit des Ichs«.

In Bezug auf diesen Glauben stimmen wir völlig mit Bröckling überein. Auch aus unserer Perspektive, auch als narzisstische Praktiken verstanden, bedürfen diese Praktiken der Selbstzuwendung solch eines Glaubens an die Selbstgestaltung. Auch für die narzisstische Anrufung gilt: Man muss an die eigene Gestaltbarkeit glauben, um die Arbeit am Selbst, in unserer Terminologie: um die Annäherung ans Ideal, in Angriff zu nehmen. Die Selbstgestaltbarkeit ist zentral für das Ich-Ideal.[50]

Die Art aber, wie Bröckling diesen Glauben mit den Techniken der Selbstformung verbindet, trennt uns. Er folgt deren Selbstverständnis, wenn er die Techniken zur Selbstoptimierung als eine behavioristische Manipulation des Verhaltens beschreibt: als mentale Einstellung wie etwa beim NLP, dem Neurolinguistischen Programm – einem seiner sprechendsten Beispiele. Hier wird das Einstellen im technischen Sinn verstanden: als eine mentale Programmierung. Hier fällt der Glaube mit solchen behavioristischen Techniken in eins. Er wird mit ihnen gleichgesetzt. Der Glaube an die eigene Gestaltbarkeit reduziert sich somit auf den Glauben an die behavioristische Machbarkeit solcher Veränderungen. Selbstgestaltung bedeutet demnach nichts anderes als Programmierbarkeit des Ichs. Und genau hier verläuft unsere scharfe Trennlinie.

Natürlich ist solche Programmierbarkeit das Credo oder zumindest die Verkaufstaktik einer ganzen Coachingindustrie. Ob es nun Verkennen oder Betrug ist – eine ganze Industrie lebt von der Reduktion dieses Glaubens ans ideale Ich auf dessen Manipulierbarkeit. Denn diese Industrie benutzt, ja sie beutet das aus, was eine bestehende, eine vorherrschende Ideologie des Narzissmus vorgibt. Ohne diese könnte sie nicht funktionieren. Sie ist nur der billige Ersatz einer narzisstischen Anrufung. Wenn billig auch nicht notwendigerweise im monetären Sinn. Ein Ersatz, der von einer bestehenden gesamtgesellschaftlichen narzisstischen Anrufung lebt, der aber vorgibt, Narzissmus, Selbststeigerung sei technisch herzustellen. Für uns ist entscheidend, dass Bröckling dem nichts entgegenhält. Anders gesagt: Wir folgen Bröcklings Beschreibung, die viele Momente und Formen genau trifft. Aber wir folgen nicht seiner Diagnose. Denn wir lesen die Selbsttechnologien als Praktiken einer narzisstischen Anrufung – und nicht als Techniken einer behavioristischen Manipulation.

Was sind nun die Leitbilder, denen diese Programme und Selbsttechniken folgen? In unserer Terminologie: Was sind die Ideale dieser Praktiken? Laut Bröckling ist eines ihrer wesentlichen Charakteristika, dass diese widersprüchlich sind. So soll der Unternehmer seiner selbst etwa zugleich rational und euphorisch sein. Und diese Widersprüchlichkeit ist keineswegs zufällig oder irrtümlich, sondern ganz programmatisch. Programmatisch zum einen, weil dies eine strukturelle Überforderung erzeugt. In unserer Terminologie wäre das: die Unerreichbarkeit des Ideals. Dies setzt eine endlose Dynamik in Gang. Denn sie kann ihr Ziel – das Ziel, von dem sie angetrieben wird – gar nicht erreichen. Programmatisch aber ist die Widersprüchlichkeit der Leitbilder noch aus einem weiteren Grund.

Das Ziel ist ja, die ganze Person zu erfassen. Das bedeutet, so Bröckling, nun auch jene Kräfte des Subjekts, die früher als Störung oder Widerstand unterdrückt wurden, zu gewinnen. Nutzbar zu machen. Etwa den Eigensinn. Oder den Widerspruchsgeist. Über die erlernbaren Fähigkeiten hinaus zielt dies also auch auf die nicht erlernbaren Fähigkeiten. Deren wesentlichster und produktivster Moment ist der Selbstantrieb. Jener Selbstantrieb, auf den etwa jene abzielen, die »das Beste aus ihren Mitarbeitern rausholen« wollen, wie Bröckling schreibt. Eine eminente Ressource. Dies ist ein ebenso zentrales wie heikles Unterfangen. Zentral, weil dies die Erschließung einer der effizientesten Subjektressourcen ist: der mächtige Antrieb des Eigensinns, des widerständigen, autonomen Impulses. Andererseits aber geht es ja gerade nicht um eine emanzipatorische Befreiung. Deshalb müssen diese Kräfte, so Bröckling, zugleich entfesselt und gezähmt werden. Ein paradoxes Unterfangen. Und genau das macht die Widersprüchlichkeit der Leitbilder aus. Der Unternehmer seiner selbst soll, wie gesagt, zugleich rational und euphorisch sein, kontrolliert und leidenschaftlich. Dasselbe gilt auch für die Programme und Strategien. Diese zielen auf die gleichzeitige Mobilisierung von Enthusiasmus und Disziplin, von Rationalität und Euphorie, wie Bröckling schreibt. Das Subjekt solle seine Leidenschaften entfesseln – und diese zugleich auch regulieren. Ebenso verhält es sich beim so genannten »Empowerment«: Die ehemalige Ermächtigung soll heute gleichzeitig Mobilisierung und Domestizierung der Kräfte sein.

Kurzum – es geht um die Indienstnahme ebendieser Kräfte. Um deren Verwertbarkeit. Es ist dies eine Usurpation der Subjektkräfte, der subjektiven Triebkräfte, eine Usurpation des Subjekts mit dem Ziel einer ums Seelische und Psychische erhöhten Verwertung. Auch hier geht das Ziel mit der Vorstellung einher, die Subjekte wären, so Bröckling, eine »sozialtechnisch« erschließbare Ressource.

Aber entspricht diese gleichzeitige Mobilisierung und Kanalisierung der Kräfte nicht dem, was in unserer Terminologie die Gleichzeitigkeit von Freiwilligkeit und Unterwerfung ist?

Die Antwort ist eindeutig: nein. Mehr noch: Solche Reduktion auf die Logik der Verwertbarkeit könnte gar nicht funktionieren. Sie ist vielmehr eine ideologische Verfälschung. Denn das Anzapfen der Herstellungskräfte, die besser, höher, schneller, intensiver, kreativer, selbstständiger machen – kurzum deren einfache, direkte Verwertbarkeit würde genau das löschen, worauf diese abzielt: die eigenständige Subjektivität. Denn es bedarf einer Subjektbildung, um dieses ausnutzen zu können. Aber dieses Subjekt, das da angezapft werden soll, ist weder gegeben – noch geht es aus einer behavioristischen Bricolage hervor.

Wie sieht nun für Bröckling dieses Subjekt aus, dieser neoliberale Unternehmer seiner selbst? Sehen wir uns diese Figur genauer an. Wie muss man sich dieses Subjekt vorstellen?

Bröckling folgt hier vor allem einem prominentem Vertreter der Chicago School des Neoliberalismus: Gary S. Becker.[51] Hier begegnen wir nochmals dem »ökonomischen Imperialismus« – jener Ausdehnung der ökonomischen Interpretation auf alle Lebensbereiche, die alles menschliche Handeln ökonomisch übersetzt, ökonomisch versteht, am Ökonomischen ausrichtet.

Laut Becker habe jeder stets nur eines im Blick: seine eigene »Wohlfahrt«. Von besonderem Interesse ist aber, wie er diese definiert: Es gehe darum, so Becker, »dass der einzelne seine Wohlfahrt, *so wie er sie sieht*, maximiert – ob er nun egoistisch, altruistisch, loyal, boshaft oder masochistisch ist«.[52] Der springende Punkt ist also, dass *alles* Handeln nur unter diesem Blickwinkel der eigenen Wohlfahrt betrachtet wird. Es ist dabei völlig egal, was der Einzelne als nützlich für sich erachtet – das selbstlose Verhalten wird ebenso wie das selbstsüchtige nur unter diesem Blickwinkel betrachtet: Erfahre ich dadurch einen Nutzen oder nicht. Damit ist jedes Handeln in letzter Instanz eigennützig. Auch das selbstlose Opfer. Denn auch aus diesem zieht man noch Befriedigung. Es gibt sozusagen keinen Ausweg aus dem Eigennutz – nichts, was diesen in letzter Instanz nicht befördern würde.

Die eigene »Wohlfahrt« wird also inhaltlich entleert, von allem moralischen Ballast befreit. Übrig bleibt eine rein formale Definition – mit einer einzigen Bestimmung: dass jeder seine Wohlfahrt *maximieren*, also steigern möchte. Und genau das ist der Moment, wo sich die scheinbare Entleerung von jedem Inhalt als ein utilitaristischer Taschenspielertrick erweist. Dieser besteht darin, wie selbstverständlich Wohlfahrt mit einem Streben nach deren Maximierung gleichzusetzen. Damit wird aber die scheinbare Entleerung von jeglichem Inhalt unversehens und unbemerkt in deren ökonomische Füllung verwandelt: Wohlfahrt wird so mit Nutzen im ökonomischen Sinn gleichgesetzt. Steigerung der Wohlfahrt wird damit zur Nutzenmaximierung. Und Lustgewinn zum ökonomischen Gewinn. Das ist nicht einfach nur die Übertragung einer metaphorischen Rede von Gewinn in die Wortwörtlichkeit des ökonomischen Gewinns. Es ist viel mehr: Es bedeutet, die ökonomische Darstellung zur grundlegenden zu machen. Das ökonomische Denken zur Matrix. Der vielzitierte »ökonomische Imperialismus« von Gary Becker ist nicht einfach die Ausdehnung ökonomischer Darstellungsweise auf andere Gebiete. Es ist vielmehr der Versuch, alle Bereiche des Handelns ökonomisch zu bestimmen. Die Ökonomie als Eichmaß des Handelns durchzusetzen.

Nehmen wir noch einmal Foucaults Beispiel der Mutter am Bett des Babys. Wir haben gesehen: Diesen Vorgang als Investition ins Humankapital des Kindes zu verstehen entspricht einer Außenperspektive. Dem Analyseraster des Beobachters. Nun aber müssen wir ergänzen: Wenn Becker die Zuneigung der Mutter als »psychischen Gewinn« fasst, dann geht es darum, diese ökonomische Matrix auch in die subjektive Perspektive der Betroffenen einzuschreiben. Dann ist das nicht mehr nur eine äußere Perspektive. Dann soll diese auch von den Handelnden – in dem Fall von der Mutter – übernommen werden.

Damit lässt sich das Konzept des Humankapitals nochmals näher bestimmen. Wir haben gesehen: Das Humankapital soll den ganzen Menschen erfassen. Nun zeigt sich: Es soll den ganzen Menschen erfassen, *indem* dieser auf seinen Nutzen ausgerichtet wird. Indem sich dieser selbst ausschließlich auf seinen Nutzen ausrichtet. Handeln soll so einer klaren Kosten-Nutzen-Rechnung folgen, deren eindeutiges Ziel die Steigerung, die Maximierung des Eigennutzes ist. In diesem Sinne wird man zum »Kapitalisten seiner selbst« – zum Kapitalisten seines Eigennutzes. Jenseits aller Moral, da ja auch altruistisches Handeln in dieses Register eingeschrieben ist.

»Ökonomischer Imperialismus« bedeutet also, alles auf sich zurechnen. Das ist ein Zurechnen im doppelten Wortsinn: ein Auf-sich-Beziehen – und ein Verbuchen als Lust oder Unlust. Was aber heißt das, wenn alles in die Währung eines so genannten Lustgewinns übersetzt wird? Wenn sich das Ich durch alle Formen gräbt – selbst durch den Altruismus? Ist das Narzissmus? Begegnen wir hier dem Narzissmus in einer utilitaristischen Übersetzung wieder – als Nutzenmaximierung, als Kapitalverhältnis zu sich selbst gewissermaßen?

Dies mag wie ein ökonomisch gewendeter Narzissmus erscheinen. Tatsächlich aber ist es genau das nicht. Gerade deshalb ist es wesentlich, die Differenzen genau zu fassen.

Diese zeigen sich am deutlichsten an dem, was Bröckling als Gegenkonzept eines »sich selbst verzehrenden Narzissmus« ins Treffen führt: die Managerialisierung des eigenen Lebens, die dessen Kapitalisierung begleitet. Also nicht der Narzisst, sondern der Manager seiner selbst wäre somit das gesuchte Subjekt. Tatsächlich aber ist dieser nur das Subjekt, das der neoliberalen Theorie entspricht.

Anders als der Narzisst soll der »Manager seiner selbst« sein Leben wie ein Unternehmen führen: souverän und rational. Er soll sein Verhalten steuern – klar, verfügbar, eindeutig. Insofern wäre er souverän. Und er soll sein Verhalten an seinem eigennützigen Ziel ausrichten, das idealerweise mit den Markt- und Wettbewerbserfordernissen zusammenfällt. Insofern wäre er rational. Was dabei untergeht, ist der Widerspruch, auf dem das beruht: der Widerspruch einer Souveränität, die darin besteht, sich den Anforderungen des Marktes anzupassen.

Dieser von allem moralischen und sonstigem hemmenden Ballast befreite Eigennutz ist der Dreh- und Angelpunkt des Ganzen. Solcher Eigennutz soll den Antrieb des »Managers seiner selbst« verbürgen. Denn, so die Annahme, dieses Subjekt weiß nicht nur immer klar zu benennen, worin sein Eigennutz besteht. Es strebt auch stets danach, seinen eigenen Nutzen zu verfolgen und zu steigern. Dieser quasi »natürliche« Eigennutz ist das Einfallstor für den Markt – im Eigennutz soll sich das Marktprinzip in das Subjekt einschreiben. Denn dem enthemmten Eigennutz wird unterstellt, im Einklang mit dem Markt und dem Wettbewerb zu ticken. Solcherart wird der Eigennutz zur Entsprechung, zur Spiegelung des Marktes im Subjekt. Hier sind sie gewissermaßen auf einen Ton gestimmt. Hier folgen sie derselben Logik.

So weit der neoliberale Diskurs, der dies nicht als Ideologie, sondern als reale Verhältnisse darstellt.

Nehmen wir im Gegensatz dazu eine Erzählung, die sich eindeutig als ideologische Erzählung ausgibt: Erinnern wir uns an die alten *Rocky*-Filme, die in ihrer Glanzzeit für ein ganzes Genre standen. Jahrelang gab es diese Erzählung in endlosen Varianten und Wiederholungen. Auch wenn die einzelnen Elemente der Erzählung variieren, das Grundmuster bleibt dasselbe. Der zukünftige Held hat ein Handicap – gleich welcher Art. Ob physisch oder sozial. Aufgrund dieses Handicaps scheitert er – egal woran. Am Anfang steht immer ein Scheitern. Die Umkehr beginnt in dem Moment, wo er einem Ruf folgt und deshalb die Arbeit an sich selbst aufnimmt. Am Schluss der Geschichte steht ein Sieg, der emotionale und ökonomische Anerkennung bedeutet. Hier kommt alles zum Tragen: der Glaube an die Selbstgestaltung, die dazugehörigen Praktiken der Selbstformung, das Über-sich-Hinauswachsen. So weit die Darstellung als Anrufung, der der Held Folge leistet. Dieses Beispiel zeigt gerade in seiner Banalität, wie die Wirksamkeit eines solchen Rufes sich massenkulturell darstellt.

Wie würde die Übersetzung dieser Geschichte in die Sprache des Marktes, der Managerialisierung des Selbst, lauten? Der Protagonist verändert sein Verhalten. Er hat als Manager seiner selbst Investitionen in sein Humankapital getätigt – angetrieben von der Aussicht, seinen Eigennutz zu maximieren. Er hat die Markterfordernisse erfüllt. Und er hat den Gewinn dafür eingestreift. Das ist aber nur scheinbar die Übersetzung. Tatsächlich ist es nur die Taschenspieler-Version. Denn dabei wird das Entscheidende unterschlagen (wie im neoliberalen Diskurs generell): Man muss schon ein Homo oeconomicus sein, um als solcher zu handeln. Man muss schon auf die ökonomische Matrix gepolt sein, um sein Ziel als Nutzenmaximierung vehement zu verfolgen. Kurzum – der neoliberale Trick besteht darin zu unterschlagen, dass er eine Anrufung ist. Dass dem Marktsubjekt in all seiner Rationalität und Souveränität eine Anrufung unterliegt. Ein Ruf als Homo oeconomicus. Neoliberalismus ist eine verkappte Anrufung, die so tut, als wäre sie keine. Als gäbe es keine zweite Ebene.

Die Banalität der *Rocky*-Geschichte ist demgegenüber geradezu aufklärend. Zeigt sie doch das, was der neoliberale Diskurs unterschlägt: Um die Hürden zu überwinden, muss man einen Ruf vernehmen. Den Ruf vernehmen bedeutet: verstehen, dass *man* es ist. Dass *man* gemeint ist. Dass *man* es schaffen kann. Dem Ruf folgt der, der sich gemeint fühlt. Nur eine solche Anrufung kann also den entscheidenden Moment des Ganzen mobilisieren: den Selbstantrieb.

Und auch hier ist es wie bei der Mutter am Bett des Babys: Der Ruf ist nicht die Verbrämung, der Deckmantel – während das Schema von Investition-Kosten-Gewinn das Eigentliche ist, das dem zugrunde liegt. Denn damit die Kompetenzmaschine sich in Gang setzt, damit sie den Selbstantrieb anwirft, braucht es mehr. Mehr als ein merkantil verkürztes Zurechnen. Mehr als ein rein utilitaristisches Selbstverhältnis. Auch für das rationalste und souveränste Marktsubjekt reicht die Vorstellung des Eigennutzes alleine nicht aus. Es braucht das unbedingte »Ich will« des Selbstantriebs. Dieses aber speist sich aus dem, was das Konzept des Managers seiner selbst zu verbergen versucht: Es speist sich aus einem Gemeint-Sein. Aus jenem Sich-gemeint-Fühlen – wie Spinoza es konzipiert hat.[53] Spinoza, der so deutlich mehr vom Subjekt versteht als die Theoretiker des Neoliberalismus. Denn das Subjekt ist mehr als der Buchhalter seines Eigennutzes. Der Selbstantrieb braucht mehr als das Verrechnen des eigenen Nutzens. Er braucht vielmehr jenen Ruf, den der Neoliberalismus in der Nüchternheit des Eigennutzes zu verbergen versucht.

Auch Bröckling sieht hier eine Anrufung am Werk. Darin stimmen wir überein. Was uns aber trennt, ist die Frage: Was ist es, das einen da ruft – ob *Rocky* oder wesentlich nüchterner den Manager seiner selbst im täglichen Wettbewerb? Wir sagen: Uns ruft eine imaginäre Vorstellung. Bröckling sagt: Uns ruft ein »Als-ob«, eine Fiktion. Also der fiktive Teil der Real-Fiktion. Um diesen Unterschied zu fassen, müssen wir uns noch einmal Bröcklings Konzept zuwenden.

Bei Bröckling gibt es einerseits die Kräfte des Marktes, denen man sich wehrlos ausgeliefert fühlt. Und es gibt andererseits den Ruf, der einen als souverän, als handlungsmächtig adressiert. Diese Vorstellung ist fiktiv, weil der Gerufene »noch nicht« der Unternehmer seiner selbst ist, als der er angesprochen wird. Die Fiktion liegt also im »noch nicht«. Diese Vorstellung des Subjekts als handlungsmächtig soll wie eine Suggestion funktionieren. Sie ist ein Ziel, das einen Sog erzeugt – so Bröckling. Dieser Sog aber ist nichts als eine Erweiterung des Reiz-Reaktions-Schemas. Die Zielvorstellung wirkt als vorgestellter Reiz. Ein Reiz, der aus der Zukunft winkt, und so die entsprechende Reaktion, das entsprechende Handeln auslöst. Er soll den Unternehmer seiner selbst »triggern«. Die fiktive Vorstellung – handlungsmächtig, durchsetzungsfähig zu sein – soll also das Subjekt so weit ermächtigen, dass sie real wirkt. Dass man tatsächlich erfolgreich ist. So wird die Fiktion in die Wirklichkeit des Marktgeschehens übergeführt. Die Fiktion hat also die Funktion, das Subjekt in die Realität des Marktes zu holen. Sie ist nichts anderes als eine Leiter zum Aufstieg in die Realität. Aber wenn sich das Subjekt zum Unternehmer seiner selbst gemausert hat (zumindest partiell, denn ganz ist dies nie zu erreichen), wenn es sich dem Leitbild angenähert hat – was ist dann? Ist der Unternehmer seiner selbst dann real geworden?

Die Fiktion ist eine Illusion – also eine Vorstellung, die ins

Register von wahr und falsch gehört: Sie ist eine falsche Vorstellung. Zeitigt solch eine falsche Vorstellung aber trotzdem Wirkungen – dann ist sie keine Illusion mehr. Dann wird sie zur Realität. Zeitigt die Vorstellung des Unternehmers seiner selbst also Wirkungen, dann hört sie auf, eine Illusion zu sein. Stellt man sich als handlungsmächtig vor und ist dann tatsächlich erfolgreich – man verkauft sich oder seine Produkte gut –, dann *wird* man zum Unternehmer seiner selbst. Dann ist man ein Marktsubjekt. Der Markt, der Erfolg wird so zur *Beglaubigung* des Subjekts. Der Erfolg wird zum Kriterium der Realität dieses Subjekts.

Die Illusion ist Illusion – und kann deshalb immer scheitern (was ihren illusionären Charakter bestätigt). Aber ist sie erfolgreich, dann hört sie auf, eine Illusion zu sein.

Beim Imaginären aber verhält es sich genau andersherum: Selbst dort, wo es »gelingt«, selbst dort, wo es erfolgreich ist, bleibt es dennoch imaginär – ein imaginäres Subjekt, ein imaginäres Verhältnis. Warum aber hebt der Erfolg das Imaginäre nicht auf? Warum ist das Subjekt selbst dann noch imaginär, wenn es dem Markt »entspricht«?

Weil die Anrufung durchs Imaginäre nicht der Vorschlag eines Tausches ist – wie die Real-Fiktion. Die Real-Fiktion sagt: Du wirst zum Manager deiner selbst, *wenn* du richtig investierst, *wenn* du erfolgreich bist. Wenn der Tausch gelingt, dann hebt er die Fiktion auf. Die Anrufung durchs Imaginäre aber funktioniert ganz anders. Sie verstrickt einen in ihr eigenes Universum. Anders als die Fiktion muss sich das Imaginäre nicht an der Realität beweisen, um zu wirken. Beim Gottesglauben etwa leuchtet das sofort ein. Beim Narzissmus ist es aber nicht anders: Auch dieser folgt einer eigenen Logik. Er verstrickt uns ins Verhältnis zu unserem Ideal. Und genau darüber stellt sich unsere freiwillige Unterwerfung her.

Solch ein fundamentales Einverständnis aber ist weder behavioristisch herzustellen, also durch Manipulation des Verhaltens – noch utilitaristisch, also durch Eigennutz. Anders gesagt: Der angeblich »getriggerte« Unternehmer oder Manager seiner selbst ist nicht das gesuchte und verleugnete neoliberale Subjekt. Er ist nur die – falsche – Übersetzung, die »Marktsprache« für dieses Subjekt.

Eine Übersetzung, die den Unternehmer seiner selbst zum neoliberalen Sozialcharakter macht, der diese Marktverhältnisse passgenau widerspiegeln soll. Die ihn zum Abbild der Marktverhältnisse macht. Als würde sein Streben nach Eigennutz exakt der Logik des Marktes entsprechen. Deshalb soll sich auch die Fiktion des »noch nicht« durch einen gelungenen Tausch in eine Realität verwandeln können. Die Real-Fiktion sagt: Du bist noch nicht der Unternehmer deiner selbst – aber du wirst dazu, wenn du erfolgreich bist. Gleichzeitig aber suggeriert die Real-Fiktion: Um erfolgreich zu sein, musst du zum Unternehmer deiner selbst werden. Die Real-Fiktion ist also ein Zirkelschluss. Sie enthält schon ihre eigenen Voraussetzungen. Als solch ein Zirkelschluss ist sie die ideologische Formel, die ein eigenes Subjekt des entfalteten Kapitalismus unterschlägt. Sie ist die Formel, die dieses Subjekt auf einen neoliberalen Sozialcharakter, auf ein Abbild des Marktes reduziert.

Das gesuchte Subjekt des entfalteten Kapitalismus aber ist weder illusionär noch real. Es ist vielmehr imaginär: keine Entsprechung, kein Abbild der bestehenden Verhältnisse – sondern vielmehr deren Gegenprinzip. Es folgt einer eigenen Logik. Es ist nicht das Produkt einer Technik oder einer Suggestion, die ihre Wirkung, ihre Realität anderswo findet. Es geht eben nicht aus einer behavioristischen Bricolage hervor. Es bedarf vielmehr einer Anrufung. Und diese ist nicht die Anrufung des Unternehmers seiner selbst, sondern die Anrufung des Narzissten.

Und genau das kann das Konzept der Real-Fiktion nicht fassen. Es kann das nicht fassen, was es eigentlich erklären will: das imaginäre Verhältnis. Denn es darf kein imaginäres Verhältnis geben in der neoliberalen Ideologie. Es darf nur die Realität des Marktes, des Ökonomischen – es darf nur diese eine Logik geben. Deshalb muss auch das Subjekt, das hier »angerufen« wird, in die Sprache des Marktes übersetzt werden: als »Manager seiner selbst«, als Manager seines Eigennutzes. Die Fiktion ist also nicht fiktiv genug. Sie lehnt sich noch an die eine Realität an. Man könnte auch sagen: Sie ist zu sehr verstrickt in die neoliberale Ideologie. Das Konzept der Real-Fiktion verbirgt etwas Entscheidendes: dass wir es mit einer doppelten Mystifizierung zu tun haben. Der Unternehmer seiner selbst ist tatsächlich eine Übersetzung: Er ist die mystifizierende Übersetzung des imaginären narzisstischen Subjekts in die Sprache des Marktes.

Die Unterscheidung zwischen Fiktion und Imaginärem ist keine akademische Übung. Sie macht vielmehr eine entscheidende Differenz sichtbar: Der Anschluss des Marktsubjekts an die Markterfordernisse durch eine Fiktion bleibt ein äußerliches Verhältnis. Der narzisstischen Anrufung folgen hingegen sichert erst deren größten Effekt: die Verstrickung, die freiwillige Unterwerfung, die nur aus einem inneren Verhältnis folgt. Judith Butler nennt diese ein »leidenschaftliches Verhaftetsein«.[54]

In einem wichtigen Punkt aber wollen wir – trotz aller Differenz – noch einmal Bröckling folgen. Darin, dass der Appell zum Unternehmer seiner selbst sich keineswegs auf mögliche oder tatsächlich Erfolgreiche beschränkt. Dieser Appell, schreibt Bröckling, ergeht auch an jene, die nur ihre eigene Haut zu Markte tragen können. Die Techniken und Rufe sollen auch jene erreichen, denen ihre »Überflüssigkeit« täglich vorgeführt wird. Von Trainingskursen für Langzeitarbeitslose bis zu den Lehrplänen von Sonderschulen.

In unserer Diktion bedeutet das: Eine gesamtgesellschaftliche Anrufung, eine vorherrschende Ideologie ist kein Phänomen, das auf das Bürgertum beschränkt wäre. Nicht einmal eine Anrufung wie die des Narzissmus ist ein reines Elitenprogramm. Denn vorherrschend, hegemonial kann solch eine Anrufung nur sein, wenn sie auf *alle* abzielt. Wenn alle sich gemeint fühlen sollen – wenn auch in unterschiedlicher Distanz, in unterschiedlichem Umgang mit solch einer Anrufung, mit solch einer Identität.

Das heißt: Eine narzisstische Anrufung ist klassenspezifisch in ihrer Vorgabe – also darin, welche Art von Identität sie bestimmt. So ist der Narzisst eindeutig eine bürgerliche Identität. Die Anrufung ist aber nicht klassenspezifisch in Bezug auf ihre Adressaten. Denn sie gibt eine Ordnung, einen Rahmen, einen Werthorizont für alle vor. Genau das macht sie ja vorherrschend. So wird der Narzissmus auch für jene bestimmend, deren Klassensituation jedem Narzissmus Hohn spricht.

Zusammenfassend lässt sich also sagen: Entgegen dem neoliberalen Programm bedarf also auch der erweiterte Kapitalismus sehr wohl einer inneren Unterwerfung. Rein äußerlich lässt sich dessen Ziel eines Selbstantriebs nicht erreichen. Dies bedeutet, dass eine solche innere Unterwerfung auch tatsächlich stattfindet.

Das neoliberale Programm der einen ökonomischen Logik hat sich als eine Ideologie erwiesen. Eine Ideologie, die sich als Realitätsordnung tarnt. Tatsächlich aber bedarf es sehr wohl einer freiwilligen Unterwerfung. Und es ist genau diese innerliche Unterwerfung, die jene Verstrickung herstellt, die die Subjekte fest im Griff hat. Das gesuchte Subjekt des entfalteten Kapitalismus, die Gegenlogik, die diesen in aller Paradoxie stützt, ist das narzisstische Subjekt. Das, was man so gerne als Neoliberalismus bezeichnet, bedarf und befördert also den Narzissmus – aber unter falschem Namen. Er segelt sozusagen unter falscher Flagge. Als ob der Unternehmer seiner selbst nicht eine imaginäre Konstruktion wäre – sondern die reale Entsprechung der Marktverhältnisse. Als ob er das Imaginäre einfach durchgestrichen hätte, damit sich die »einsame«[55] Logik des Marktes als alleinige durchsetzt.

Wir haben hier somit eine absolut paradoxe Situation: eine Ideologie, die durch eine andere Ideologie kritisiert, entlarvt wird. Die Ideologie des Narzissmus bedeutet die Enthüllung der neoliberalen Ideologie, die ihre wesentliche imaginäre Dimension verbirgt. Narzissmus ist die ideologische »Wahrheit«, die versteckte Dimension des Neoliberalismus.

Deshalb wäre unser Fazit: In der Ausbreitung der Leitfigur des Unternehmers seiner selbst haben wir es nicht mit einer Ausbreitung des Neoliberalismus, sondern mit einer Ausbreitung des Narzissmus zu tun – ob in der Sprache des Marktes versteckt oder ohne Übersetzung.

Die neoliberale Ideologie hat sich als ein großes behavioristisches Reduktionsunternehmen erwiesen. Ein ideologischer Betrug, wenn man so will, der die grundlegende narzisstische Anrufung, die uns heute bewegt, verbirgt.

Aber dies ist keine gute Nachricht. Ganz im Gegenteil. Denn eine narzisstische Anrufung bedeutet: Unsere Verstrickung ist wesentlich tiefer als die eines simplen Reiz-Reaktions-Verhältnisses.

Kapitel 4

Der Wettbewerb und sein Jenseits

Da wir uns in Kapitel 3 gezwungen sahen, die verkappten imaginären Verhältnisse, die verleugnete innere Verstrickung zu rekonstruieren, mussten wir unsere eigentliche Aufgabe zurückstellen. Es ist uns deshalb noch nicht geglückt, die offensichtliche Veränderung der realen Verhältnisse wirklich zu fassen. Wir müssen uns also noch einmal auf die Suche begeben. Auf die Suche nach jener Veränderung, zu der die narzisstische Anrufung – man könnte sagen: gehört. Aber wir wollen genauer sein und sagen: auf die sie sich auf ihre Weise bezieht – nämlich imaginär. Wir wollen uns dieser Frage von einer anderen Seite aus annähern. Dazu nehmen wir ein Motiv wieder auf, dem wir schon bei Michel Foucault begegnet sind: den Wettbewerb. Wettbewerb als zentraler gesellschaftlicher Mechanismus. Jener Mechanismus, der eine absolute Verallgemeinerung, eine grenzenlose Ausdehnung auf alle gesellschaftlichen Bereiche erfahren hat, wie wir bei Foucault gesehen haben.

Dies zum Ausgangspunkt zu nehmen ist in mehrfacher Hinsicht schwierig.

Zum einen ist Foucaults Punkt, dass Neoliberalismus eine Entgrenzung des Wettbewerbs bedeute, mittlerweile längst zum Common Sense geworden.

Zum anderen aber mangelt es diesem Ausgangspunkt nicht nur an Originalität – es zeugt auch von einer gewissen Paradoxie, die gesuchte *neue* Veränderung ausgerechnet am Wettbewerb festzumachen. Hatte Karl Marx doch schon vor über 150

Jahren festgestellt, dass Konkurrenz die ureigenste Form sei, in der sich kapitalistische Produktionsverhältnisse vollziehen. Anders gesagt: Die gesuchte Veränderung kann also nicht einfach in der Konkurrenz als solcher bestehen – in welcher Ausweitung auch immer. Sie muss vielmehr in einer spezifischen Form, in einer besonderen Bestimmung, in einer eigenen Charakteristik bestehen, die dieser zentrale Mechanismus erfahren hat.

Wenden wir uns dem anhand eines Beispiels zu.

Nehmen wir ein ganz simples Beispiel. Nichts Windiges. Keine Rockstars, keine Filmsternchen. Nein – etwas ganz Seriöses: Ärzte. Von denen gibt es eine Vielzahl. Wie erscheinen diese den Patienten, die ein Stück weit ja auch deren Publikum sind? Ein kleines Stück weit – aber es ist dieses Stück, das uns hier interessiert. Wie also unterscheiden sich Ärzte?

Damit ist nicht der fachliche Unterschied gemeint – etwa der Unterschied zwischen einem Zahnarzt und einem Chirurgen. Nein, es geht um Ärzte desselben Fachgebiets.

Da gibt es den »einfachen« Arzt – dieser ist nicht einfach, weil er schlicht wäre. Er ist in unserer Diktion »einfach«, weil er die Qualifikation, das medizinische Können hat, als Arzt zu arbeiten. Einfach daran ist die Gleichung: medizinische Ausbildung = Arzt. Diese Gleichung gilt für alle Ärzte. In dieser Hinsicht sind sie alle gleich. Sie haben alle gleichermaßen diese Qualifikation – sonst wären sie ja keine Ärzte.

Für den Patienten bedeutet das: Ich habe Augenprobleme – also gehe ich zum Augenarzt. Mich quält ein Zahn – also suche ich einen Zahnarzt auf.

Zu dieser einfachen Gleichung kann aber noch etwas hinzukommen. Ein zusätzlicher Unterschied. Noch einmal, um Missverständnisse zu vermeiden: Es geht nicht um den Unterschied der jeweiligen Spezialisierung – also etwa den Unterschied zwischen Internisten, Röntgenologen, Kardiologen oder sonstigen

Fachärzten. Es geht auch nicht um den Unterschied zwischen Fachärzten und Allgemeinmedizinern. Es geht vielmehr um eine mögliche Beifügung, die hinzukommen kann oder auch nicht. Jene Beifügung, die innerhalb ein und derselben Kategorie von Ärzten einen Unterschied macht – also dort, wo Konkurrenz eben stattfindet. Das sind dann jene Ärzte, denen man etwas Zusätzliches zuspricht – zusätzlich zu ihrer »einfachen« Qualifikation: eine besondere Qualität.

Diese besondere Qualität kann von einem persönlichen Bezug herrühren: Ich kenne diesen Arzt. (Dem liegt zugrunde: Er kennt *mich*.) Da wird das allgemeine Arzt-Patienten-Verhältnis persönlich überformt. Der Zusatz mag aber auch von einem Gerücht herrühren – also den Leumund betreffen, der einen Arzt zu diesem Arzt macht. Der besondere, der in diesem Sinne »gute« Arzt unterscheidet sich vom »einfachen« Arzt also durch etwas, was hinzukommt – woher auch immer dieser Zusatz herrühren mag. Die rein fachliche Begründung mag innerhalb der Ärzteschaft eine Rolle spielen. Aber für das Patienten-Publikum? Diesem stehen keine medizinischen Kriterien der Beurteilung zur Verfügung. Sie können von einem besonderen Fachwissen, von medizinischen Erfolgen gehört haben. Dann beruht der Zusatz auf einem Leumund, auf einem Gerücht. Oder er beruht auf einem selbst gewonnenen Eindruck. In jedem Fall aber bleibt die Begründung letztlich subjektiv.

Wie würde nun ein Autor wie der deutsche Soziologe Andreas Reckwitz diesen Unterschied lesen – ein Autor, der der gegenwärtigen Gesellschaft attestiert, eine »Gesellschaft der Singularitäten« zu sein?[56] Reckwitz unterscheidet zwei Arten von sozialer Logik, zwei Arten also, wie Objekte, Subjekte, Räume, Zeiten, Kollektive gesellschaftlich bestimmt werden: eine Logik des Allgemeinen und eine Logik des Besonderen.

Die erste, die Logik des Allgemeinen, war laut Reckwitz vorherrschend in der Zeit der industriellen Moderne. Das bedeutete: Standardisierung und Rationalisierung aller gesellschaftlichen Bereiche. Und Subjekte, die wesentlich durch Regeln und Normen bestimmt waren. Das machte sie zu Funktionsträgern, die sowohl gleichartig als auch austauschbar waren. Reckwitz würde wohl den »einfachen« Arzt aus unserem Beispiel als solch einen Funktionsträger von medizinischen Kompetenzen bezeichnen.

Die zweite Logik ist die Logik des Besonderen. Das Besondere definiert Reckwitz im Gegensatz zum Allgemeinen als »singulär«, als einzigartig. Auch diese Logik kann alles erfassen: Objekte, Subjekte, Orte, Kollektive, Räume. Das heißt: All dies kann einzigartig werden – im Sinne von: nicht austauschbar, nicht ersetzbar, kein gleichförmiges Exemplar einer allgemeinen Gattung, sondern eben ein besonderes, ein singuläres. In unserem Beispiel wäre dies der »gute« Arzt – jener, dem es gelungen ist, sich über die allgemeine Kategorie des Arztes hinaus zu besondern. Zu singularisieren, wie Reckwitz sagen würde.

Diese zwei sozialen Logiken, die des Allgemeinen und die des Besonderen, sind offensichtlich konträr. Deshalb standen sie, so Reckwitz, immer schon in einem Spannungsverhältnis. Durch ihre ganze wechselvolle Geschichte hindurch.

Industrielle Revolution, Kapitalisierung, Nationalstaat – in der gesamten Moderne sieht Reckwitz die Logik des Allgemeinen vorherrschen. In diesem langen Zeitraum habe die Logik des Besonderen als romantischer Gegenentwurf – vor allem im Bereich der Kunst und der Ästhetik – nur eine untergeordnete Rolle gespielt. Es sei also klar gewesen, welche Logik den Ton angegeben habe.

In der Gegenwart aber, die er als Spätmoderne bezeichnet,

sieht Reckwitz eine Verschiebung in dem Verhältnis. Nunmehr habe die Logik des Besonderen in einem historisch einmaligen Aufschwung die Vorherrschaft übernommen. Besonderheit durchdringe die ganze Gesellschaft und präge sämtliche Bereiche. In dieser »Gesellschaft der Singularitäten« sieht er das Besondere überall am Werk: von Filmen über Designerobjekte bis hin zu beruflichen Qualifikationen – das Besondere bestimme alles. Es regiert bei Architekten ebenso wie bei Friseuren oder eben, wie in unserem Beispiel, bei einem Berufstypus, der eigentlich nicht für solche Besonderungen zugänglich scheint: bei Ärzten. (Ein Beispiel, das bei Reckwitz nicht vorkommt.)

Diese neue Vorherrschaft des Besonderen ist für Reckwitz so grundlegend, dass er von einem »Strukturwandel« spricht – eine fundamentale Veränderung der ökonomischen Verhältnisse, eine Veränderung der Gesellschaft insgesamt. Alles sei nunmehr auf Besonderung gepolt.

Um auf unser Beispiel zurückzukommen: Nun gibt es ja nach wie vor »einfache« Ärzte – einfach in unserem Sinne. Also Ärzte, die sich »nur« über ihre formale, fachliche Qualifikation bestimmen (und Leute, Patienten, die sie nur als solche »rezipieren«). Ärzte also, die sich nicht über die Besonderung des »guten« Arztes bestimmen. Mit Reckwitz gesprochen: die keine singulären Ärzte sind. Ja, es braucht diese so genannten »einfachen« Ärzte, das »einfache« Arztsein, damit sich die »guten« Ärzte im Vergleich dazu überhaupt besondern können. (Das gilt ja für alle Bereiche.) Das weiß Reckwitz natürlich auch.

Weshalb er die Vorherrschaft des Besonderen als ein neues Verhältnis von Allgemeinem und Besonderem fasst: eine Verschiebung von Vordergrund und Hintergrund.

Die Logik des Allgemeinen sei im Vordergrund gestanden, solange sie vorherrschend war. Nunmehr, in der Spätmoderne, sei sie aber in den Hintergrund getreten. Während die Logik des Besonderen die umgekehrte Bewegung vollzogen hätte: vom untergeordneten Hintergrund in den Vordergrund.

Was hat man sich darunter vorzustellen?

Laut Reckwitz muss man sich die Dominanz des Besonderen wie ein »expansives Zentrum« vorstellen: eine zentrale Bestimmung, die sich immer weiter in der Ökonomie und in der Gesellschaft ausdehnt. Die immer mehr Bereiche, immer mehr Sektoren ihrer Logik unterwirft – wo also das Besondere zum wichtigsten Kriterium wird. Die Logik des Allgemeinen aber sei nicht verschwunden. Die industrielle Logik der standardisierten Güter und Dienstleistungen existiere weiterhin – aber, so Reckwitz, *daneben*, im Hintergrund.

Wir sind zwei konträren gesellschaftlichen Logiken schon bei Helmut Dubiel begegnet.[57] Aber Reckwitz' Darstellung eines Vorder- und eines Hintergrunds ist doch ein Stück weit entfernt von Dubiels Konzept. Zur Erinnerung: Bei Dubiel bestand das Verhältnis der zwei konträren Logiken darin, dass gerade der Gegensatz – beispielsweise jener zwischen ökonomischer Rationalität und familiärer Gemeinschaft – eine paradoxe Verbindung, eine Verbindung der Widersprüche also, eingehen. So wird die konträre Logik zu einer paradoxen Stütze der kapitalistischen Gesellschaft.

Reckwitz hingegen fasst dieses Verhältnis ganz anders: Für ihn bildet die industrielle Logik eine Rationalität im Hintergrund, eine »Ermöglichungsbedingung« dafür, dass die Logik des Besonderen florieren kann. Sie ist die *Infrastruktur* für die Besonderheit – zugleich aber ist sie in der *Defensive*. Ein Widerspruch, der zeigt, wie diffus dieses Konzept ist. Bisher sind wir Reckwitz' Darstellung gefolgt – nun aber sehen wir uns gezwungen, diese zu hinterfragen. Wie kann etwas defensiv und ermöglichend, also Hintergrund und Infrastruktur zugleich sein? Und wie verhält es sich mit dem Vordergrund? Dieser ist ja nicht einfach ein Schein, eine Inszenierung, die die eigentliche Infrastruktur nur verbirgt. Sonst würde Reckwitz in der Neuordnung ja wohl keinen »Strukturwandel« sehen. Die Logik des Besonderen bildet also eine verwirrende neue Struktur heraus, die auf ihrem Gegenteil als ermöglichender, aber dennoch defensiver Grundlage beruht. Kurzum – dies scheint eine Bestimmung zu sein, die mehr verwischt als erhellt. Eine Bestimmung, die die diagnostizierte »Gesellschaft der Singularitäten« in einem merkwürdigen Schwebezustand belässt: Ist die Singularität nun bestimmend für unsere gegenwärtige Gesellschaft – oder bildet sie nur einen neuen Vordergrund, während im Hintergrund die alte industrielle Logik weiterwirkt? In unserer Diktion lautet diese Frage: Haben sich die realen Verhältnisse verändert oder das imaginäre Verhältnis zu ebendiesen? Bei Reckwitz lautet die eindeutige Antwort scheint's: irgendwie beides.

Auf unser Beispiel umgelegt würde das bedeuten: Die Produktion von »einfachen« Ärzten – also von Ärzten mit der allgemeinen, formalen Qualifikation des Mediziners – braucht es weiterhin. Aber im Hintergrund. Daneben gibt es aber die Besonderung der »guten« Ärzte – von denen nicht klar ist, ob sie nur im Vordergrund stehen wie in einem Rampenlicht, oder ob die Tatsache, dass es überhaupt ein Rampenlicht gibt, die gesamte medizinische Infrastruktur umwandelt. Für Reckwitz gilt offenbar beides. Denn er geht davon aus, dass die Konkurrenz um die Singularität auf eigenen Märkten ausgetragen wird. Auf »Singularitätsmärkten«. Diese seien besondere Märkte. Hier würden Singularitäten gehandelt: singuläre Güter, singuläre Arbeitskräfte, singuläre Arbeitsleistungen. Hier werde um das Besondere konkurriert – darum, die Qualifizierung des »Besonderen« zu ergattern. Hier wird aber nicht nur in einem hochgradigen Wettbewerb, in einer »Hyperkompetition«, um die Anerkennung der Einzigartigkeit gerungen. Diese Märkte hätten darüber hinaus die Struktur der Märkte überhaupt grundlegend verändert: Diese neuen »Singularitätsmärkte« hätten die alten Standardmärkte abgelöst. Damit hätten sie die gesamte Ökonomie umgewälzt und eine eigene Ökonomie der Singularität etabliert. Eine Ökonomie, der es weniger um das Verhältnis von Preis und Leistung ginge denn um Attraktivitäten. Auf unsere Frage umgelegt, hieße das: Die Anerkennung der Singularität steht im Vordergrund und hat eben dadurch die gesamte ökonomische und gesellschaftliche Struktur verändert. Bei allem, was man tatsächlich bei Reckwitz lernen kann, ist das doch eine sehr unbefriedigende Antwort.

Versuchen wir deshalb, unser Beispiel anders zu lesen. Mithilfe eines anderen Autors: des französischen Literaturwissenschaftlers Roland Barthes und seiner Mythentheorie.[58] Bei Barthes gibt es das Faktum. Dieses bildet das primäre System: eine erste Ordnung des rein Faktischen mit seinem einfachen Sinn. Das wäre in unserem Beispiel das Faktum der medizinischen Qualifikation mit seinem einfachen, objektiven Sinn: Ausbildung = Arzt.

Der Mythos aber bildet ein zweites, ein sekundäres System, das zu diesem faktischen System hinzukommt. Das sich dem Faktum hinzufügt. Der Mythos ist also ein Zusatz, eine zusätzliche, spezifische Bedeutung, die über den reinen Nutzen hinausgeht.

Barthes selbst gibt viele Beispiele dafür – eines seiner berühmtesten ist wohl: der neue Citroën. Der Name DS, Citroën DS, ergibt ausgesprochen eine »Déesse«, also eine französische Göttin – so Barthes' Wortspiel. Das entsprach auch seinem Auftreten: Bei seiner Präsentation im Pariser Autosalon 1955 wirkte er in seiner neuartigen, stromlinienartigen Form mit aufgesetzter »Kuppel« wie eine Erscheinung von göttlicher Schönheit. So wurde ein profanes Massenprodukt in diesem Moment zu einem magischen Objekt: Zusätzlich zu seiner profanen Nutzung wurde es zum Inbegriff einer Epoche, eines Weltverhältnisses – zu einem Mythos eben.[59]

Für uns ist entscheidend, dass das zweite System das erste nicht ablöst – es kommt vielmehr als eine Bedeutung zu diesem hinzu: Die Mythisierung überformt, spezifiziert, konnotiert ein Faktum mit einer Bedeutung. In unserem Beispiel wäre die Spezifizierung des Arztes als »guter«, als »besonderer« Arzt das, was zum rein Faktischen des Mediziners hinzukommt und dieses Faktum mit Bedeutung auflädt. Damit wird das Faktische in einen Mythos, in den Mythos des »besonderen« Arztes verwandelt. (Auch wenn wir noch nicht genau wissen, worin diese Besonderheit besteht.)

Sehen wir uns diese Besonderung genauer an. Sie ist sowohl bei Reckwitz als auch bei Barthes zentral. Die Demarkationslinie zwischen den beiden ist schwierig zu ziehen, denn sie verläuft erst mal entlang einiger Gemeinsamkeiten oder Ergänzungen. Versuchen wir, uns auf diese heikle Gratwanderung einzulassen – also die Gemeinsamkeiten zu durchqueren, um die Differenzen danach umso deutlicher markieren zu können.

Hier wie dort – bei der Singularisierung ebenso wie bei der Mythisierung – geht es um die Besonderung, das Besonderswerden von Subjekten ebenso wie von Objekten.

Bei Barthes fügt die Mythisierung dem Faktum einen Begriff hinzu. Ein Prinzip. Das mythisierte Objekt oder Subjekt wird somit zum Repräsentanten, zur Verkörperung, zur Darstellung, zum Inbegriff dieses Prinzips – wie beim Citroën, der als DS zur »Déesse« wurde. Oder wie beim »guten« Arzt, dem zusätzlich zum normalen Arztsein noch eine besondere Bedeutung zukommt. Der also zum normalen Können noch zusätzliche

Kompetenzen darstellen, verkörpern muss – mythische Kompetenzen. Diese sind nicht mythisch im übersinnlichen Sinne, sondern mythisch als Repräsentanten von etwas, das über das rein Quantitative, Messbare, Faktische hinausgeht. Die mythische Kompetenz besteht also darin, Inbegriff von etwas zu sein. Wir werden noch sehen, worin dieser Zusatz beim Arzt besteht.

Diese Qualität, diese Besonderung lässt sich weder quantifizieren – ab so und so viel Können erreicht man sie. Noch lässt sie sich begründen: Der Mythos bleibt, so Barthes, eine Tautologie. Ja mehr noch: Er besteht darin, eine Tautologie zu sein – also das, was keine Begründung hat, was keiner Begründung bedarf. Was nur in sich selbst gründet.

In seinem Film »The Pervert's Guide to Ideology« stellt Slavoj Žižek die Coca-Cola-Werbung nach. Zentral ist für ihn dabei der Werbespruch: Coke is it. Dieses »it«, dieses Etwas, sei keine positive Eigenschaft. Nichts, für das sich angeben ließe, worin es bestehe. Es ist das gewisse Etwas, das sich nicht begründen lässt – das aber aus einem x-beliebigen Getränk »the real thing« mache.

Früher hingen in manchen Arztpraxen Diplome über Zusatzqualifikationen an den Wänden. Bescheinigung über das Absolvieren einer Zusatzausbildung. Dies war der Versuch, den Zusatz durch rationalisierte, formalisierte Verfahren zu erreichen. Und durch solche objektiven Attribute zu beglaubigen. Zeichen, an denen man, mit Barthes gesprochen, die »Präsenz« des Mythos ablesen sollte. Aber letztlich ist der Mythos eine Tautologie – er ist also nicht durch äußere Gründe begründbar. Jemand ist ein »guter« Arzt, weil er ein »guter« Arzt ist. Anders gesagt: Diesen Status erreicht man nicht aufgrund objektiver Kriterien oder messbarer Leistungen wie etwa Heilerfolge. Das alleine reicht nicht. Für den Status des »guten«, des »besonderen« Arztes muss noch etwas hinzukommen.

Die Diplome an der Wand sind eine alte Form, alte Zeichen. Sie gehören zu einem alten Mythos. Heute hingegen gibt es neue Formen eines neuen Mythos. Natürlich gab es auch früher den »guten« Arzt, dessen Güte sich aus Gerüchten und Leumund speiste. Das Zirkulieren solcher Reputation war dabei aber bürgerlichen Kreisen vorbehalten. Heute hat sich dies, durch Internetbewertungen, verallgemeinert. Damit hat sich die ehemals rein bürgerliche Position des souveränen Beurteilens sowohl institutionalisiert als auch generalisiert.

Über die heutige Produktion solcher Besonderung kann man viel bei Reckwitz lernen. Eine solche Produktion impliziert zweierlei: zum einen die Behauptung, *dass* Besonderung produziert wird. Und zum anderen die Frage, *wie* diese Produktion vonstattengeht. Damit etwas als singulär anerkannt wird, müsse es eine Differenz markieren. Es gibt viele Differenzen, aber letztlich geht es um jene zwischen profan und sakral. Diese sei die »Leitdifferenz« der Spätmoderne, so Reckwitz. Wobei profan das ist, was auf seine reine Nützlichkeit beschränkt bleibt. Nützlichkeit reicht in der Spätmoderne also nur zur Profanität. Während sakral erst das ist, was eine Aufladung über seine Nützlichkeit hinaus erfährt. Sakral ist hier keine religiöse Bestimmung. Es meint vielmehr eine Aufladung mit Wert und mit Affekten. Ob das nun Mode, Innenarchitektur, Unterhaltungselektronik, Filme oder sonstiges betrifft. Aufgeladen kann alles als sakral erscheinen, also als besonders: ein Friseurladen ebenso wie ein Künstler, ein Film ebenso wie Turnschuhe. Darin gehen beide Lesarten konform. Wie wir ja schon gesehen haben, geht es auch bei Barthes um den Gegensatz von profan und sakral: Er versteht Mythisierung als eine Art von gesellschaftlicher Sakralisierung. Und auch Barthes meint, dass es nichts gäbe, was nicht zum Material des Mythos werden könne.

Reckwitz zeigt nun detailliert, durch welche Techniken und Praktiken solche Sakralisierung zu erreichen ist. Er skizziert eine ganze Produktion von Besonderung. Dies sind nicht nur Verfahren zur Herstellung von Qualität, sondern immer auch Verfahren zur Anerkennung dieser Qualität. Eine ganze Palette von Praktiken der Singularisierung, die vom Beobachten übers Bewerten bis zum Hervorbringen von Qualität reicht. Besonderheit muss also sowohl hergestellt als auch entdeckt und erkannt werden.

Hier aber endet die Parallelisierung von Mythisierung und Singularisierung. Denn für Reckwitz gehören die Techniken der Besonderung zu jenem neuen Typus von Märkten, die er als Singularitätsmärkte bezeichnet. Wie erwähnt, zieht er aus der Behauptung solcher neuartigen Märkte den Schluss, wir hätten es mit einem – ökonomischen und gesellschaftlichen – Strukturwandel zu tun. Die alten industriellen Formen würden nur ein Schattendasein in einem diffusen »Daneben« fristen.

Und genau dagegen soll hier Einspruch erhoben werden. Aus Perspektive der Mythentheorie ist die Besonderung, das Besonderswerden, eine Aufladung – also etwas, das das rein Faktische aufgreift und mit einer zusätzlichen Bedeutung versieht. Dieser Zusatz, diese zusätzliche Qualität, bildet eine zweite Ordnung, ein zweites System, einen zweiten Kreislauf, der sich über das Faktische, über die erste Ordnung legt. *Darüber*.

Wir haben also ein zweites System, das zum ersten System hinzukommt und es überformt – das aus dem Faktum einen Mythos macht. Das ist kein Hintergrund-Vordergrund-Verhältnis. Anders gesagt: Es ist ein Darüber – kein Daneben. Das klingt nach einer kleinen Differenz. Aber das täuscht. Die Mythen kennen zwar eigene Kreisläufe. Sie zirkulieren. Sie treffen aufeinander. Sie treten gegeneinander an. Sie konkurrieren. Sie ringen um den Status des Besonderen. Warum sollte man dann nicht von eigenen Märkten, in dem Fall von »Singularitätsmärkten«, sprechen? Weil die Rede von neuartigen Märkten einen Strukturwandel des Kapitalismus voraussetzt: von einem alten hin zu einem neuen, dem so genannten »Kulturkapitalismus«. Während wir davon ausgehen, dass die verstärkte Mythisierung keinen Strukturwandel der Ökonomie bedeutet. Wir haben es vielmehr mit einer massiven Entfaltung des Kapitalismus zu tun – eine Entfaltung, die durch einen neuen Mythos, ein neues Imaginäres befördert und gestützt wird. Das aber, was man »Kulturkapitalismus« nennt, bildet nur ein eigenes Segment innerhalb des allgemeinen Marktes aus. So gibt es etwa im allgemeinen Handel mit Brot das Segment des speziellen Brotes. Ebenso verhält es sich bei den Architekten, den Immobilien oder eben den Ärzten. Überall gibt es ein Segment des Besonderen, der besonderen Ware. Aber solches bestimmt kein eigenes Marktverhältnis – es bildet nur einen Teil, eben ein bestimmtes Segment des jeweiligen Marktes.[60]

Aus unserer Perspektive ist die Veränderung also anderer Art als Reckwitz' Strukturwandel. Welcher Art, lässt sich genauer an einem zentralen Begriff zeigen: am Begriff des Werts. Hier wird der Unterschied zu Reckwitz besonders deutlich.

Aus Sicht der Mythentheorie verleiht der Zusatz, also der Mythos, dem Mythisierten Wert. Dieser Wert entspricht einer Aufladung mit Bedeutung, mit Geltung: Jemand gilt als »besonderer« Arzt. Etwas gilt als ein »besonderes« Brot – weil es jeweils zum Inbegriff eines Prinzips wird. So wird etwa ein spezielles Brot zum Inbegriff des Prinzips der Echtheit.

Wenn der mythische Wert in solch einer besonderen Bedeutung besteht, dann realisiert er sich aber nur, wenn er zur »Botschaft« wird. Wenn er also verstanden, empfangen, gelesen wird. Der Mythos muss gelesen werden, wie es bei Barthes heißt. Es braucht ein Wissen, um ihn zu entziffern.

Aber Wissen alleine reicht noch nicht. Die Botschaft muss mich auch erreichen. Sie muss zu einer Botschaft *für mich* werden. Der Mythos richtet sich *an mich*. Er ist das, was *für mich* Bedeutung hat. Was *mir* gilt. Kurzum – der Mythos ist eine Anrufung, heißt es bei Barthes. Er ruft mich in meiner konkreten Existenz an.

Für unser Beispiel würde das bedeuten: Der »gute« Arzt ist jener, der eine Botschaft für mich ist: also jener, der *mich* sieht, *mich* meint. Von dem ich mich gemeint fühle. Jener, der die Imagination eines persönlichen Verhältnisses möglich macht. Darin besteht das Geheimnis seiner Besonderung, seiner Mythisierung.

Reckwitz kennt zwar keine Anrufung. Aber auch bei ihm spielt das Publikumsverhältnis eine entscheidende Rolle: Das Publikum ist es, das Wert zuschreibt. Oder abspricht. Das »valorisiert«, wie Reckwitz es nennt, oder »ent-valorisiert«. In dieser Rolle aber bleibt das Publikum eine äußere Instanz.

Nur mit der Figur des Fans geht Reckwitz darüber hinaus. Alles, was diesem zur »Singularität« wird – etwa ein Film oder eine Band –, entfaltet für den Fan ein »eigenes Universum«. Dieses wird ihm zur »eigenen Welt«, heißt es bei Reckwitz. Wir würden sagen: Der Fan ist ein Spinozist. Sein »eigenes Universum« greift nur dann, wenn er sich gemeint fühlt. Daher rührt seine Begeisterung.

Der entscheidende Unterschied zu Reckwitz aber wird erst dort virulent, wo es um den Zweck dieser Wertzuschreibung geht. Für Reckwitz ist der Zweck solcher Valorisierung, also das, worum auf den Singularitätsmärkten konkurriert wird, die Herstellung von Einzigartigkeit. Einzigartigkeit bedeutet: nicht vergleichbar, nicht austauschbar sein. Für den Singularitätsmarkt bedeutet das: Eigenwert haben. So Reckwitz' Begriff. Ein ebenso zentraler wie schwieriger Begriff.

Schauen wir uns diesen genauer an. Was heißt, etwas habe Eigenwert?

Für Reckwitz bedeutet es, etwas habe einen intrinsischen, einen Wert in sich. Dies ist also kein Wert, der aus einem Vergleich hervorgeht. Und somit auch kein Wert, der von solch einem Vergleich in Frage gestellt werden könnte.

Laut Reckwitz sei es das Ziel, als einzigartig anerkannt – also in seinem Eigenwert bestätigt zu werden. Er sieht sehr klar den Widerspruch, den das bedeutet: nämlich den Widerspruch zwischen Einzigartigkeit und Anerkennung, zwischen Eigenwert und Bestätigung. Aber er begnügt sich damit, diesen Widerspruch zu benennen, die Teile sozusagen *nebeneinander* stehen zu lassen.

Genau das ist aber der Punkt, der für uns entscheidend ist. Denn was ist ein intrinsischer Wert, der erst zugesprochen werden muss – ein Eigenwert, der der Anerkennung bedarf? Es ist nur ein »Eigenwert« unter Anführungszeichen. Das Als-ob eines Eigenwerts. Der Eigenwert ist also nicht das, was er vorgibt. Die Einzigartigkeit ist nicht das, was sie sein will. Aber was ist sie dann?

Das Prinzip des Wettbewerbs lautet: »besser als«. Ich bin, ich will, ich muss »besser als« die Konkurrenz sein. Das ist das Ziel: »besser als«. Die Einzigartigkeit aber steht dem entgegen. Denn der Eigenwert sollte keines solchen Komparativs bedürfen. Im Eigenwert gibt es keinen erbarmungslosen horizontalen Vergleich – nur eine vertikale Setzung, die einen obersten, eigenen Wert behauptet. Reckwitz spricht von einer graduellen Unterscheidung, die sich in eine »absolute Differenz« verwandelt – also von einem »besser als« zu »der Beste«. Aber was bedeutet das?

Anders als für Reckwitz ist für uns dabei eines wesentlich:

dass sich die Konkurrenz im »Eigenwert« – nunmehr unter Anführungszeichen – gewissermaßen verkappt. Dass das »besser als« in der Einzigartigkeit verschwindet. Mit der Konkurrenz ist es dabei ein bisschen wie mit Wittgensteins Leiter. »Meine Sätze erläutern dadurch«, schreibt Wittgenstein, »dass sie der, welcher mich versteht, am Ende als unsinnig erkennt, wenn er durch sie – auf ihnen – über sie hinausgestiegen ist. (Er muss sozusagen die Leiter wegwerfen nachdem er auf ihr hinaufgestiegen ist.)«[61] Solcherart wäre die Konkurrenz eine Art Leiter, ein Hilfsmittel, dessen man sich bedient und dessen man sich dann – wenn man oben angekommen ist – entledigen kann. Anders gesagt: Der Eigenwert erscheint als Höhepunkt der Konkurrenz – dort, wo man dieser nicht mehr bedarf. Dort, wo diese in ihr Gegenteil kippt (oder kippen soll): in ein Jenseits des Vergleichs. In einen Eigenwert, der sich nicht mehr an Anderen relativiert. Ein Wert, der sich nicht mehr messen muss. Der vorgibt, für sich selber zu gelten. Das also bedeutet sakral heute: Sakral ist das, was dem Wettbewerb entzogen scheint, was den Wettbewerb überschreitet. Sakral ist die Selbstbezüglichkeit – genauer gesagt: der Mythos der Selbstbezüglichkeit.

Die Einzigartigkeit ist somit die Aussicht auf eine eigenständige Fülle, das Versprechen eines Refugiums fürs Individuum – geborgen aus dem unendlichen Wettbewerb, gerettet aus der gnadenlosen Konkurrenz. Kurzum – die Einzigartigkeit ist ein Mythos. Der Mythos, wo die Konkurrenz im Eigenwert verschwindet. Der paradoxe Mythos, der die Konkurrenz stützt. Der Mythos eines Jenseits der Konkurrenz – eines sehr irdischen Jenseits, das einen von den Qualen der Konkurrenz erlösen soll. Wir haben hier nichts weniger als eine dialektische Volte: Die restlose Konkurrenz wird im Prinzip des Einzigartigen mythisiert. Den Wettbewerb hinter sich lassen, zum Eigenwert werden – das stellt den Höhepunkt des Wettbewerbs dar.

Reckwitz hingegen glaubt an die Einzigartigkeit. Er glaubt nicht daran wie etwa der Musikfan. Oder der Markenfetischist. Oder der Charismabewunderer. Er sieht ja die »reale Paradoxie«, dass Einzigartigkeit gesellschaftlich fabriziert wird. Dass es benennbare Praktiken zu deren Produktion gibt. Aber weil das wirkt, weil die Einzigartigkeit tatsächlich gesellschaftliche Wirkungen hat, glaubt er an das Prinzip der Einzigartigkeit, ans Prinzip des Singulären – nicht als Mythos, sondern als neue Realität der Gesellschaft. Er glaubt ans Prinzip der Einzigartigkeit als neue Realität des Wettbewerbs. Und genau darin besteht unsere Differenz.

Denn wir sehen im Eigenwert mit all seinen Paradoxien nicht die Realität, sondern vielmehr den Mythos der Konkurrenz. Deren Ideologie. Was nicht bedeutet, diese würde nicht wirken. Ganz im Gegenteil. Ideologie meint eben nicht reinen Schein, sondern vielmehr ein Imaginäres, das eminente gesellschaftliche Wirkungen hat.

An dieser Stelle ist es notwendig, auf unser eigentliches Thema zurückzukommen. Das, was Reckwitz unter Einzigartigkeit versteht, entspricht genau dem, worum es dem Narzissmus geht: nicht austauschbar, nicht vergleichbar – eben einzigartig zu sein.

Deshalb lautet unsere These: Einzigartigkeit, Eigenwert bedeutet die Überschreibung der Konkurrenzverhältnisse durch Narzissmus. Die Überformung des Wettbewerbs durch den narzisstischen Mythos. Als ob der Wettbewerb die Möglichkeit bärge, zu einem Status ohne Vergleich zu gelangen. Als ob dieser das Versprechen der Fülle, also des Ideals, enthielte. Insofern eben sehen wir in der Singularität nicht die neue Realität, sondern den neuen Mythos des Wettbewerbs. Einzigartigkeit ist nicht einfach das neue dominante Prinzip – mit einem diffusen Verhältnis zum allgemeinen Wettbewerb. Sie ist vielmehr das imaginäre Verhältnis zur Konkurrenz – und als solches deren Gegenprinzip. Bei Reckwitz war das Besondere die Gegenlogik zum vorherrschenden Allgemeinen in den Zeiten der Moderne. Für uns ist Einzigartigkeit nach wie vor eine Gegenlogik, ein Gegenprinzip. Einzigartigkeit ist das imaginäre Gegenprinzip zur absoluten Austauschbarkeit in den realen Verhältnissen. Sie ist die Art, wie wir diese Austauschbarkeit leben.

Und wie das Gegenprinzip bei Dubiel, so hat auch dieses Gegenprinzip eine paradoxe Funktion: Es wirkt gerade als Gegenprinzip, gerade als imaginäre Gegenkraft, stützend. Der Mythos, der den Wettbewerb antreibt. Das aber heißt: Der Mythos vom Jenseits des Wettbewerbs ist der beste Antrieb ebendieses Wettbewerbs.

Wie das funktioniert, lässt sich am besten anhand eines Beispiels darstellen. Dieses kommt aus dem Personalmanagement und verbreitet sich zunehmend: das 360°-Feedback.[62]

Das 360°-Feedback ist ein System wechselseitiger Beurteilung. Dieses kann in Unternehmen ebenso wie in Spitälern, Schulen oder andernorts zur Anwendung kommen. Mithilfe eines Fragebogens wird die »Performance« jedes Einzelnen rundum, eben 360°, bewertet. Durch Mitarbeiter, durch Kollegen ebenso wie durch Vorgesetzte oder durch Kunden. Wer kennt das nicht? Bitte bewerten Sie mich. Das hört man vom Fahrradboten bis zum Callcenter. Erfragt und erfasst werden dabei alle Kompetenzen – fachliche ebenso wie menschliche. Es ist dies eine Ausweitung der Beurteilung auf alle Zusatzkompetenzen über das rein Professionelle hinaus – von der Freundlichkeit bis zum Äußeren. Von den Umgangsformen bis zur Hilfsbereitschaft. Die Beurteilungen sind meist anonym und dienen als Ausgangspunkt für die Arbeit an sich, für die Verbesserung der Schwachstellen, für die Steigerung der eigenen Leistung. Das 360°-Feedback ist also ein Instrument, das zur Selbstüberbietung nötigt – in unserer Diktion: zu einer narzisstischen Steigerung.

Wir sehen hier, wie der Narzissmus Eingang in den Wettbewerb findet.

Dies erfolgt über die Institutionalisierung von zwei subjektiven Momenten: Zum einen werden die subjektiven Fähigkeiten, eben die Zusatzkompetenzen, die zu den rein professionellen hinzukommen, institutionalisiert. Zum anderen aber auch die subjektiven Bewertungen. Wir haben damit nichts weniger als die Institutionalisierung von Leumund, Gerüchten, Mundpropaganda. Es gab auch schon früher leise Versuche, solches zu institutionalisieren und damit zu instrumentalisieren. Etwa in Form des »Arbeiters des Monats« – der mit seinem Bild hervorgehoben wurde. Aber das blieb immer noch an die professionelle, quantifizierbare Leistung gebunden. Nun aber geht es um eine umfassende und systematische Institutionalisierung von persönlichen Qualitäten mittels ihrer subjektiven Bewertung – wie etwa Beliebtheitswerten. Das bewirken Instrumente wie das 360°-Feedback ebenso wie alle Formen von Rankings, Ratings, Evaluierungen. Diese bilden Rangordnungen, hierarchische Strukturen. Werteskalen der Besonderung – mit Reckwitz gesprochen. In unsere Diktion: Durch und in Rankings werden Platzierungen auf einer nach oben hin offenen Narzissmus-Skala vorgegeben und zugewiesen.

Es ist dieses System, es sind diese Rangordnungen, diese Werthierarchien, die den Wettbewerb verändern. Sie dehnen ihn aus. Und zwar doppelt. Zum einen werden alle gesellschaftlichen Bereiche auf Konkurrenz gepolt – auch jene, die der Konkurrenz ehemals entgegenstanden. Und da die Logik des Wettbewerbs in Antrieb, Steigerung und Überbietung besteht, heißt verallgemeinerter Wettbewerb verallgemeinerte Leistungsforderung. Zum anderen erfasst der Wettbewerb in seiner Ausdehnung nunmehr die ganze Person – eben indem er auch subjektive Kompetenzen einbezieht. All dies bedeutet eine Verschärfung des Wettbewerbs. Insofern besteht die Veränderung des Wettbewerbs nicht nur in dessen Ausdehnung. Der Wettbewerb verändert sich auch, weil er durch narzisstische Kriterien überformt wird. Die Rankings zeigen an, bewerten, wie viel Anteil man am narzisstischen Ideal, an mythischen Kompetenzen – wie viel Anteil an Einzigartigkeit man hat. Oder besser gesagt: wie viel man einem zuspricht. Wobei da nicht nur »klassische« narzisstische Fertigkeiten zum Tragen kommen – unter denen man üblicherweise etwa Selbstbewusstsein, Ellbogen, Eigenpräsentation oder Eigensinn versteht –, sondern auch solche Fertigkeiten, die die Anderen dem Einzelnen zusprechen: etwa ein gewinnendes Wesen – also die Anschlussfähigkeit an Andere. Oder Beliebtheit – also die eigene Besonderheit aus der Perspektive des Umfelds. Damit wird noch einmal deutlich, dass es um Zuordnungen im Gerüchte-Ranking geht: also um subjektive Einschätzungen, die sich nunmehr zu objektiven Urteilen verfestigen. All dies bildet eine objektive Ordnung für die subjektive Bewertung von mythischen Kompetenzen. All dies bildet das paradoxe Phänomen eines *objektiven Narzissmus.*

Dieser ist vom bisher behandelten *subjektiven Narzissmus* zu unterscheiden.

Objektiver Narzissmus wird von außen zugesprochen: Die Rangordnungen, die Feedbacks attestieren dem Einzelnen seinen Anteil an Einzigartigkeit. Zeigen an, welchen Platz, welchen Rang er in der Mythenordnung einnimmt. Während der subjektive Narzissmus über die eigene Identifizierung, über die eigene Suche nach dem Ich-Ideal funktioniert.

Strebt der subjektive Narzissmus stets – und stets unbefriedigt – nach diesem Ideal, also nach seiner Erfüllung, so geht es dem objektiven Narzissmus des Wettbewerbs keineswegs darum, dass das Subjekt eine narzisstische Befriedigung erfährt. Oder höchstens als Versprechen, als Indienstnahme des Strebens, als idealer Antrieb. Anders gesagt: Dem subjektiven Narzissmus ist das narzisstische Ideal Ziel und Zweck – während es dem objektiven Narzissmus nur als Mittel dient. Ein Mittel, das er einsetzt. Ein Mittel, das stets auch Drohung und Waffe ist. Die Qualen des Narzissmus sind hier gewissermaßen objektiv institutionalisiert: als Mittel zum Antrieb und zur Kontrolle.

Dieses System narzisstischer Kompetenzen, dieser zugespitzte Wettbewerb, bedarf also des narzisstischen Antriebs. Genauer gesagt: Er bedarf, er fordert und fördert narzisstische Kompetenzen – ohne aber die narzisstischen Bestrebungen auch nur ansatzweise zu erfüllen. Denn um Erfüllung geht es ihm nicht. Aber er macht es möglich, dass narzisstische Kompetenzen gesellschaftlich akzeptiert – ja mehr noch: gesellschaftlich erfolgreich sein können. Zwei Momente, die sich wechselseitig verstärken: je erfolgreicher, desto akzeptierter.

Das aber verändert den Wettbewerb: Denn der Narzissmus findet nicht nur Eingang in den Wettbewerb. Er schreibt sich auch in diesen ein. Er formt diesen um. So sind die vorderen Plätze der Rankings aller Art nicht mehr durch Leistung und Arbeit alleine erreichbar. Die alte Meritokratie wird durch eine neue abgelöst: von der Herrschaft der Leistung zur Herrschaft des Erfolgs. Honoriert wird also nicht so sehr die Leistung wie die mythischen Kompetenzen. Das ist die Ablöse vom Narrativ des Tellerwäschers, der es durch Strebsamkeit zum Millionär schafft. Das neue Narrativ ist – da folgen wir Reckwitz – das des Shootingstars, dem der plötzliche Durchbruch gelingt. Erfolg werde damit, so Reckwitz, von Arbeit, Aufwand und Einsatz entkoppelt. Zentral sei nicht mehr die Pflichterfüllung, sondern die »Performanz« – also die gesellschaftliche Darbietung.

Der Erfolg wird damit in allen Bereichen an die Bewertung durch ein Publikum gebunden – ob dieses nun die Kollegen sind (wie beim 360°-Feedback), die Kunden oder ein Publikum im strikten Sinne. Diese Bewertung erfolgt nicht nur anhand objektiver Kriterien, sondern ganz wesentlich anhand subjektiver Kriterien. Jeder wird damit zum Richter des Anderen – wie man in Anlehnung an Nietzsche sagen könnte. Das aber hat eminente Folgen.

So bedeutet dieser objektive Narzissmus eine enorme Prekarisierung: Denn jeder nimmt die vorderen, die narzisstisch hochwertigen Plätze im Ranking nur für den Moment ein. Es gibt kein fixes Anrecht auf den Platz. Das bedeutet nicht nur, dass man diesen Platz immer nur für den Moment behaupten kann. Es bedeutet auch und noch grundlegender: Selbst wenn eine vorübergehende Übereinstimmung gelingt, so *ist* man dennoch nie das Ideal. Selbst im besten Fall ist man nicht der Sieger, sondern nimmt nur kurzfristig diesen Platz ein.

Damit aber wird der Status aller Beteiligten grundlegend prekarisiert, also grundlegend bedroht – nicht nur momentan, sondern auf Dauer. Prekarisiert ist der Status des Lehrers, der sich der Beurteilung der Schüler stellen muss. Prekarisiert ist der Status des Arztes, der sich der Beurteilung des Patienten ausgesetzt sieht. Von Dienstleistern wie Fahrradboten oder Paketzustellern gar nicht zu sprechen. Die Rundumbeurteilung, die institutionalisierten Bewertungen überhaupt, bedeuten in jeder Form einen Abbau der ehemals fixen Autoritäten qua Amt zugunsten eines ganz anderen Verhältnisses: der Unterwerfung aller unters Urteil des jeweiligen Publikums.

Das Versprechen, das diesem ersten Platz innewohnt, das Versprechen des Eigenwerts, ist also zutiefst trügerisch: Die Rettung aus dem gnadenlosen Wettbewerb erweist sich als ständiges Damoklesschwert. Aus dem Refugium des Besonderen, das

Zuflucht und Schutz verheißt, kann man stets verwiesen werden. Im Ringen um den ersten Platz befördert der objektive Narzissmus somit die Qualen des subjektiven. Hier wird die ideologische Besonderheit des Narzissmus institutionalisiert: Die Besonderheit, nicht einfach imaginären Trost zu spenden, sondern selbst Qualen zu verursachen, wird zum zentralen Moment der Ranking-Struktur.

Wenn der objektive Narzissmus solcherart nun allerorts in die gesellschaftlichen Bedingungen eingeschrieben wird – dann wird dieser dennoch nicht zu einem »kollektiven Narzissmus« (wie Christopher Lasch meinte). Denn dies ist kein Narzissmus, der uns allen gemeinsam wäre. Er ist vielmehr eine zwingende objektive Vorgabe für jeden Einzelnen. Anders gesagt: Er ist ein gesellschaftlicher Narzissmus, der uns gegeneinander in Stellung bringt.

Darin liegt auch ein weiterer Unterschied zwischen objektivem und subjektivem Narzissmus: Der objektive mit seinen vorgegebenen Rangordnungen wird eingefordert. Abverlangt. Er ist eine Anforderung. Während der subjektive nur dann greift, wenn er zum Wunsch wird, zur Sehnsucht.

Bei Reckwitz gibt es auch diese Parallelität von Anforderung und Wunsch. So sieht er auf der einen Seite die gesellschaftliche, etwa die betriebliche Erwartung einer außergewöhnlichen Leistung – über die reine Pflichterfüllung hinaus. Und auf der anderen Seite sieht er den Wunsch des Subjekts nach Besonderheit. Dieser Wunsch führe, so Reckwitz, zu einem neuen Arbeitsethos, wonach Arbeit keine reine Routinetätigkeit, nicht einfach nur Broterwerb sein soll. Die Arbeit soll vielmehr Identifikationspotential haben. Sie soll sinnvoll sein. Sinnvoll heißt in diesem Zusammenhang: Erfahrungen machen, Fähigkeiten erwerben, sich als Persönlichkeit entfalten. Sinn bedeutet also Selbstverwirklichung.

Aber Selbstverwirklichung alleine reiche nicht, so Reckwitz. Man verwirklicht sich nicht nur für sich. Der Wunsch nach Singularität sei vielmehr der Wunsch nach *anerkannter* Selbstverwirklichung. Die wahre Verbindung von persönlichem Wunsch und gesellschaftlicher Forderung lautet für Reckwitz deshalb: *erfolgreiche Selbstverwirklichung*. Das ist die Formel der Gesellschaft der Singularitäten. Die Koppelung von entfaltetem Selbst und sozialem Prestige.

An dieser Stelle erfolgt unser entschiedenster Abschied von Reckwitz. Aus mehreren Gründen.

Zum einen weil es in Reckwitz' Setting keinen Druck, keinen Zwang, keine Kontrolle – weil es bei ihm keine Unterwerfung gibt. Zum anderen aber weil so verstanden die Singularisierung, die Besonderung gleichbedeutend mit dem Glück der Mittelklasse ist. Diese ist Reckwitz' »Leitmilieu«. Das ist die Klasse der »erfolgreichen Selbstverwirklichung«. Das Milieu mit den »Autonomiegewinnen«. Während für uns der Narzissmus gerade in seiner Verschränkung von objektivem und subjektivem Narzissmus, von Anforderung und Wunsch zu einem unerbittlichen narzisstischen Imperativ wird, der alle, wirklich alle erfasst. Eine vorherrschende Ideologie erfasst tendenziell alle – sonst wäre sie nicht vorherrschend. Auch die Supermarktverkäuferin muss sich der Rankingordnung stellen – um dort kleine Befriedigung und großen Druck zu erfahren. Ebenso wie Reckwitz' glückliche Kreativklasse. Die Ideologie ist Druck und Antrieb für alle Klassen. Die Qualen des Narzissmus gelten für alle – wenn auch in unterschiedlicher Gewichtung und Intensität.

Unser Abschied aber erfolgt nicht zuletzt auch deshalb, weil Reckwitz' Formel von der erfolgreichen Selbstverwirklichung von einem Gelingen ausgeht und kein Scheitern einbegreift. Damit ist nicht das zufällige Scheitern jener gemeint, denen das Glück nicht hold beziehungsweise das Publikum nicht gewogen war. Nein, es geht vielmehr um das notwendige Scheitern, das diesem Streben nach Einzigartigkeit eingeschrieben ist. Das gewissermaßen strukturelle Scheitern, das der Verbindung von objektivem und subjektivem Narzissmus innewohnt.

Diese Verbindung ist nichts anderes als eine spezifische Indienstnahme: Der objektive Narzissmus der Ranking-Ordnungen nimmt den subjektiven Narzissmus des Einzelnen in Dienst. Ohne diesen wäre das System des objektiven Narzissmus nur repressiv. Eine reine Hierarchie. Nur Kontrolle. Nur Anforderung. Nur äußerer Druck und äußere Vorgabe. Das ist es natürlich auch. Aber eben nicht nur. Um darüber hinaus zu gehen braucht es eben das subjektive Moment: den inneren Antrieb. Die Freiwilligkeit. Diese lässt sich nicht durch den objektiven Narzissmus der Ranking-Ordnungen alleine erreichen. Dazu bedarf der objektive Narzissmus – in den Betrieben, in den Schulen, in der medialen Öffentlichkeit – eines anderen: eben des subjektiven Narzissmus. Denn nur dieser erzeugt jenen Antrieb, jenen Wunsch, der das Subjekt in Gang setzt. Nur dieser bringt uns dazu, nicht nur zu funktionieren, sondern uns auch noch zu überbieten.

Wie aber kann der objektive Narzissmus den subjektiven Narzissmus in Dienst nehmen? (Wobei Indienstnahme ein irreführender Begriff ist – klingt er doch so technisch und äußerlich.) Eben nicht durch die Verbindung einer erfolgreichen Selbstverwirklichung – sondern vielmehr durch die falsche Gleichung, die besagt: Der erste Platz im Ranking, der Höchststand in der Evaluierung entspreche tatsächlich dem narzisstischen Ideal-Ich. Der erste Platz sei tatsächlich gleichbedeutend mit dem Status des Einzigartigen. Er bedeute wirklich das Jenseits des Wettbewerbs, dem alle nachjagen. Für diese falsche Gleichung braucht es keinen bösen Willen, keinen teuflischen

Plan. Es ist alleine die Struktur der Rankings, die diesen Mythos befördert – jenen Mythos, der den ersten Platz mit einem Eigenwert versieht, mit Einzigartigkeit auflädt.[63]

Damit ist der objektive Narzissmus eben nicht nur eine reine Hierarchie, sondern auch ein Versprechen, das nur durch den Mythos der Einzigartigkeit funktioniert. Diese Verheißung einer Rangordnung, dass man ihr an der Spitze entkommt, diese Mythisierung des ersten Platzes – dieses »Angebot« weckt und befördert den subjektiven narzisstischen Wunsch. Den Wunsch, der Beste und damit einzigartig zu sein. Und die Rankings, die Evaluierungen – als Vorgabe, als Kontrolle – bedürfen ebendieses Wunsches

Der objektive Narzissmus lebt also von mehreren Als-obs: vom Als-ob der Einzigartigkeit. Und vom Als-ob der Entsprechung: als ob die vorgegebenen Plätze tatsächlich die gesellschaftliche Erfüllung des Narzissmus wären. Nur wenn er dies glaubhaft machen kann, kann er den subjektiven Narzissmus anzapfen. Nur so kann der objektive Narzissmus der Wettbewerbsordnung am subjektiven Narzissmus des Einzelnen parasitieren. Denn nur dann wird das narzisstische Begehren zum Wunsch, die vorgegebenen Plätze in den Rankings einzunehmen. Über den ökonomischen Druck hinaus. Nur dann ist er Druck und Antrieb in einem. Oder anders gesagt: Vom objektiven Narzissmus geht ein Ruf aus, der sich mit dem subjektiven Narzissmus trifft. Eine Anrufung, die im subjektiven Narzissmus ihr Echo hat.

Solcherart bildet er einen neuen Heliotropismus – einen narzisstischen Heliotropismus, der alle an der Sonne des Narzissmus, am Ich-Ideal, an der Einzigartigkeit ausrichtet. Aber diese Sonne ist imaginär. Und gerade weil dieses Ziel ein Mythos – *der* Mythos des Wettbewerbs – ist, gerade deshalb führt dies zu einem notwendigen, zu einem strukturellen Scheitern. Ein Scheitern, das es für Reckwitz nicht gibt – jedenfalls nicht in seiner unerbittlichen Notwendigkeit.

Es ist dies aber nur ein notwendiges Scheitern für den subjektiven Narzissmus – nicht für den objektiven. Letzterem dient der Narzissmus ja nur als Mittel – wie wir gesehen haben. Und er ist ein sehr effizientes Mittel. Dessen Ziel ist ja nicht die Erfüllung der Verheißung, nicht die Realisierung der Einzigartigkeit. Dessen Ziel ist es ja, die Konkurrenz anzutreiben, den Wettbewerb zu steigern, den Kapitalismus weiter zu entfalten.

Dieses Scheitern zeigt, dass die in Aussicht gestellte Überschneidung von objektivem und subjektivem Narzissmus, die sich im Erfolg treffen sollen – also die Deckung von Wunsch und Anforderung –, nur partiell und punktuell ist. Und trotzdem erzeugt ebendies eine Verstrickung, der man sich nur schwer entziehen kann.

Denn der narzisstische Ruf treibt ja die Individuen im Wettbewerb an durch die Aussicht, diesem zu entgehen. Er treibt sie an durch das Versprechen der Einzigartigkeit. Als ob der Wettbewerb zu jenem rettenden Hafen werden könnte, der uns vor dem schützt, was der Wettbewerb tatsächlich bedeutet: die völlige Austauschbarkeit jedes Einzelnen. Von ihm erhoffen wir Heil. Als ob der Wettbewerb uns bergen könnte aus der Gefahr, die er selbst bedeutet – und uns jene Geborgenheit geben könnte, die er selbst verhindert.

Tatsächlich aber erzeugt gerade der Wettbewerb, der das in Aussicht stellt, zweierlei: Er steigert den Narzissmus – und er verhindert zugleich dessen Erfüllung.

Kurzum – der Mythos der Einzigartigkeit, der Mythos der narzisstischen Anrufung, ist unser heutiges Gegenprinzip. Das imaginäre Gegenprinzip zur allgemeinen Austauschbarkeit in den realen Verhältnissen. Einzigartigkeit ist kein neues Strukturprinzip, sondern die Form, in der wir die allgemeine Austauschbarkeit leben. Einzigartigkeit ist das paradoxe Gegenprinzip, das uns antreibt. Das uns dazu bringt, »von alleine« zu funktionieren – das heißt freiwillig. Das Gegenprinzip, dem wir uns unterwerfen – indem wir versuchen, die Erwartungen zu erfüllen, den Anforderungen zu genügen. Ganz von alleine. Im Modus des Selbstantriebs. Der Mythos der Einzigartigkeit, den der objektive Narzissmus befördert, erzeugt das, was wir als freiwillige Unterwerfung bezeichnet haben.

Da ist sie, die freiwillige Unterwerfung! Hier sind wir endlich fündig geworden. Hier haben wir sie in ihrer gegenwärtigen Gestalt gefunden. Hier kämpfen wir Gegenwärtigen für unsere Knechtschaft, als sei es für unser Heil!

Nach diesem Durchgang lautet unser Fazit: Die Konkurrenz ist nicht nur ein zentraler Mechanismus in Gesellschaften, in denen die kapitalistische Produktionsweise herrscht. Die Konkurrenz ist nicht nur zu einem verallgemeinerten und entgrenzten Mechanismus geworden, der in allen gesellschaftlichen Bereichen um sich greift. Diese Konkurrenz ist heute ein veränderter Mechanismus. Und das ist der springende Punkt. Das ist genau die Veränderung, die wir gesucht hatten: Es ist der Wettbewerb selbst, der sich verändert hat. Er funktioniert nun mittels objektivem und subjektivem Narzissmus. Die Gründe, warum wir mit dem Bestehenden einverstanden sind, haben sich also verändert. Ebenso die Art, wie dieses Einverständnis, wie diese Akzeptanz zustande kommt. Anders gesagt: Der Narzissmus ist Teil der Wettbewerbsbedingungen geworden.

Kapitel 5

Narziss und die Anderen

Wenn nun also der Narzissmus vorherrschend ist. Wenn überall narzisstische Bedingungen vorgegeben werden. Wenn Menschen Narzissten sein dürfen, wollen, sollen, müssen – wie kann man sich dann überhaupt noch eine Gesellschaft denken? Gesellschaftliche Verhältnisse? Müssten dann nicht alle völlig vereinzelt leben – ein Nebeneinander in reiner Selbstbezüglichkeit?

Aber so ist es ja eindeutig nicht. Weder leben wir völlig isoliert voneinander, noch leben wir in den rein negativen Verhältnissen eines »Krieges aller gegen alle«. Wir leben vielmehr in den unterschiedlichsten Verhältnissen. Das ist kein kleines Rätsel: Narzissmus ist doch *das* anti-gesellschaftliche Prinzip schlechthin. Und trotzdem leben wir heute in Gesellschaft. In Gesellschaften, die mit und durch Narzissmus funktionieren. Hat man früher viel Aufwand getrieben, um die Eigenliebe einzubremsen. Hat man viele Vorkehrungen getroffen, um Narzissmus einzudämmen, eben weil dieser den gesellschaftlichen Verhältnissen hinderlich ist – so verhält es sich heute geradezu umgekehrt: Heute ist es die Gesellschaft, die den Narzissmus befördert. Kurzum, wir leben in einer Gesellschaft neuen Typs, die man nicht anders als eine narzisstische Gesellschaft bezeichnen kann – im vollen Bewusstsein der Widersprüchlichkeit, die das bedeutet.

Um diesen Widerspruch denken zu können, um also eine narzisstische Gesellschaft denken zu können, muss es im Narzissmus etwas geben, das über dessen inhärentes anti-gesellschaftliches Prinzip der Selbstbezüglichkeit hinausgeht. Es muss also im Narzissmus noch etwas geben – über das bisher Betrachtete hinaus.

Wir werden uns nun auf die Suche nach dem Narzissmus als gesellschaftliches Phänomen begeben. Nach der Übersetzung des Narzissmus ins Ökonomische, der wir in Kapitel 3 und 4 nachgegangen sind, machen wir uns nun also auf die Suche nach seiner Übersetzung ins Gesellschaftliche. Narziss und die Anderen gewissermaßen. Dies ist die Suche nach jenen Phänomenen, die unsere Gesellschaft nicht jenseits des Narzissmus situieren, sondern sie vielmehr durch Narzissmus bestimmen. Ausgangspunkt und Wegweiser auf dieser Suche ist uns Freuds Gedanke, mit dem seine Studie aus dem Jahr 1921 zur »Massenpsychologie und Ich-Analyse« einsetzt: Eine strikte Trennung zwischen »sozialen Phänomenen« und »narzißtisch genannten Vorgängen« ist nicht aufrechtzuerhalten.[64] Narzisstische Vorgänge haben eine soziale Dimension – und soziale Phänomene können narzisstische Komponenten aufweisen. Gerade diese Verbindung ist für uns entscheidend, wenn wir Narzissmus als vorherrschende Ideologie betrachten wollen.

Für unsere Suche müssen wir uns noch einmal der Laufbahn des individuellen Narzissmus zuwenden, der wir in Kapitel 2 bereits begegnet sind. Dass die Geschichte des Narzissmus im Seelenleben des Einzelnen zwei Etappen kennt, ist das, was für uns nun bedeutsam wird.

Rekapitulieren wir: Die erste Etappe ist die symbiotische Einheit des Babys mit seiner Umwelt, die es noch nicht von sich unterscheiden kann. Dies nennt Freud den »primären Narzissmus« – das perfekte Glück einer ungehemmten Allmacht. Es ist eine Erfahrung, an die man keine bewusste Erinnerung hat. Im späteren Leben drängt sich dieses verlorene Paradies dem Bewusstsein nur als eine Ahnung, als ein Gefühl auf: als »ozeanisches Gefühl« einer Verbundenheit mit der Welt, mit dem Weltganzen. Es ist das Gefühl einer unbestimmten Sehnsucht. Unbestimmt, da man es mangels bewusster Erinnerung inhaltlich nicht bestimmen kann. Sehnsüchtig aber, da es nach einem verlorenen Glück strebt.

Was einen aus diesem narzisstischen Paradies vertreibt, ist die Begegnung mit der Realität, die als Störung in Erscheinung tritt: als Druck der kulturellen und ethischen Vorstellungen, mit denen das glückliche Selbstverhältnis in Konflikt gerät. Diese Vorstellungen treten als gesellschaftliche Anforderungen an das Kind heran. Zuerst durch die Eltern, dann durch andere Autoritäten. Es sind diese Anforderungen, die den Narzissmus verwandeln: Er wird zum Ideal. Dieses Ich-Ideal wird, um Freuds schöne Formulierung noch einmal zu zitieren, zum »Ersatz für den verlorenen Narzissmus der Kindheit«.

Damit, mit dieser Verschiebung, beginnt die zweite Etappe: der »sekundäre Narzissmus«. Nunmehr gilt die Selbstliebe, die früher dem Ich zukam, diesem Ideal. Anders gesagt: Der sekundäre Narzissmus bedeutet Unterwerfung unters Ideal.

Wir müssen hier noch einmal festhalten: Das Ideal kommt dem Ich von außen zu. Es wird ihm, so Freud, »von außen aufgenötigt«. Damit hat das Ich-Ideal aber einen besonderen Status: Es hat individuelle und soziale Anteile zugleich. Mit der Idealbildung wandern gesellschaftliche Vorstellungen ins Innere des psychischen Apparats ein: gemeinsame Ideale »einer Familie, eines Stands, einer Nation«.[65] Über das Ideal ist der Narzissmus sozusagen vergesellschaftet. Das Ich-Ideal ist Statthalter der Gesellschaft im Subjekt.

Die Frage der Gesellschaftlichkeit ist dem Narzissmus also – in seiner sekundären Variante – von Grund auf eingeschrieben. Die Gesellschaft steckt im Intimsten der psychischen Struktur.

Insofern ist der sekundäre Narzissmus eine zutiefst widersprüchliche Formation: Er wird von zwei gegensätzlichen Tendenzen gebildet. Auf diese beiden Momente wollen wir unser Augenmerk legen, denn sie sind zentral für unsere Fragestellung. Auf der einen Seite das ozeanische Gefühl: die Sehnsucht nach einem Zustand, wo es noch keine Differenz zwischen Innen und Außen gab. Das Streben, diesen Glückszustand, wo man eins mit der Welt war, wiederzugewinnen. Auf der anderen Seite aber steht ein forderndes Ideal. Eine drängende Vorstellung von Vollkommenheit. Die anspruchsvolle Vorgabe eines vollkommenen, eines idealen Ichs. Kurzum – das Ozeanische und das Ideal.

Damit steht der verwandelte, der erwachsene, der sekundäre Narzissmus sowohl im Zeichen einer Nostalgie als auch im Zeichen eines Ideals: Er verbindet in aller Widersprüchlichkeit die Sehnsucht nach Ich-Auslöschung im Ozeanischen mit dem Streben nach Ich-Steigerung hin zum Ideal. Für uns sind beide Momente des sekundären Narzissmus von Bedeutung.

Das, was eine »narzisstische Befriedigung« sein kann – also jene Befriedigung, die man aus dem sekundären Narzissmus ziehen kann –, ist an diesen beiden Momenten festzumachen. Wobei »narzisstische Befriedigung« ein widersprüchlicher Begriff ist, ist doch Narzissmus grundsätzlich unerfüllbar: Weder lässt sich das ozeanische Sein des primären Narzissmus tatsächlich einholen – noch lässt sich das Ideal mit seinen Vorgaben der Vollkommenheit erfüllen. Halten wir fest: Die »narzisstische Erfüllung« ist doppelt – und doppelt unmöglich. In diesem Sinne ist Narzissmus ein ebenso ständiges wie uneinlösbares Drängen. Es lässt sich nicht stillstellen, also wirklich befriedigen.

Und dennoch gibt es Mittel und Wege – nicht zu einer tatsächlichen, aber zu einer partiellen Erfüllung. Wir wollen diese Mittel und Wege als »narzisstische Krücken« bezeichnen.[66]

Auf solchen narzisstischen Krücken können wir Annäherungen schaffen – sowohl ans ozeanische Gefühl einer Einheit mit der Welt als auch an die strengen Vorgaben des Ideals. Die narzisstischen Krücken liefern Übersetzungen dieser beiden Unmöglichkeiten. So wie der sekundäre Narzissmus des Erwachsenen eine Übersetzung des hoffnungslos verlorenen primären Narzissmus ist – und so wie der sekundäre Narzissmus eine Ersatzbildung, ein Kompromiss zwischen seinen widersprüchlichen Strebungen ist –, so sind auch die narzisstischen Krücken ein Ersatz: Ersatz für die unmögliche Befriedigung des narzisstischen Strebens. Sie bieten »Erfüllungen« für das, was nicht erfüllbar ist: Ersatzbefriedigung für das ozeanische Gefühl und Ersatzerfüllungen für die Forderungen des Ideals.

Wir wollen zwei Arten solcher narzisstischen Krücken unterscheiden, die das genaue Gegenbild voneinander sind: den Erfolg und die Gemeinschaft. Wobei jede dieser zwei Krücken jeweils beide Elemente, das Ozeanische und das Ideal, in ihrer Weise übersetzen. Wir haben also zwei Krücken mit je zwei Momenten. Bevor wir diese gesondert betrachten, wollen wir aber festhalten, was beiden zukommt.

Beide narzisstische Krücken beruhen auf einem zutiefst gesellschaftlichen Prinzip: der Anerkennung. Diese ist aber eine sehr spezifische Anerkennung. Sie steht in deutlichem Kontrast zu jener Anerkennung, die der deutsche Philosoph Axel Honneth zu seinem zentralen Konzept gemacht hat.

Für Honneth beruht Gesellschaft auf der Erfahrung wechselseitiger Anerkennung. Diese bedeutet die »wechselseitige Beschränkung der eigenen, egozentrischen Begierde zugunsten des jeweils Anderen«.[67] Wir bestätigen, wir affirmieren, wir anerkennen uns also gegenseitig durch die jeweilige Einschränkung unserer Selbstliebe und Selbstsucht. Anerkennung ist hier also grundlegend reziprok und anti-narzisstisch.

Wobei Honneth zwei Arten von Anerkennung unterscheidet: eine positive Variante, die die Subjekte ermächtigt, die ihre persönliche Autonomie befördert. Und eine negative Variante, die er heute allerorts am Werke sieht und die nur ein »Surrogat« von Anerkennung sei – die also unter dem Deckmantel der Anerkennung, der Belobigung, wie Honneth sagt, die Menschen unterwirft – sie in die freiwillige Übernahme konformen Verhaltens einübt.

Wir stimmen mit Honneth nicht überein. Zum einen weil Ermächtigung und Unterwerfung für uns nicht zwei unterschiedliche Versionen sind, eine gute und eine schlechte – vielmehr verstehen wir unter freiwilliger Unterwerfung gerade das Zusammenfallen, die Gleichzeitigkeit von Ermächtigung und Unterwerfung. Genau darin liegt ja die tiefe Verstrickung des Einverständnisses mit dem Bestehenden. Zum anderen aber erweist sich die heute gesellschaftsbestimmende Anerkennung in allen Punkten als Gegenteil von Honneths Konzeption.

So dient die heute vorherrschende Anerkennung in keiner Weise der Einschränkung der Selbstliebe. Sie ist vielmehr die Form, diese »auszuleben«. Es handelt sich also um eine narzisstische Anerkennung. Und eine solche ist eben keine reziproke, wechselseitige, symmetrische Anerkennung. Ganz im Gegenteil. Es handelt sich vielmehr um eine asymmetrische Anerkennung des Einen durch die Anderen. Anerkennung bedeutet in diesem Fall: ein spezifisch narzisstisches Verhältnis zu den Anderen – ein narzisstisches Gesellschaftsverhältnis also.

Was haben wir also? Wir haben narzisstische Krücken, die uns eine »narzisstische Befriedigung« durch spezifische Anerkennungsverhältnisse versprechen. Oder uns zumindest eine partielle, eine Ersatzbefriedigung in Aussicht stellen. Diese narzisstischen Krücken sind, wie gesagt, zwei: der Erfolg und die Gemeinschaft, die jeweils zwei Übersetzungen – die des Ideals und die des Ozeanischen – bieten müssen, um als Krücke zu funktionieren. Wir wollen nun diesen beiden Krücken mit ihren jeweiligen Momenten nachgehen.

Die narzisstische Krücke 1: Der Erfolg

Der Erfolg und das Ich-Ideal

Es ist eine Binsenweisheit, dass Erfolg für unser gesellschaftliches Sein zentral ist. Aber was bedeutet Erfolg – und warum laufen die Menschen diesem mit größtem Aufwand hinterher? Anders gefragt: Was für ein Versprechen birgt der Erfolg?

Erfolg bedeutet Anerkennung im Sinne von Affirmation, von Bestätigung. Und dies in all seinen Formen: vom flüchtigen Lob bis zum tosenden Applaus. Erfolg ist also nicht nur das, was der so genannten Spitze der Gesellschaft vorbehalten wäre. Das Verlangen, das Streben ebenso wie die Erwartung, die Forderung, die sich Erfolg nennt, durchzieht und taktet vielmehr die gesamte Gesellschaft: vom System der »kleinen Chefs« – also den hierarchischen Abstufungen innerhalb eines Unternehmens – bis hin zu den Stars und der Prominenz. Erfolg reicht von den kleinen Gratifikationen bis hin zum rauschenden Triumph.

Laut dem Stadtplaner und Theoretiker Georg Franck ist die heutige Währung des Erfolgs die Aufmerksamkeit[68]: also das Gesehen-, das Wahrgenommen-Werden. Dieses Wahrgenommen-Werden sei, so Franck, unser »tragendes Lebensgefühl«. Dabei gehe es ebenso um die Reputation wie um die Attraktion, die man auf Andere ausübt. Es geht also ebenso um die Anerkennung der Leistung wie um die Anerkennung der Person.

Aber was genau passiert dabei? Lernen wir tatsächlich »im

Spiegel des anderen Bewusstseins« unser Selbst kennen, wie Franck schreibt? Werden wir im Erfolg als Person wahrgenommen, wie Richard Sennett schreibt?

Aus unserer Perspektive ist dies eindeutig zu verneinen. Erfolg bedeutet nicht, als Person wahrgenommen zu werden. Sonst könnte der Erfolg nämlich keine narzisstische Befriedigung verschaffen. Eine solche, eine Befriedigung des »erwachsenen«, des sekundären Narzissmus, kann es nur geben, wenn diese aus dem Ich-Ideal kommt. Im Erfolg, in der Aufmerksamkeit, im Lob, im Applaus werden wir also nicht als Person, nicht in unserem Ich wahrgenommen. Ganz im Gegenteil: Im Erfolg verdoppeln wir uns gewissermaßen.

Das gilt ebenso vor einem vollen Haus wie bei einer anerkennenden Erwähnung in der Alltagsarbeit. Ob im flüchtigen Moment des Lobs oder im anhaltenderen des Applauses oder gar des Ruhms – die Struktur bleibt gleich. Auch wenn die Dosierung, die Intensität und vor allem die gesellschaftlichen und ökonomischen Folgen massiv variieren – die Struktur des Vorgangs bleibt durch alle gesellschaftlichen Bereiche gleich. In diesem Sinne beschränkt sich der Vorgang eben nicht auf die Prominenz, sondern durchzieht die gesamte Gesellschaft.

Im Erfolg verdoppelt man sich, da man im Erfolg als Verkörperung des Ideals, des idealen Ichs wahrgenommen wird. Erfolg, Aufmerksamkeit ist also die äußere Bestätigung, dass man dem Ideal »entspricht«. Dass man es »erfüllt«. Dass man mit der Vollkommenheit des Ideals ein Stück weit, einen Moment lang »übereinstimmt« – in welcher Dosierung auch immer.

Im Erfolg verdoppeln wir uns in eine profane und in eine erhabene Gestalt, könnte man in Anlehnung an die mittelalterliche Vorstellung von den »zwei Körpern des Königs« sagen. Nach dieser Fiktion vereint der König zwei Körper in sich: seinen natürlichen, sichtbaren und den erhabenen, unsichtbaren Körper des Volkes. Uns dient diese Fiktion hier lediglich als Analogie für das, was wir im Erfolg erfahren: die zwei Köper des Ichs sozusagen. In dieser Verdoppelung ist der profane Körper, die profane Gestalt diejenige unseres Ichs – die »erhabene« Version aber ist diejenige unseres Ideal-Ichs. Im Erfolg, in jedem Erfolg, wird man (kurzfristig oder anhaltend) zur Verkörperung seines Ideals. Im besseren Fall wird man zur Inkarnation – im schlechteren Fall zum »Darsteller seines Ideals«, wie man mit Nietzsche sagen könnte. Im Erfolg, in der Aufmerksamkeit, im Lob, im Applaus wird man als Verkörperung des Ideals wahrgenommen. Von daher rührt auch das Triumphgefühl, das sich in solchen Momenten einstellt: Es ist der Triumph, seinem Ideal-Ich zu entsprechen – ob dies nur ein Aufblitzen oder anhaltender ist. Dieses Triumphgefühl ist die »narzisstische Befriedigung«. Man gewinnt sie aus der bestätigten Erfüllung des Ich-Ideals.

Und genau an diesem Triumphgefühl wird die gesellschaftliche Verschiebung deutlich, um die es uns geht. Denn hier zeigt sich der Unterschied zwischen der Vorherrschaft des Ich-Ideals und jener des Über-Ichs[69]: Das strenge Über-Ich ist ein Regime, wo sich ein Triumphgefühl nur dann einstellt, wenn man die strikten Vorgaben übertritt, wenn also die strafende Instanz kurz außer Kraft gesetzt wird.[70] Das Ich-Ideal hingegen ist eine Instanz, wo das Triumphgefühl in der – vermeintlichen oder partiellen – Erfüllung der Vorgaben liegt. Und Erfolg ist die Erfahrung, die uns dieses Erfüllen zu bestätigen scheint.

Was aber ist dieses Ich-Ideal, das wir erfüllen sollen? Worin besteht es? Wie hat man sich dieses vorzustellen? Das *Ich-Ideal* ist eine psychische Instanz, die als Vorbild das Ich fordert, beobachtet und am Ideal misst. Das *Ideal-Ich* wiederum ist jener Teil, der dazu das entsprechende Bild bereitstellt: das Bild der Vollkommenheit, des vollkommenen Ichs. Dieses Bild ist, ebenso wie das Ideal insgesamt, jeweils verschieden: Denn es umfasst sowohl einen ganz individuellen Anteil als auch das kollektive Ideal einer Familie, eines Standes, einer Nation – wie wir bei Freud gesehen haben. Es ist also das individualisierte Ideal einer Zeit, eines Milieus, einer Klasse. Insofern ist das Ideal variabel.

Daraus folgt ein weiterer Unterschied zum Über-Ich: Dessen Vorgaben haben die Struktur eines Gesetzes, das befolgt werden muss. Während das Ich-Ideal eben ein Vorbild, ein vollkommenes Ich ist. Als Bild präsentiert es uns eine Vollkommenheit, die darin besteht, größer, besser als das Ich zu sein. Insofern ist das Über-Ich zwingend, wie Lacan schreibt, das Ich-Ideal hingegen exaltierend. Narzissmus bedeutet also eine Steigerung. Die Formel des Narzissmus ist somit die Steigerung des Ichs, das Über-sich-Hinauswachsen – als Annäherung an das Ideal.

Daran wird auch deutlich, dass Narzissmus nicht Selbstverwirklichung meint. Im Narzissmus geht es nicht um eine wie auch immer geartete Verwirklichung des Ichs, sondern um ein Über-sich-hinaus-Gehen. Narzissmus bedeutet Streben nach dem Ideal – ein Streben, das zugleich Steigerung hin zum Ideal und damit Unterwerfung unter dieses ist.

In diesem Sinne sieht der sekundäre Narzissmus nicht überall sein Ich. Er ist zwar ein Spiegelverhältnis. Aber was sich hier spiegelt, ist eben nicht das dürftige, unzulängliche Ich, sondern dessen vollkommene Version – das Ideal. Das ist es, was der sekundäre Narzissmus überall sucht: nicht sein Ich, wie man meinen könnte, sondern sein Ideal-Ich.

Der deutsche Philosoph Ludwig Feuerbach hat schon 1849 solch ein Verhältnis skizziert. In seiner Religionskritik zeigt er, dass die Vorstellung von Gott genau solch einem besonderen Spiegelverhältnis entspricht. Man blickt in Gott in seinen eigenen Spiegel, denn »Gott ist der Spiegel des Menschen«[71] – aber was sich in Gott spiegelt, ist nicht der Mensch in seiner Unzulänglichkeit, sondern eben der Mensch in seiner idealisierten Vollkommenheit. Als Spiegelbild ist Gott der »Inbegriff aller menschlichen Vollkommenheit«.

Halten wir fest: Narzisstische Befriedigung zieht man aus der Gestalt seiner Vollkommenheit, aus seinem Ich-Ideal (dem ja, wie wir gesehen haben, die erwachsene Selbstliebe gilt). Aber dazu, für solche Befriedigung, bedarf es der Anderen. Und diese haben dabei eine spezifische Funktion: Sie sind das urteilende Publikum.

Hier sind sie also – die Anderen. Kamen diese in Kapitel 4 hauptsächlich als Konkurrenten vor, so begegnen wir ihnen nunmehr als Publikum. Und im Publikum werden wir dann auch – so viel sei schon verraten – die zweite narzisstische Krücke, die der Gemeinschaft, finden. Zunächst einmal gilt es aber, das Publikum in Bezug auf den Erfolg zu betrachten.

Wenn es um die Frage geht: Entspreche ich meinem Ideal – dann kommt es dem Publikum zu, dies zu prüfen, zu messen, zu beurteilen und gegebenenfalls zu bestätigen. Das Publikum hat kein wirklich objektives Kriterium dafür, ob man das Ideal nun erfüllt oder nicht. Es kann nur die Illusion einer Übereinstimmung mit dem Ideal bestätigen. Zumindest vorübergehend. Eine fragile, eine prekäre Bestätigung, die stets wieder entzogen werden kann. Ob nun das Chefpublikum (im Moment des Lobs wird selbst der Chef kurzzeitig zu einem solchen), das Klientenpublikum, das Kollegenpublikum oder ein sonstiges – das jeweilige Publikum übernimmt die Funktion des Beobachters und des Zensors. Es wird zum Wächter über das Ideal. Das sind aber genau die Funktionen, die unserer psychischen Instanz zukommen: Das Ich-Ideal beobachtet, prüft, misst und beurteilt, ob das Ich dem Ideal entspricht. Oder eben nicht. Das jeweilige Publikum übernimmt also die Funktion meines Ich-Ideals. Für den Moment. Genauer gesagt teilt man sich die Funktionen auf: Ich werde zum Darsteller des Ideals, zur Verkörperung des Ideal-Ichs – während das Publikum den Part der Instanz als Beobachter und Zensor übernimmt. Gemeinsam setzen wir also das Ganze dieses psychischen Verhältnisses in Szene.

Dabei passiert aber etwas Merkwürdiges.

Erinnern wir uns: Das Ideal war ja die Verinnerlichung der kulturellen und ethischen Vorgaben. Es war die Verinnerlichung der gesellschaftlichen Forderungen, die zum Ideal erhoben wurden. In unserer Szene, die das Ich mit dem Publikum aufführt, wird diese innere Instanz – kurzfristig – wieder nach außen verlagert. Das Publikum ist also in diesem Moment, als Stellvertreter meines Ich-Ideals, ein nach außen getretenes, ein veräußerlichtes Innen.

Das aber bedeutet: Das Publikum ist kein wirkliches Außen. Das Publikum ist kein wirklicher Anderer.

Genau hier löst sich der Widerspruch, mit dem dieses Kapitel eingesetzt hat: die Frage nach dem Verhältnis von Gesellschaft und Narzissten. Der sekundäre Narzissmus ist – in seiner ursprünglichen Gesellschaftlichkeit – auf den Anderen angewiesen. Er kann nur über Andere gelebt werden. Die narzisstische Selbstbezüglichkeit bedarf der Gesellschaft – aber diese Gesellschaft, dieser Andere wird als Publikum zu *meinem* Anderen, zu *meinem* Außen.

Narzissmus ist also beides: Ein Selbstverhältnis mittels Publikum. Und eine Selbstbezüglichkeit als Form, sich zu vergesellschaften. Die narzisstische Krücke des Erfolgs hat sich also als ein erstaunliches gesellschaftliches Verhältnis erwiesen: eine Anerkennung, die weder symmetrisch und wechselseitig, noch anti-narzisstisch ist.

Dieses gesellschaftliche Verhältnis ist ein ständig wechselndes. Denn die Szenerie der narzisstischen Anerkennung ist völlig beweglich. Jeder wechselt heute ständig zwischen den beiden Funktionen: zwischen jener des Publikums und jener, der die Aufmerksamkeit gilt. Wir sind permanent Publikum für die Anderen – und manchmal (mit Glück) die Bedachten.

Zu diesem ständigen Wechsel gehört auch – in einer Gesellschaft, die aus dem narzisstischen Antrieb eine Forderung macht – die Vervielfachung der Arenen, wo man sich als erhöhtes, als erhabenes, als gesteigertes Ich präsentieren kann. Oder soll. Oder muss. Oder zumindest als »Darsteller seines Ideals«, als Surrogat seines erhabenen Ichs.

Nehmen wir etwa Selfies. Ein Phänomen, das in seiner Banalität und Allgegenwart strukturell all die genannten Elemente in ihrer schlichtesten Form aufweist: ein Publikums-Verhältnis, das technisch hergestellt wird (wobei hier mit Technik sowohl der Stick als verlängerter Arm als auch die Aufnahme und das Hochladen gemeint sind). Ein Publikums-Verhältnis also, das jeder herstellen kann und das gar keines realen Publikums mehr bedarf, wird es doch auf ein virtuelles (etwa in sozialen Netzwerken) ausgelagert. Hier zeigt sich die Struktur in all ihrer Nacktheit. Dazu gehört auch die holzschnittartige Verdoppelung des Ichs – in denjenigen vor und in denjenigen in der Kamera. Wobei Letzterer ein Bild, ein Surrogat des Ideals ist, das seine »höheren« Weihen, seine Erhabenheit nur dem Faktum des Ausgestellt-Seins verdankt. Es ist dies also die Reduktion auf eine technisch reproduzierte Verdoppelung. Das hat übrigens auch zur Folge, dass eine ehemals zentrale gesellschaftliche Kategorie heute erodiert: die Scham. Weil man als ganze Person gefordert ist, darf, kann, soll und muss man sich als ganze Person ausstellen. So bildet Schamlosigkeit ein wesentliches Moment des narzisstischen Gesellschaftsverhältnisses.

Der Erfolg und das ozeanische Gefühl

Damit Erfolg tatsächlich als narzisstische Krücke funktionieren kann – damit Erfolg also tatsächlich »narzisstische Befriedigung« verschaffen kann, fehlt aber noch etwas. Wir haben ja gesehen, dass der sekundäre Narzissmus aus zwei widersprüchlichen Elementen besteht: aus dem Ich-Ideal einerseits und aus den Resten des kindlichen Allmachtsgefühls andererseits – jene Reste, die sich uns als ozeanisches Gefühl, als Sehnsucht nach Verschmelzen, nach Einheit, nach Ununterscheidbarkeit zwischen Ich und Welt aufdrängen.

Den ersten Moment, den Bezug des Erfolgs zum Ich-Ideal, haben wir betrachtet. Offen ist also noch das zweite Moment – die Übersetzung des ozeanischen Seins, die Erfüllung der ozeanischen Sehnsucht, die der Erfolg zu bieten hat.

Dabei stellt sich die Frage: Wie erleben wir die Aufmerksamkeit, die Anerkennung, die Bestätigung? An dieser Frage halten wir fest, dass die äußere Bestätigung ein Erlebnis für uns ist. Aber um welche Art von Erlebnis handelt es sich dabei?

Erfolg erleben wir als Bestätigung, dass wir dem Ideal entsprechen. Eine andere Formulierung dafür lautet: Wir erleben uns im Erfolg als volle Identitäten.[72] Volle Identität bedeutet also, dem Ideal, dem idealen Ich zu entsprechen. Wir haben es hier mit einem Zirkel zu tun. Denn das Ideal – vergessen wir das nicht – kann nie erfüllt, nie erreicht werden. Volle Identität bedeutet also eine unmögliche, eine rein illusionäre »Deckung« mit dem idealen Ich (wer entspricht schon seinem Ideal?), die aber von einer äußeren Bestätigung getragen wird: dem Erfolg. Wenn aber die Übereinstimmung mit dem Ideal unmöglich ist, dann ist es deren Bestätigung auch – nämlich unmöglich. Wer kann solches schon tatsächlich bestätigen? Erfolg ist also das Ganze einer Gleichung, die zwei unmögliche Elemente miteinander verbindet: eine durchs Publikum bestätigte volle Identität.[73] Diese bestätigte Einheit, dieses Einssein mit seinem Ideal, diese Überwindung der eigenen Gespaltenheit ist ein durch und durch imaginäres Erlebnis. Und dennoch ist es das zentrale Erlebnis, dem wir alle ein Leben lang hinterherlaufen.

Es ist das Erlebnis – wie imaginär es auch sein mag –, dass sich alles auf mich bezieht. Dass ich alles auf mich beziehen kann. Ich erlebe, dass der Fokus auf mich gerichtet ist – das macht mich zum Zentrum (unabhängig davon, wie lange dieses Erlebnis währt). Genau um dieses Erlebnis geht es: das Erlebnis, Zentrum zu sein. Zentrum der Aufmerksamkeit. Das bedeutet für mich: Zentrum der Welt zu sein.

Und genau dies ist die Übersetzung des ozeanischen Zustands – den das Baby im primären Narzissmus erlebt – in die gesellschaftliche Form des sekundären Narzissmus. Das alte ozeanische Erleben war ein Einssein mit der Welt. Dieses stellt sich nun durch die Anerkennung wieder ein. Aber dieses Einssein geht aus der Übersetzung verwandelt hervor: Ich erlebe es nunmehr als Zentrierung der Welt auf mich. Der Erfolg rückt mich ins Zentrum. Das erlebe ich als Schließung, als »Vollendung« meines ganz persönlichen Universums. Das narzisstische Einssein ist also: meine Einheit mit der Welt, die ich als meine erlebe, weil ich in deren Zentrum stehe – und sei es nur für den kurzen Moment eines anerkennenden Lobes. So sind etwa die beliebten Selfies vor historischen Orten, vor imposanten Gebäuden – um noch einmal auf dieses Beispiel zurückzukommen – das geradezu banale Bild einer solchen Zentrierung.

Man muss hinzufügen: Erfolg ist eine passive Form, die Welt zu »meiner« zu machen, sie als meine zu erleben. Silicon-Valley-Oligarchen wie Peter Thiel wollen dieses Erlebnis hingegen aktiv herstellen. Nicht als Empfangen von Lob, sondern als tatsächlichen Umbau der Welt. Wir aber ersehen daran, was das Erlebnis der eigenen Fülle bewirkt: eine grundlegende Passivität bei gleichzeitiger Allmachtsphantasie. Ein ozeanisches Erleben eben.

Das Erlebnis, im Zentrum zu stehen, ist ja genau das: das Erlebnis des Ozeanischen für den – aus dem primären narzisstischen Paradies vertriebenen – Erwachsenen. Damit lässt sich dieses Paradies gewissermaßen »einholen«. Auch wenn sich dieses Ozeanische in einigen Punkten stark verändert hat.

So hat sich die Position des Ichs in ihr Gegenteil verkehrt. Im ursprünglichen ozeanischen Erlebnis des Babys geht das Ich in der Verschmelzung mit dem, was noch nicht einmal Außenwelt ist, auf. Nunmehr ist daraus die Zentrierung aufs Ich geworden. Kann man sagen, das neue ozeanische Erleben sei dessen »reife« Form? In jedem Fall führt dieses Ozeanische den Erwachsenen nicht zu einer Auslöschung seines Ichs. Ganz im Gegenteil: Es führt vielmehr zu einer Potenzierung, zu einer Steigerung des Ichs, das in einer besonderen, neuen Einheit mit seiner Welt steht – nämlich in deren Zentrum.

Genau hier stoßen wir auf den eingangs erwähnten Widerspruch: Die Sehnsucht nach Ich-Auslöschung, die uns ein Leben lang begleitet, verkehrt sich in das Streben nach Ich-Steigerung.

Was sich aber auch verändert hat, das ist der Kreis. Wir haben in Kapitel 2 gesehen, dass Caravaggio zur Darstellung der Selbstbezüglichkeit des Narziss nicht zufällig die Form eines Kreises gewählt hat. Der narzisstische Weltbezug ist jener, wo man selbst mit der Welt einen Kreis bildet.

Der gesellschaftliche Narzissmus aber hat diesen einsamen Kreis des Caravaggio verlassen. Er bezieht ein Publikum mit ein. Mehr noch: Er bedarf existentiell des Publikums. Denn dieses muss ja die Übereinstimmung mit dem Ideal bestätigen. Jene Übereinstimmung, die das sekundäre ozeanische Gefühl – das Erlebnis, Zentrum zu sein – erst erzeugt. Dieser Narzissmus ist also publikumsbedürftig, seine Selbstbezüglichkeit ist gesellschaftsbedürftig. Aber in einem sehr spezifischen Sinn: Denn diese Anderen, deren der sekundäre Narzissmus bedarf, sind keine wirklichen Anderen. Sie haben nicht die Funktion von Anderen. Sie sind Publikum. Im Applaus werden sie zu meinem Publikum, zu meinem Spiegel. Das narzisstische Anerkennungsverhältnis ist ein Spiegelverhältnis. Das bedeutet: Die unmögliche »narzisstische Befriedigung« ist nur über ein Außen zu erreichen, über eine Außenwelt, die genau in dem Moment kein wirkliches Außen mehr ist, sondern zu meinem Außen wird: Die Außenwelt löst sich ins »Innere« meiner Welt auf – für diesen Moment.

Ein entscheidendes Erlebnis. Denn in diesem Erlebnis, Zentrum zu sein, verwandelt sich eine Welt, die grundlegend unverfügbar ist, in eine Welt, die die meine ist. (Oder besser gesagt: zu sein scheint). Die narzisstische Anerkennung verwandelt eine fremde Welt in eine Welt, in der man gewissermaßen zu Hause ist, sich zu Hause wähnt. Wie kurz und imaginär dieses Erlebnis auch immer bleibt. Es leuchtet ein, dass dies ein Sehnen auslöst. Es macht geradezu süchtig. Umso süchtiger, je mehr Anerkennung man bekommt. Süchtig, weil genau darin die »narzisstische Befriedigung« liegt: So wie die Anerkennung die Ersatz-Erfüllung des Ideals ist, so ist die Zentrierung die Ersatz-Erfüllung des Ozeanischen. Beide Momente des sekundären Narzissmus sind also bedient. Damit erweist sich der Erfolg als (erste) vollwertige Krücke des Narzissmus – vollwertig, da sie eben eine »narzisstische Befriedigung« bieten kann. Wenn auch nur unter Anführungszeichen.

Wir müssen hier mehrerlei anmerken:

Solche Zentrierung aufs Ich (wie momentan auch immer) entspricht der fiktiven, imaginären Einheit mit der Welt, die Freud im Animismus analysiert hat. Der Animismus, also die

Lehre von den geistigen Wesen und der Glaube an die Beseeltheit der Natur, ist laut Freud ein Denksystem, das »das Ganze der Welt als einen einzigen Zusammenhang, aus einem Punkte« begreift.[74] Und dieser Punkt ist das Ich, das sich zum Zentrum erhoben hat – und die Welt zum »Spiegelbild« seiner selbst macht.

In Freuds Terminologie wäre also das, was wir durch Lob, durch Erfolg, im Augenblick des Applauses erleben, eine Art Regression, eine Rückentwicklung: Man muss Freuds Fortschrittskonzept[75] nicht teilen, um Narzissmus als Regression zu einem magischen Weltverhältnis zu verstehen: Ich im Zentrum – das ist das magische Weltverhältnis, auf dessen Suche wir alle sind. Ein Weltverhältnis, dem die heutige Gesellschaft in einzigartiger Weise Vorschub leistet – und sei es auch nur für die Magie des Augenblicks.

Befördert wird dies dadurch, dass Narzissmus zu einer Anrufung geworden ist. Das, was Teil unserer psychischen Disposition ist, tritt uns heute als äußerliche Forderung seitens der Gesellschaft entgegen. Genauer gesagt: als Forderung und als Versprechen zugleich – als jene Steigerung des Ichs, die »narzisstische Befriedigung« verheißt. Solche selbst geleistete Ich-Steigerung aber ist eine eminente Ressource. Anders gesagt: Das Freisetzen dieser exaltierenden Kräfte ist von großem gesellschaftlichen Nutzen. Weshalb dieses Streben heute eben nicht mehr gezügelt, nicht mehr moralisch gebremst, nicht mehr in die Schranken gewiesen wird.

Interessant dabei ist, dass dieses ich-steigernde Ideal zwar massive Auswirkungen auf jeden von uns hat – und dennoch nicht einfach zu einem kollektiven, massenhaften Größenwahn führt. Warum führt der erlaubte, der geforderte, der provozierte Narzissmus nicht dazu? Natürlich trägt er die Möglichkeit eines solchen Entgleisens immer in sich. Aber dennoch:

Warum ist diese Exaltierung der Ich-Strebungen, diese Steigerung der Kräfte zugleich enthemmt – und dennoch eingehegt? Angeregt – ohne zu einer völligen Überhitzung zu führen? Eine begrenzte Hybris sozusagen.

Der Verweis, dass es sich nur um eine imaginäre Allmacht, nur eine gespiegelte Aufrüstung unserer Ichs handelt, greift zu kurz. Das Imaginäre daran würde den Größenwahn ja keineswegs verhindern.

Tatsächlich ist solch eine begrenzte narzisstische Anrufung möglich, weil diese eben nicht nur Steigerung, sondern zugleich auch Unterwerfung ist. Weil sie eben nicht nur Befreiung der Ich-Triebe, sondern auch deren gesellschaftliche Eingemeindung ist. Weil sie eben die Form der freiwilligen Unterwerfung heute ist. Keine wirkliche Ermächtigung, sondern eine Steigerung des Ichs, die durch ein System von kleinen und großen »narzisstischen Befriedigungen« Einverständnis herstellt. Und genau darüber wird das »leidenschaftliche Verhaftet-Sein« mit den Verhältnissen befördert.

Was aber noch hinzukommt, um die Ich-Kräfte zugleich zu entfesseln und in Schach zu halten, ist: Die narzisstische Krücke des Erfolgs ist nicht nur ein Versprechen, sondern auch eine Drohung. Und diese ist um nichts weniger massiv. Diese Drohung lautet: Abwesenheit von Erfolg. Scheitern. Und auch hier gilt die ganze Bandbreite: vom Ausbleiben der Anerkennung über Kritik bis hin zum Shitstorm. Vergessen wir nicht, dass narzisstische Anerkennung und Wettbewerb einander kreuzen. Befördert wird diese Drohung des Scheiterns durch den stets prekären Status jedes Erfolgs, jeder Anerkennung, jeder Aufmerksamkeit.

Prekär ist dieser aber nicht nur ob der stets wankelmütigen Publikumsgunst.[76] Erfolg ist auch deshalb prekär, weil ihm eine inhärente Unmöglichkeit innewohnt. Diese rührt daher, dass er eben nur eine Krücke ist. Ein Ersatz, der nur eine narzisstische Ersatzerfüllung verschafft. Wir treffen hier auf ein allzu bekanntes Motiv wieder: Erfolg ist stets auch eine narzisstische Qual. Dort, wo er ausbleibt, quält uns seine Abwesenheit. Aber er quält auch dort, wo er eintritt. Denn ihm haftet immer ein Ungenügen an. Kurzum – er bleibt eine stets unzureichende Befriedigung.

Exkurs

Die Vervielfachung der Arenen der Selbstpräsentation, die Vervielfachung der Forderungen, der Rufe – kurzum, die Ausrichtung der gesamten Gesellschaft am Erfolg lässt dessen Ausbleiben umso schwerer wiegen.

Aber schon die permanenten Ansprüche und Zumutungen sind nur schwer erträglich. Diese ständige Überforderung verlangt ihren Tribut: Sie erzeugt eine massive Erschöpfung. Erschöpfung sei, schreibt die Soziologin Stefanie Graefe, die passgenaue Erkrankung unserer Zeit.[77]

Wir würden, in Anlehnung an Graefe, sagen: Erschöpfung ist der Schatten, den der Narzissmus wirft. Die ständigen Forderungen aus dem Ideal (und umso mehr das Ausbleiben des Erfüllens) sind, neben allen ökonomischen und gesellschaftlichen Folgen, auch eine ständige narzisstische Kränkung. Die Antwort auf die Krisen des überforderten, des erschöpften Subjekts laute, so Graefe: Resilienz.

Resilienz ist die Fähigkeit, mit Krisen, mit Stress umzugehen. Ebenso wie mit unerwarteten Ereignissen. Resilienz meint die psychische Widerstandsfähigkeit, Zumutungen unbeschadet zu überstehen. Sich auch unter widrigen Umständen selbst zu regulieren. Eine gefragte Fähigkeit in einer Gesellschaft der steten Überforderung. Und eine – angeblich – trainierbare Fähigkeit.

Resilienz aber ist, laut Graefe, ein durchaus ambivalentes Konzept. In der Traumatherapie erfolgreich angewandt, macht Resilienz eine Karriere als allgemeine Lebens- und Selbsthilfe. Die Ambivalenz liege in den Wirkungen der Resilienz, so Graefe. Denn diese lehrt Gelassenheit. Gelassen das hinzunehmen, was nicht zu ändern ist. So würde Resilienz Kritik, Aufbegehren, Unbehagen umwandeln, umlenken in Einverständnis, in effiziente Anpassung.

Aber Resilienz verspricht, so Graefe, noch weit mehr als nur passives Adaptieren. Sie verspricht, Krisen nicht nur intakt zu überstehen, sondern aus diesen auch noch gestärkt herauszukommen. Zentral für Resilienz sei, so Graefe, solch ein »posttraumatische Wachstum«, ein Wachsen an der Krise. Negative Erlebnisse, schwierige Situationen, Krisen werden umgedeutet – zu einer Sinn-Ressource, die die stärksten seelischen Kräfte mobilisiert.

Der alte Traum, dass gerade das Überwinden von Hindernissen einen strahlenden Sieger hervorbringt – dieser Traum wird sozusagen umgeschrieben. Denn der resiliente »Held« geht so gestärkt aus den Krisen hervor, dass er des Sieges nicht mehr unbedingt bedarf. Resilienz bedeutet also letztlich ein Umschreiben, eine Umcodierung von dem, was Erfolg bedeutet: vom Applaus zur glücklichen Selbstgenügsamkeit. Von der beklatschten Selbstherrlichkeit zur Selbstsorge. Erfolg heißt damit unter den Bedingungen der Überforderung: Sinnfindung.

Die Frage, die sich für uns dabei stellt, lautet: Ist das ein neues gesellschaftliches Ideal? Verändert das den Narzissmus, die narzisstische Anrufung? Mit der Resilienz rückt ja ein anderes Subjekt, eine andere Subjekt-Vorstellung in den Fokus: das »vulnerable« Subjekt. Resilienz ist nicht nur eine Technik zur

Ich-Stärkung. Sie bringt auch das verletzliche Subjekt in Stellung gegen das Subjekt, das omnipotent sein soll, gegen den »maskulinen Siegertypen«, so Graefe.

Aber das vulnerable, das selbstbesorgte, das resiliente Subjekt ist ebenso narzisstisch – wenn auch in einer anderen Version als der Siegertypus. Wir haben es hier nicht mit einem Jenseits des Narzissmus zu tun, sondern vielmehr mit dessen unterschiedlichen Variationen.

Für uns zeigt sich gerade daran etwas Entscheidendes: Eine vorherrschende Ideologie kann auf unterschiedliche Arten gelebt werden. Wie eben der Narzissmus, der sowohl der Narzissmus der robusten Individualität als auch der Narzissmus des vulnerablen Subjekts sein kann.

Dieses Buch setzte ein mit der Frage: Warum sind wir mit dem Bestehenden einverstanden? Als Exempel diente uns eingangs die Corona-Pandemie. Nach langen Überlegungen kommen wir nun auf dieses Beispiel zurück.

Denn – auch wenn wir sie schon fast vergessen haben – am Gegensatz von Impfbefürwortern und Impfgegnern, von Maskenträgern und Maskenverweigerern, wurde eines deutlich: Hier traten die beiden narzisstischen Typen leibhaftig in Erscheinung. Als die zwei Formen, Narzissmus zu leben: als Narzissmus des selbstgewissen, gesteigerten Ichs – und als Narzissmus des vulnerablen, verletzlichen Subjekts. Damit erhält die Frage nach der Freiwilligkeit zwei Antworten.

Die Freiwilligkeit der vulnerablen Subjekte, also jener, die sich als vulnerabel erleben, beruht auf ihrer Selbstsorge – auf dem Narzissmus des verletzlichen Subjekts. Dieser ließ sie die Maßnahmen befolgen – von der Maske bis zur Impfung. Für sie ist Resilienz die neue narzisstische Formel.

Jene aber, die noch dem anderen narzisstischen Schema

verhaftet waren, die sich also nach wie vor als selbstgesteigert erlebten, verweigerten diese neue Freiwilligkeit – eben auch aus Narzissmus, aber in seiner »alten« Variante. Ihre Freiwilligkeit, ihre freiwillige Unterwerfung gilt noch dem Narzissmus des erstarkten, des robusten Ichs, das in seiner einfachsten Version den Siegertypus meint.

Man darf hier nicht dem Missverständnis erliegen, das die Bezeichnungen nahezulegen scheinen: Vulnerabel meint nicht schwach – und Siegertypus bedeutet nicht stark. So wie sich die Vulnerablen auch nicht passiv fügen, während die »Starken« rebellisch aufbegehren. Es sind vielmehr beides Formen von freiwilliger Unterwerfung. Wobei die einen dabei der narzisstischen Anrufung in ihrer alten Version folgen und die anderen der neuen Variante. Die Pandemie aber war der Moment, wo die beiden Formen aufeinanderprallten. Wo Geimpfte und Ungeimpfte sich mit ihren unterschiedlichen Narzissmen in aller Unversöhnlichkeit entgegentraten – galt es doch das je eigene Selbstverhältnis zu schützen.

Der »alte« Narzissmus der Corona-Leugner und Impfgegner verlangt aber noch etwas Aufmerksamkeit.[78] Das Lager der so genannten »Querdenker« war ja seltsam inhomogen: Hier trafen sich Deklassierte und Esoteriker gegen alle sozialen und politischen Evidenzen in einer Gemeinsamkeit: in ihrer Staats- und Gesellschaftsablehnung. Anders gesagt: Sie trafen sich in ihrer Auslegung, in ihrer Interpretation von individueller Freiheit.

Die »alte« narzisstische Anrufung ist getragen vom Glauben an die persönliche Freiheit – verstanden als Anspruch auf die Welt, als Recht auf Erfüllung der eigenen Wünsche, als uneingeschränktes Anrecht auf das Eigeninteresse. Darauf war man ja lange Zeit gepolt. Und dies wirkt auch heute noch.

In der Zeit der Pandemie aber wurde die Gesellschaft auf

Ausnahme geschalten, und die Politik hat das Kommando übernommen. Gegen die »Zumutungen« eines offensichtlich eingreifenden, regulierenden Staates begehrten die Gegner im Namen ihrer persönlichen Freiheit auf. In aller Paradoxie hielten die so genannten »Corona-Leugner« damit den neuen Verhältnissen ihre »alte« Anrufung entgegen: Sie begehrten also im Namen ihrer »alten« Unterwerfung auf. Wie tief diese »alte« Verstrickung reicht, wie leidenschaftlich sie diesen Verhältnissen verhaftet sind, zeigte sich dabei besonders deutlich: Sie lechzten nach ihrer persönlichen Freiheit, als sei es ihre Erlösung – und sei es um den Preis ihrer Gesundheit oder ihres Lebens. Es ist wie eine Zeitverschiebung, die die neuen Forderungen und die alten Antworten inkompatibel macht.

In solchen Momenten, wo eine zwar nicht wirklich neue, aber eine veränderte Anrufung auftritt, da überwintert das Beharren auf der »alten« Anrufung gerne in jenen Formen, die auch heute wieder mit Nachdruck wiederbelebt werden. In jenen Formen, die ein unmittelbares narzisstisches Erleben versprechen.

In Verschwörungstheorien, wo der eigene Weltzugang als »Durchschauen« verborgener Zusammenhänge behauptet wird.

In Esoterik, wo der Weltzugang aufs eigene Spüren, auf die eigenen Sinne, auf die eigene Körperlichkeit gepolt wird.

Und im Aberglauben. Auch dieser ist ein narzisstisches Weltverhältnis.

In Krisenzeiten aller Art seien Menschen geneigt, »alles Beliebige zu glauben«, so Spinoza. So ist man im Unglück und in ungewissen Zeiten besonders zugänglich für Aberglauben. Denn Krisen erzeugen Angst, und Angst ist das, »was den Aberglauben hervorbringt, nährt und erhält«, so Spinoza.[79] Kein Wunder, wenn etwa die Zeit einer anhaltenden Pandemie sich als fruchtbarer Schoß solchen Glaubens erweist. Da nimmt man Zuflucht zu Phantasien.

Im Aberglauben werden diese Phantasien zum Ausgangspunkt, von dem aus man die Welt betrachtet und beurteilt. Diese Phantasien bilden dann den Zugang zur Welt. Denn die Abergläubigen deuten die Welt, so Spinoza, »ganz als ob sie ihren eigenen Wahn teilen«. Aberglaube ist also eine eigene Hermeneutik, eine Auslegung, eine Lesart der Welt im Sinne dieses Glaubens. Man sucht den eigenen Wahn überall in der Welt. Und wie solch eine Suche ist – man findet ihn auch. Die Welt ist dann voller Spuren, voller Zeichen, voller Bestätigungen der eigenen Phantasien, des eigenen Ichs. Die Welt antwortet. Eine narzisstische Resonanz eigener Art.

Die narzisstische Krücke 2: Die Gemeinschaft

Die narzisstische Krücke des Erfolgs – so wirksam sie ist – reicht aber nicht aus für eine Gesellschaft, die sich am Narzissmus ausrichtet. Zum einen, weil Erfolg eben ständig von Scheitern bedroht ist. Zum anderen aber, weil Erfolg innere Grenzen hat. Erfolg ist nicht unbegrenzt ausdehnbar. Da wäre die zeitliche Begrenzung – niemand kann ständig Erfolg haben. Aber der Narzisst muss immer wieder bestätigt werden. Doch es gibt kein narzisstisches Reservoir, aus dem man immer wieder schöpfen könnte. Die »Befriedigung« ist flüchtig und lässt sich nicht auf Dauer konservieren. Und dann wäre da noch die quantitative Begrenzung. Schon alleine deshalb, weil es ja mehr Klatscher als Beklatschte braucht. Die Plätze an der Sonne des Wahrgenommen-Werdens sind dünner gesät als die Plätze in den Rängen der Wahrnehmer.

Aus all diesen Gründen reicht Erfolg als narzisstische Krücke nicht aus. Der gesamtgesellschaftliche Narzissmus bedarf also einer Ergänzung. Er bedarf einer zweiten narzisstischen Krücke, die genau diesen Mangel ausfüllt. Eine Krücke, die »narzisstische Befriedigung« auch jenen verspricht, die vom Scheitern bedroht sind. So wie sie auch eine Verheißung für jene in den Publikumsreihen darstellen soll. Er bedarf also einer zweiten gesellschaftlichen narzisstischen Krücke.

Diese ist das Gegenbild zum Erfolg. Als Krücke muss sie wiederum beide Momente des sekundären Narzissmus bedienen. Sie wird also sowohl hinsichtlich des Ich-Ideals als auch hinsichtlich des Ozeanischen etwas bieten müssen. Sie wird Übersetzungen, Ersatzerfüllungen für beides bereitstellen müssen – damit sie als Krücke funktioniert. Damit sie uns das zukommen lassen kann, was eigentlich unmöglich ist: eine »narzisstische Befriedigung«.

Die Gemeinschaft und das Ich-Ideal

Grundlegendes Moment der zweiten narzisstischen Krücke ist die Möglichkeit, das Ideal zu delegieren. Die Idealerfüllung sozusagen outzusourcen. Freud selbst hat diese Möglichkeit in dem erwähnten Text zur »Massenpsychologie und Ich-Analyse« skizziert. 1921, als der Text erschien, waren Fragen der Massenbildung akut. Wir wollen hier ein Stück weit Freuds Text folgen.

Ausgangspunkt ist die Spaltung des Ichs, die uns von Beginn an begleitet – jene Spaltung, die uns in Ich und Ich-Ideal teilt. Das Ich-Ideal geht ja, so Freud, aus den Anforderungen hervor, die die Umgebung an das kindliche Ich stellt. Wir haben gesehen: Diese können ebenso moralischer wie kultureller Natur sein. Nun aber kommt hinzu, dass das Ich diesen Anforderungen nicht immer nachkommen kann, wie Freud schreibt. Dass es die Erwartungen nicht immer erfüllen kann. Weder die der Anderen noch die eigenen. Es kommt also das Moment hinzu, dass der Mensch unzufrieden mit seinem Ich ist – weil er dem Ideal nicht entspricht.

Umgelegt auf unser Konzept der narzisstischen Krücke bedeutet das: Diese zweite Krücke ist also nicht nur deshalb notwendig, weil der Erfolg begrenzt ist – wie wir gerade behauptet haben. Es gibt auch die, sicher nicht weniger drängende und quälende, Notwendigkeit für eine narzisstische Krücke, die aus der psychischen Struktur selbst erwächst.

Was nun bei Freud folgt, ist für uns besonders relevant: Der Mensch, der seinem Ideal nicht entspricht, den sein Nichtgenügen hart treffen kann, der also schweren narzisstischen Kränkungen ausgesetzt sein könnte – dieser Mensch hat dennoch die Möglichkeit, Befriedigung zu finden. Noch dazu genau die Befriedigung, die er sucht: nämlich die Befriedigung aus dem Ideal.

Die Struktur, die dazu nötig ist, lässt sich an der Verliebtheit ablesen. An der Verliebtheit, schreibt Freud, fällt das Phänomen der Überschätzung auf. Das geliebte Objekt[80] wird überschätzt, überhöht: Es wird idealisiert. Und genau da kommen wir zu dem Punkt, der für uns zentral ist: Bei manchen Formen der Liebeswahl, schreibt Freud, dient das Liebesobjekt dazu, »ein eigenes, nicht erreichtes Ideal zu ersetzen«. Es geht hier also nicht um jede Verliebtheit, sondern um jene, wo es zu einer starken Idealisierung kommt.

Halten wir fest: Ein Objekt kann unser Ich-Ideal ersetzen. Das heißt: Eine andere Person kann die Funktion unseres Ideals übernehmen! Stellvertretend. Das Ich-Ideal kann also veräußerlicht, es kann auf jemanden übertragen, es kann gewissermaßen outgesourct werden. Das ist ein für uns entscheidender Mechanismus.

Solch eine Übertragung funktioniert aber nur, wenn diese Veräußerlichung an einen Stellvertreter im Gegenzug auch mit einer gewissen Verinnerlichung dieser Person einhergeht. Jemand Anderer kann die Funktion unseres Ideals also nur dann übernehmen, wenn wir einen besonderen Bezug zu dieser Person haben. Einen Bezug wie zu unserem eigenen Ideal. Es braucht also ein narzisstisches Verhältnis zu diesem Anderen. Wie in der idealisierenden Verliebtheit, wo der geliebte Mensch ein gewisses Maß unserer Selbstliebe abbekommt.[81]

Der Andere kann unser Ich-Ideal nur dann ersetzen, wenn wir ihn durch Liebe verinnerlichen. Warum aber liebt man ihn? Man liebt ihn, so Freud, *wegen der Vollkommenheiten* – wegen jener Vollkommenheiten, die man selbst angestrebt und die man eben nicht erreicht hat. Und die man sich nun, so Freud, »auf diesem Umweg verschaffen möchte«. Zur Befriedigung des eigenen Narzissmus. In diesem Fall lieben wir den Anderen also nicht wie uns selbst – wir lieben ihn vielmehr wie unser besseres, unser ideales Selbst. Das ist der springende Punkt: Wir übertragen unsere nicht erfüllten Vollkommenheiten auf jemanden, den wir überhöhen, überschätzen. Nur so kann dieser unser Ideal stellvertretend erfüllen.

Solch ein »Umweg«, wie Freud ihn nennt, ist Grundlage für diese narzisstische Krücke – auch wenn das ein etwas schiefes Bild sein mag. Die Krücke funktioniert durch das Outsourcen der Idealerfüllung. Es ist das Ausleben von Narzissmus durch Delegierung. Jedenfalls des einen Teils – nämlich der Befriedigung aus dem Ideal.

Nun ist aber die Verliebtheit nur eine Möglichkeit für solch einen Umweg, den die Selbstliebe nehmen kann. Ein anderer Umweg ist die Hypnose, die in den 1920er Jahren sehr verbreitet war. Dabei nimmt der Hypnotiseur die Stelle des Ich-Ideals ein. Die Hypnose ist in Freuds Text die erste gesellschaftliche Form einer solchen stellvertretenden Ideal-Erfüllung über die Verliebtheit hinaus. Sie bahnt Freud argumentativ den Weg zu einer weiteren Übertragung des eigenen Ich-Ideals: zur Masse. Hier erst erhält dieser Übertragungsmechanismus seine entscheidende gesellschaftliche Relevanz. Freud hat dabei nicht die spontanen, flüchtigen Massenbildungen im Blick – etwa jene auf der Straße. Er untersucht vielmehr die hochorganisierten, dauerhaften Massen von Kirche und Heer – die beiden wesentlichen »künstlichen Massen« seiner Zeit. Entscheidend ist für ihn dabei das Verhältnis des »Massenindividuums zum Führer«.[82] Verliebtheit – Hypnose – Massen sind also die drei Formen, die drei Umwege, die diese narzisstische Befriedigung bei Freud nehmen kann. Dabei steht Letztere im Zentrum.

Was ist nun der Führer (im Sinne eines Oberhaupts)? Laut Freud ist Führer derjenige, der das Ich-Ideal aller Massenindividuen verkörpert. Derjenige also, der für alle Mitglieder einer Masse zum Stellvertreter ihres Ideals wird. Was aber macht einen Einzelnen zu solch einem Führer? Was bringt ihn in die Position einer solchen Verkörperung, Inkarnation?[83]

Auf den ersten Blick folgt die Wahl des Führers genau dem, was das zentrale Moment des Ich-Ideals ausmacht – eine Steigerung. Der Führer müsse, so Freud, die Eigenschaften der Einzelnen in gesteigerter, in reinerer, in schärferer Ausprägung besitzen. In diesem Sinne verkörpert er unser Ideal. Das macht ihn zur Ausnahmefigur – zu einem außer der Masse Stehenden, zu einem Überlegenen. Tatsächlich aber bleibt es unklar, ob er eine Ausnahmefigur ist, weil er das Ideal verkörpert – oder ob er, umgekehrt, das Ideal zu verkörpern scheint, weil er in der Position einer Ausnahmefigur ist. Unklar ist also, ob der Führer die zugesprochenen Eigenschaften wirklich besitzen muss. Wir erinnern uns, dass die Ausgangsannahme bei der Verliebtheit die einer Überschätzung war. Das heißt, das Objekt muss die zugesprochenen Vorzüge nicht unbedingt tatsächlich besitzen: Es mag ausreichen, den Eindruck von größerer Kraft, von größerer Unabhängigkeit zu erzeugen. Es mag also ausreichen, die Position des Führers einzunehmen. Wie aber wirkt dieser Eindruck auf die Masse?

Entgegen den Massetheoretikern vor ihm geht Freud nicht davon aus, dass der Führer durch Suggestion auf die Masse wirkt. Unter Suggestion verstehen diese eine Einflussnahme durch Nachahmung und Ansteckung. Dazu müssten sich die Individuen aber mit dem Führer identifizieren. Freuds springender Punkt aber ist, dass die Ausnahmefigur des Führers das Ideal verkörpert: Mit dem Ideal identifiziert man sich aber nicht. Das Ideal ahmt man nicht nach. Der Bezug auf das Ideal ist anderer Natur: Er ist, so Freud, libidinöser Art. Es ist ein Liebesbezug. Man liebt in der Ausnahmefigur die Erfüllung seines eigenen Ich-Ideals. Das Verhältnis zum Führer ist also ein narzisstisches Liebesverhältnis – ein Umweg für die Selbstliebe. In den stehenden Massen von Kirche und Heer kommt das libidinöse Verhältnis zum Oberhaupt zum rein hierarchischen Verhältnis einer solchen Institution hinzu. Die Liebe zum Führer ist also ein zweites Verhältnis, welches das erste, das Machtverhältnis, ergänzt.

Freuds Vorbild im emphatischen Sinn, sozusagen das Urbild eines Führers, ist der mystische Urvater: der Herr über die Urhorde. Uns interessiert daran nicht der »wissenschaftliche Mythos« eines solchen Ur-Führers, sondern das Verhältnis zu diesem. Der Urvater wurde »gleichzeitig gefürchtet und verehrt«, wie Freud schreibt.

Es ist genau dieses doppelte Verhältnis, diese doppelte Bindung, die für uns relevant ist. Wir erinnern hier noch einmal an die Religionskritik von Ludwig Feuerbach. Auch bei dieser geht die Idealbildung, also Gott, mit einer Doppelung einher: mit der Doppelung des göttlichen Wesens.

Auf der einen Seite wird Gott als personifizierte moralische Vollkommenheit vorgestellt – als ideales moralisches Wesen. Als solches ist er Gesetz, Anleitung zum richtigen Handeln. Als Gesetz ist Gott die Vorstellung eines Ideals, das mir »*zuruft*, was ich sein soll«, wie Feuerbach in einer für uns besonders hübschen Formulierung schreibt.[84] Mit dem, was wir sein sollen, wird uns aber auch zu verstehen gegeben, was wir *nicht* sind. Dieser ständige Mangel gegenüber diesem vollkommenen Wesen löst eine »Qual des Nichtigkeitsgefühls« aus. Aber Gottes Vollkommenheit geht so weit, dass sie uns sogar von dieser unserer Minderwertigkeit erlöst: nämlich durch die Liebe, die Gott für uns hat. Denn das ist die zweite Seite des göttlichen Wesens: Dieses wird nicht nur als Gesetz, sondern auch als Liebe, als liebendes, vorgestellt.

Für uns ist diese Doppelung interessant. Eine zweifache Autorität – von Gesetz und Liebe, von Strafe und Zuwendung –, zu der man ein zweifaches Verhältnis hat: Unterwerfung und Verehrung. Auch bei Feuerbach wird Gott also gleichzeitig gefürchtet und verehrt.

Es ist dies eine Verdoppelung von Gesetz und Liebe, die sich in den beiden psychischen Instanzen wiederfindet: dem strengen Über-Ich und dem Ideal-Ich. Das Über-Ich als jene Instanz, die einem Richter, einem Zensor gleichkommt. Dessen Aufgabe die kritische Selbstbeobachtung ist. Es ist jene Instanz, die ein Gesetz vorgibt und damit das Verbot, es zu überschreiten. Wobei die Nichterfüllung der Vorgaben mit schlechtem Gewissen, mit Schuldgefühlen geahndet wird.

Während das Ich-Ideal ein Vorbild ist, das »eher geliebt als gefürchtet wird«.[85] So stellen sich bei Nichterfüllung des Ideals auch keine Schuld-, sondern Minderwertigkeitsgefühle ein.

Man muss jedoch sehen, dass Freud diese Unterscheidung zwischen Über-Ich und Ich-Ideal erst 1923 vollzieht. In dem

Text zur Massenpsychologie von 1921 findet sich diese strikte Unterscheidung also noch nicht. Funktionen, die später dem Über-Ich zugeordnet sind, werden hier noch dem Ich-Ideal zugesprochen – Funktionen wie Kritik, Zensur, Gewissen.

Wenn man also den Text des jüngeren Freud mit den Augen – oder eher mit den Konzepten – des späteren Freud liest, dann sieht man Unterscheidungen, die er so noch nicht getroffen hat. Dann sieht man, dass der Führer der Masse auch wesentliche Über-Ich-Funktionen übernimmt und verkörpert – und nicht nur solche des Ich-Ideals, wie es explizit in dem Text heißt. Oder besser gesagt: Freuds Führer hat Anteile von beiden – wobei die Über-Ich-Anteile zu überwiegen scheinen. Übertragen, outgesourct wird also nicht nur das Ich-Ideal, sondern eben auch das Über-Ich.

Für uns ist diese Differenzierung wichtig, erlaubt sie doch, das in den Blick zu bekommen, worum es heute geht: um eine Verschiebung vom Über-Führer (mit Ideal-Anteilen) hin zu einer reinen oder überwiegenden Ich-Ideal-Verkörperung. Es ist dies die Verschiebung vom Führer zum Star.

Wir rekapitulieren: Das Ideal ist nicht erreichbar. Nun gibt es die Möglichkeit, den Narzissmus trotzdem, über einen Umweg, auszuleben: indem das Ideal auf einen Stellvertreter übertragen, veräußerlicht wird. In Freuds Masse ist dieser Stellvertreter der Führer. Nun ist es aber so, dass es zu einem Abbau alter Autoritäten gekommen ist (wir hatten dies in Kapitel 4 schon kurz erwähnt). Dieser Abbau eröffnet den Raum für neue Formen der Idealisierung, für neue Übertragungen, für neue »Umwege«, für neue Stellvertreter.

Es gibt verschiedene Formen eines solchen Verhältnisses. Den Führer und die Masse gibt es in vielen Varianten – vom faschistischen Führer bis zu jenem, den Freud skizziert. Es gibt den Charismatiker und seine Jünger; und eben den Star und seine Fans. Letzteres ist heute das wichtigste Verhältnis. Der Star ist ein wesentlicher Umweg, den die Selbstliebe heute nimmt. Er ist eine bedeutende narzisstische Krücke.

Als solche ist der Star eine reine Ich-Ideal-Delegierung. Im Unterschied zum Über-Ich-Führer gibt dieser nichts vor: weder Gesetze noch Befehle. Der Star appelliert nicht, er ruft uns nicht einmal an. Er wendet sich nicht wirklich an uns. Er »ruht« gewissermaßen in sich. Genau darin liegt seine Verführung. Und er wirkt durch Verführung. Deshalb wird er nicht gefürchtet, sondern verehrt. Der Star ist die gesellschaftliche Verkörperung des narzisstischen Typus schlechthin.[86] Das Faszinierende – und Befriedigende – dieses Typus liege, so Lacan, in »der Wahrnehmung eines Wesens, das die Charakteristika einer geschlossenen, in sich gerundeten, befriedigten, vollen Welt aufweist«.[87] Es sind dies die Charakteristika, die den narzisstischen Typus ausmachen. Wir finden hier vieles wieder, dem wir schon begegnet sind: eine geschlossene, volle Identität, eine gelungene Zentrierung – dargestellt oder verkörpert.

Ob nun unterstellt oder nicht – in jedem Fall übt eine solche Zirkularität, eine solche Schließung in sich selbst, eine solche Selbstbezüglichkeit – und Unzugänglichkeit – eine große Anziehungskraft aus. Vor allem auf jene, die solches nicht erreichen.

Es ist kein geringes Paradoxon, dass gesellschaftliche Wirkung, gesellschaftlicher Erfolg jenen zukommt, die den Eindruck – oder die Illusion – erwecken, der Anderen nicht zu bedürfen. Der Star ist also Stellvertreter der Ideal-Erfüllung – aber keine Autorität. Selbst in der Politik ist die Autorität als Figur (nicht das Autoritäre als Prinzip) dem Star gewichen: in Gestalt des Populisten. Wie autoritär dieser auch immer agieren mag – er wirkt als Star und nicht als Führer. So muss er auch nicht über eine starke Kraft, über einen imponierenden

Willen verfügen. Denn der Star ist in sich keine solche Ausnahmefigur. Er bezieht seine Überlegenheit nicht aus einem Willen, sondern aus der Verkörperung der Selbstbezüglichkeit – aus der Illusion eines geschlossenen Kreises. Diese scheinbare Selbstbezüglichkeit ist ein völlig säkularisierter Nachhall des göttlichen Selbstverhältnisses, ein fernes Echo der göttlichen Selbstbegründung: Ich bin, der ich bin.

Fassen wir zusammen: Die Faszination, die der Star auf seine Fans ausübt, erwächst also aus einer Art Verliebtheit, in der der Fan in dem Bild, in der stellvertretenden Verkörperung seines eigenen, nicht erreichten Ideals seinen Narzissmus ausleben kann. Die »narzisstische Befriedigung«, die aus diesem Umweg erwächst, ist aber erst die halbe Krücke. Dieser fehlt noch das zweite Moment: die Übersetzung des Ozeanischen. Es ist dieselbe Struktur wie beim Erfolg: Die narzisstische Krücke ist nur dann vollendet, wenn sie beide Elemente bedient.

Die Gemeinschaft und das ozeanische Gefühl

Die Delegierung des Ideals ist nicht nur die halbe Krücke – sie ist auch nur die Hälfte des Freud'schen Konzepts. Wenden wir uns also noch einmal dem Text zu.

So verschieden die von Freud untersuchten Massen, Kirche und Heer, auch sein mögen, eines haben sie gemeinsam: Sie beruhen beide auf derselben Vorspiegelung, die Freud explizit als Illusion bezeichnet – der Vorspiegelung, dass das Oberhaupt jeden Einzelnen gleich liebt. Das ist die grundlegende Illusion der Masse. An dieser Illusion, so Freud, hänge alles. Denn ohne sie zerfällt die Masse. Wir haben bisher gesehen, dass ein herausragender Einzelner die Position des Ich-Ideals einnimmt. Nunmehr ergänzt sich das: Dieser muss in ein Verhältnis zu jedem der vielen Einzelnen treten – in ein affektives, in ein persönliches Verhältnis. Kein einfaches Unterfangen angesichts einer Masse. Und darüber hinaus muss dieses persönliche Verhältnis auch für alle Individuen der Masse in gleicher Weise gelten: Alle Mitglieder, alle Beteiligten müssen den gleichen Anteil an seiner Liebe bekommen.

Die Illusion ist also die eines persönlichen Verhältnisses, das allen in gleicher Weise zukommt. Aus dieser Gleichartigkeit, aus dieser gleichen Teilhabe, speist sich – so Freud – das Verhältnis der Massenindividuen zueinander: Die Bindung jedes Einzelnen an das Oberhaupt ist »die Ursache ihrer Bindung untereinander«.[88] Die libidinösen Beziehungen in einer Masse sind also komplexer, als bisher betrachtet. Eine Masse ist gewissermaßen ein zweifaches Liebesverhältnis: Sie ist Gefühlsbindung an den herausragenden Einzelnen – und sie ist Gefühlsbindung der Individuen zueinander. Erst diese doppelte Bindung mache eine Vielzahl zu einer Masse, zu einer Gruppe.

Zentral ist nun, so Freud, dass diese zwei Gefühlsbindungen nicht von derselben Art sind. An das große SUBJEKT, das unser Ich-Ideal verkörpert, sind wir in einer Art narzisstischen Verliebtheit gebunden. Es ist dies eine Selbstliebe mittels eines Anderen. Diese haben wir schon betrachtet. Mit den anderen Subjekten aber sind wir anders verbunden – nämlich durch *Identifizierung*. Worin besteht nun diese?

Freud macht hier eine spezifische Art der Identifizierung geltend: Man muss sich mit den Anderen nicht notwendigerweise gänzlich, also in jeder Hinsicht identifizieren. Es gibt auch eine sehr effiziente Form der Identifizierung, die nur partiell ist: die Identifizierung in einem Zug, wie Freud es nennt. Eine Übereinstimmung also, die dem Anderen nur einen einzigen Zug entlehnt. Man identifiziert sich nicht vollständig mit ihm, sondern nur in einer Hinsicht. Dieser gemeinsame Zug muss nicht unbedingt eine besondere Eigenschaft sein – der Einklang, in dem man mit den Anderen tritt, kann auch aus etwas anderem erwachsen: aus einem selben Verhältnis etwa. In unserem Fall wäre es dasselbe Verhältnis zum Führer der Masse. Oder zum Star. Die einzelnen Individuen fühlen sich dann einander zugehörig, als Teile derselben Masse, wenn sie alle dasselbe Verhältnis zum Führer haben. Dieser bildet demnach das Zentrum, auf das sich alle in selber Weise beziehen. Man kann sich das bildlich vorstellen.

Und dieser Bezug stellt ihre wechselseitige affektive Gemeinsamkeit her. Deshalb lautet Freuds Formel: Eine Masse ist *»eine Anzahl von Individuen, die ein und dasselbe Objekt an die Stelle ihres Ich-Ideals gesetzt und sich infolgedessen in ihrem Ich miteinander identifiziert haben«.*[89]

Dieses Erleben eines Gleichklangs, das auf einer gemeinsamen Illusion beruht, rührt also daher, dass sich die Individuen der Masse in ihren Ichs identifizieren (im Unterschied zum Idealverhältnis zum Führer). Deshalb spricht Freud auch von einer »Ichgemeinsamkeit« – also von einer Verbindung ihrer bewussten Ichs, die bis zur Illusion einer Verschmelzung mit der Masse gehen kann. Diese ist aber auch in geringerer Intensität immer noch eine Art »Fusionserlebnis« mit Anderen[90]: das Erlebnis, die Distanz zum Anderen, ein Stück weit aufzuheben. Der Andere, der uns bisher als Konkurrent und als Publikum begegnet ist, wechselt hier seine Rolle: Er wird zum Teil eines Wir. Axel Honneth bezeichnet dies als einen »Schwebezustand«, in dem die Grenzen gegenüber den Anderen temporär fallen gelassen werden. Das Erlebnis einer Verbindung, die eine eigene Welt, einen eigenen Horizont zumindest spürbar macht, wo die Innenwelt der Gruppe zur Außenwelt ihrer Mitglieder wird. Kurzfristig oder auch anhaltend. Wir wollen hier jedoch festhalten: Solches ist nicht mit einer Verbrüderung zu verwechseln. Diese Nähe in einer Hinsicht – in der gemeinsamen Ausrichtung auf den Einen – darf nicht mit Solidarität verwechselt werden. Was sich hier bildet, ist keine Solidargemeinschaft, sondern das ozeanische Erleben einer emotionalen Verbindung. Diese besteht in erster Linie im eigenen narzisstischen Erleben.

Freud weist darauf hin, dass man die Anforderungen, den ursprünglichen, primären Narzissmus zurückzudrängen, nicht dauernd erträgt, dass man diesen Zustand »periodisch rückgängig machen« muss. All die Verzichte und Einschränkungen, die dem Ich auferlegt sind, müssen sich, so Freud, zeitweilig zurückbilden. Anders gesagt: Narzissmus muss immer wieder auch ausgelebt werden. Die Verbindung mit Anderen, das Eintauchen in eine Gruppe leistet genau das: Es ist subjektiv entlastend. Das macht es so attraktiv. Es entlastet uns vorübergehend von diesem Ich, an dem man schwer trägt – durch die Möglichkeit einer zeitweiligen Regression: Entlastung durch eine Reduktion des Ichs also, die auch Enthemmung bedeuten kann.

Aber unabhängig von der Intensität und unabhängig von der Frequenz solcher Symbioseerlebnisse – in jedem Fall ist solch ein Erlebnis der Gleichförmigkeit das, was wir gesucht haben: die Übersetzung des ozeanischen Erlebens. Es ist der Ozean der Gemeinsamkeit, der sich zwischen den Mitgliedern einer Masse aufspannt.

Jetzt also haben wir alle Elemente beisammen: die Übersetzung des Ich-Ideals als Delegierung an ein anderes Subjekt, das zum zentralen, zum großen SUBJEKT wird. Und die Übersetzung des Ozeanischen in die Gemeinsamkeit mit den anderen Massenindividuen. Jetzt ist die zweite narzisstische Krücke vollständig. Jetzt sehen wir, wie diese tatsächlich als Krücke funktioniert: Sie eröffnet dem sekundären Narzissmus die Möglichkeit eines kollektiven Auslebens, die Möglichkeit einer narzisstischen Befriedigung in der Gruppe.

Und dennoch sind wir noch nicht am Ende dieser Überlegungen angelangt. Sie bedürfen noch einer Ergänzung, die ein Stück weit nichts anderes als eine Aktualisierung, ein Abgleich mit den gegenwärtigen Verhältnissen ist.

Freud spricht in seinem Text von Massen. Eine interessante Begriffsbildung, die selbst in künstlichen, hochorganisierten Institutionen wie dem Heer oder der Kirche die Mitglieder als Masse wahrnimmt. Jene Masse, die sie unterhalb des Institutionellen immer sind. Diese Begriffsbildung ist wohl auch der akuten Situation der 1920er Jahre geschuldet. Hundert Jahre später spricht man aber nicht mehr von Massen, sondern von Gemeinschaften. Kirche und Heer, Freuds Beispiele, gibt es zwar noch, aber ihre Bedeutung hat sich stark verringert – auch wenn diese Behauptung schnell überholt sein kann, wie der Krieg in der Ukraine gezeigt hat. Aber die heute vorherrschende Vergesellschaftungsform sind vielfältige Gemeinschaften. Schon diese Formulierung – also Gemeinschaften als Vergesellschaftungsform – deutet an, dass es sich dabei nicht mehr um die klassische Gemeinschaft handelt. Galt diese doch als Gegenmodell zur Gesellschaft. Wir aber haben es heute mit einem neuen Typus von Gemeinschaft zu tun.[91]

Dieser neue Typus lässt sich am besten in Differenz zu Freuds Masse bestimmen. Der Unterschied liegt in der Delegierung an verschiedene Typen des Ideals. Wir haben diesen schon benannt: Es ist der Unterschied zwischen Führer und Star. Zwei Typen, die eine gesamte Bandbreite abstecken. Und die unterschiedliche Arten von Gruppierungen herstellen.

So bildet der Typus des Führers – also jener Typus bei dem die Über-Ich-Anteile überwiegen – eine ebensolche Gruppierung: eine Über-Ich-Gruppe, die sich den Vorgaben, Gesetzen, Vorschriften beugt.[92] Über-Ich-Gruppierungen sind genau jene Massen, die Freud darstellt (auch wenn er sie nicht als solche bezeichnet) – von der Urhorde bis zum Heer.

Was wir aber heute beobachten können, ist das Vorherrschen der Ich-Ideal-Gemeinschaft. Das sind Gemeinschaften, die sich um einen Star formieren, der eben mehr Verkörperung als Vorherrschaft, mehr Inkarnation als Gesetz ist. Es ist dies der Typus einer narzisstischen Gemeinschaft – in all der Widersprüchlichkeit, die dem innewohnt.

Als Beispiel für solche Gemeinschaften greifen wir auf die 1960er Jahre zurück. Denn damals formierten sich solche Gemeinschaften mittels Starprinzips noch als Einspruch gegen die vorherrschenden Über-Ich-Formen. Und damit wird der Kontrast zu diesen umso deutlicher.

Diedrich Diederichsen hat diese Art des Einspruchs der Jugendkultur, die damals eben noch eine Gegenkultur war, anhand von drei Handlungsformen beschrieben, die man auch als drei Techniken der Vergemeinschaftung bezeichnen kann: abhauen – streunen – sich verabreden.[93]

Das Abhauen war der erste Schritt des Einspruchs – der Schritt aus dem Haus, aus dem Elternhaus, aus den Institutionen, der Schritt ins Freie. Der Beatles-Song »She's leaving home« lieferte, so Diederichsen, die Formel für solche jugendlichen Aus- und Aufbrüche.

Danach folgte im Drehbuch der Jugendkultur das Streunen – in der Fremde, in die man getreten war, ging es nun um Begegnungen, so Diederichsen. Begegnung hieß, »sich und seinesgleichen zu definieren, zu identifizieren«. In unserem Sinne heißt dies: Den einen Zug benennen, in dem man sich eben identifiziert. Das Zentrum, das Ideal benennen, auf das sich alle in gleicher Weise ausrichten – ob ein Star, eine Musikrichtung, eine Tendenz oder eine Idee. Und dies an den bevorzugten Orten des Streunens wie Lokalen, Verkehrsmitteln, Tankstellen,

Straßenecken. In den Nischen und Rissen der alten Über-Ich-Ordnungen also. Hier konnte man seinesgleichen treffen und erkennen.

Daraus folgte die dritte Technik: das Verabreden, das Diederichsen als Herstellen »der eigenen Gegengemeinschaft« bezeichnet. Man könnte hinzufügen: eine Gegengemeinschaft, die sich in einer Idee, in einem Wunsch, in einer Sehnsucht wechselseitig als »meinesgleichen« erlebt und verbindet, um »zur gleichen Zeit das Gleiche tun zu können«. Ein ozeanisches Gruppenerlebnis also.

Wir wollen festhalten: Die Unterschiede zwischen Über-Ich-Gruppen und narzisstischen Gemeinschaften sind vielfältig.

Ein erster Unterschied liegt darin, wie das Zentrum besetzt ist, was als Ideal fungiert. In Über-Ich Formationen steht der »große Mann« im Zentrum – vom Urvater bis zum Heerführer. Wobei Freud darunter nicht nur eine Person versteht, sondern ein Prinzip – das Prinzip von Kraft, von Stärke, von Überlegenheit. Weshalb auch ein Abstraktum diesen Platz einnehmen kann, wenn es diese Funktion erfüllt: Eine Idee, eine gemeinsame Tendenz, ein geteilter Wunsch kann solche Massenbindungen herstellen. Dies zeigt sich schon bei der Religion mit ihrem unsichtbaren Oberhaupt. Dieses wird dann durch einen »sekundären Führer« ergänzt, dem es zukommt, das Abstraktum, also Gott, zu verkörpern. Im Fall der katholischen Religion gibt es ein ganzes Stufensystem von sekundären Führern, das vom Papst bis zum einfachen Priester reicht.

Im Gegensatz dazu sind in narzisstischen Gemeinschaften nicht nur die Mitglieder narzisstisch bestimmt, sondern auch das, was im Zentrum steht – der Star. Anders als der Führer der Über-Ich-Gruppierung – oder seine Substitute – ist der Star nicht der Inbegriff von Überlegenheit. Er wirkt vielmehr durch die Illusion seiner perfekten Selbstbezüglichkeit. Diese Illusion des In-Sich-Ruhens hat etwas Dinghaftes. Deshalb kann die Funktion des Stars von allem Möglichem übernommen werden – von einer Person, von einer Band, von einer TV-Serie, von einem besonderen Objekt. Alles kann zum Statthalter des Ideals werden, alles kann den Status eines Stars erhalten. Es ist also präziser, nicht vom Star zu sprechen, sondern vom Starprinzip.[94] Als Prinzip der Selbstbezüglichkeit – und eben nicht als Prinzip der Überlegenheit.

Damit verändert sich aber die grundlegende Illusion der Gemeinschaft. Diese lautet dann nicht mehr: Der Führer liebt *mich*. Sie lautet: Der Star meint *mich*. Mich ganz persönlich. Ob der Star nun eine Person oder ein Ding ist. Auch ein Objekt kann mich adressieren und mir etwas in Aussicht stellen – etwa eine Fülle.[95] Das ist etwas anderes als der Appell eines Führers. Und dennoch fühle ich mich in besonderer Weise angesprochen, berührt, angezogen. Auch dies kann die Imagination eines persönlichen Verhältnisses beflügeln.

Dieses Starprinzip hat nun eine besondere Form, uns einzugliedern: nicht so sehr durch Hingabe bis hin zur Hörigkeit – wie beim Führer –, sondern eher durch Faszination bis hin zur Verzückung.

Bildeten die narzisstischen Gemeinschaften in den 1960er Jahren eine Gegenkultur und waren nur als Bruch möglich, so sind sie heute vorherrschend.

Eine Veränderung, die sich auch an der Veränderung des Stars selbst ablesen lässt. Das ist in etwa der Unterschied zwischen den frühen Rolling Stones und dem heutigen Harry Styles. Die Stars der 1960er Jahre waren noch Mischformen zwischen Selbstbezüglichkeit und Überlegenheit, etwa durch eine gesteigerte Virilität. Heute aber sind solche Über-Ich-Reste getilgt. Der heutige Star weist keine Spuren von Überlegenheit mehr auf. Sein Startum beruht nur auf einer perfekten Selbstbezüglichkeit. Eine rein narzisstische Figur. Um diese herum formiert sich die narzisstische Gemeinschaft.

Eine weitere Differenz zur Über-Ich-Gruppe ist die Organisation. Narzisstische Gemeinschaften weisen keine fixe Organisationsform, keine feste Institutionalisierung auf. Anders als Über-Ich-Gruppen gibt es sie in allen Varianten: von mehr oder weniger reglementiert bis gänzlich informell. Von dauerhaft bis punktuell. Narzisstische Gemeinschaften können ganze Klassenfraktionen versammeln oder einzelne Subkulturen – von der Filterblase bis zur Fan-Community. Sie treten auch nicht nur in ekstatischen, orgiastischen Ausführungen auf. Es gibt sie vielmehr in allen Intensitäten – sowohl in der Übertragungsenergie als auch in der Intensität des Ozeanischen, des Gemeinschaftserlebnisses. Kurzum – die Vielfalt der Formen ist Teil ihrer Besonderheit: Statt großer Einheiten – wie Freuds Beispiele von Heer und Kirche – bestehen diese in der Vielgestaltigkeit zahlreicher unterschiedlicher narzisstischer Gemeinschaften. Man findet solche etwa in allen Bereichen des Esoterischen, wo ja die eigene Identität und die eigene Erfahrung als Weltzugang, als Horizont erlebt werden. Aber auch in der Politik gab es eine solche Verschiebung. Gruppierungen, die sich um ein Identitätsmerkmal versammeln, sind in den letzten Jahren immer mehr zu narzisstischen Gemeinschaften geworden. (Wir werden diesen noch begegnen.) Selbst Parteien sind davon teilweise erfasst worden. Denn die narzisstische Gemeinschaft kann sich auch als Veränderung der Funktionsweise bestehender Gruppen und Institutionen realisieren. Sogar bei religiösen Gemeinschaften, lässt sich das beobachten – dort wo sie als Lebensstil-Gemeinschaften gelebt werden. Oder in Bildungseinrichtungen, die auf Exzellenz gepolt werden. Kurzum – die narzisstische Gemeinschaft, bei der die Ideal-Anteile überwiegen, ist heute überall. Sie ist die vorherrschende Form der Vergesellschaftung: Narzissmus als Geselligkeit.

Vorherrschend aber bedeutet keineswegs, dass es keine Über-Ich-dominierten Gruppen mehr gibt. Diese gibt es natürlich nach wie vor. Oftmals sind ethnische oder religiöse Gemeinschaften[96] noch solcher Art. Auch können Gemeinschaften – da sie ja kaum rein auftreten, sondern vorwiegend in der Ambivalenz der beiden Tendenzen bestehen – durchaus auch kippen. Man denke etwa an die Mühl-Kommune, die sich von einer Ich-Ideal-Gemeinschaft in eine pervertierte Über-Ich-Gruppierung verwandelt hat.

Aber all diese Einschränkungen und Abweichungen ändern nichts an dem Befund: Die narzisstische Gemeinschaft ist heute vorherrschend. Und wir halten noch einmal fest: Obwohl sie sich als Gemeinschaften bezeichnen, sind diese dennoch keine Solidargemeinschaften. Ganz im Gegenteil. Es sind vielmehr Gruppierungen, die ein gesellschaftliches Ausleben des Narzissmus ermöglichen.

Was aber bedeutet das für eine Gesellschaft?

Eine wesentliche Folge ist: Die Reduktion der Massenorganisationen, die Gruppenbildungen jenseits von Gesetzen und Vorgaben steigern vielfältige und frei flottierende Affekte. Sie befördern Gemütsbewegungen, die von Liebe bis Hass reichen. Jede Gemeinschaft ist eine Verbindung, eine Verkettung von Emotionen. Narzisstische Gemeinschaften aber beruhen in besonderem Maße auf einer rein emotionalen Vergesellschaftung mit einer vorwiegend »affektiven Kommunikation«, wie Balibar es nennt. Eine Kommunikationsform, die gerade heute vorherrschend ist. Solche affektive Kommunikation ist latent explosiv – allzeit bereit, sich zu entladen.

Eine emotionale Vergesellschaftung aber ist zutiefst ambivalent. Denn Affekte verbinden die Menschen ebenso, wie sie

sie trennen. Sie sind ebenso sehr Liebe, Anhänglichkeit nach innen – wie sie auch Intoleranz, Abgrenzung nach außen bis hin zur offensiven Feindseligkeit sein können. Beides sind Formen, den Narzissmus auszuleben. Und beides tendiert dazu, sich eruptiv zu entladen.

Die emotionale Bindung an die anderen Gruppenmitglieder habe aber, so Freud, einen erstaunlichen Effekt. Die Nähe zu Anderen, die ozeanische Verbindung mit jenen, die als Gleiche nicht so sehr anerkannt wie erlebt werden – mit jenen, die nicht mehr wirklich Andere zu sein scheinen –, würde den Narzissmus einschränken. Man muss aber hinzufügen: Dies mag eine Einschränkung des individuellen Narzissmus des Einzelnen bedeuten – aber es ist zugleich dessen Transfer auf die Gruppe: Diese wird zur Trägerin des Narzissmus, der hier wirklich zum kollektiven Narzissmus wird. In diesem Fall bedeutet die affektive Verbindung innerhalb der Gruppe das gemeinsame Ausleben eines gleichgerichteten Narzissmus. Narzissmus als Gruppenerlebnis also.

Zugleich aber kann sich der kollektive Narzissmus auch noch anders befriedigen: in der Abneigung gegen Andere, die dann als wirklich Andere erlebt werden – nämlich als Gruppenfremde. Es ist klar, dass gemeinsamer Hass eine unglaublich verbindende Wirkung hat. Hass verwandelt das Gehasste, ob Person, Institution oder Idee, in ein negatives Ideal, in eine negative Darstellung des Ideals.

Für uns ist entscheidend, dass solche »unverhüllt vortretenden Abstoßungen«, so Freud, »Ausdruck einer Selbstliebe, eines Narzissmus« sind.[97] Umso mehr, je näher der oder das Fremde sind. Das ist Freuds berühmter »Narzissmus der kleinen Differenzen« – jenes Phänomen, wo einander nahestehende Gemeinschaften sich gegenseitig befehden.[98] Denn gerade bei einer Nähe ohne Übereinstimmung wird jede noch so geringe Abweichung als fundamentale Kritik und Infragestellung erlebt. Im Hass lebt man seinen Narzissmus negativ aus: als Abwehr der Differenz, als Behauptung gegen alles, was auch nur ein Zweifel sein könnte. Solcher »Narzissmus der kleinen Differenz« ist bekanntlich wesentlich ein Gruppenphänomen. Daraus kann durchaus ein regelrechter narzisstischer Kampf erwachsen. Und solche narzisstischen Kämpfe durchziehen unsere Gesellschaft heute ja zuhauf.

Diese narzisstische Krücke ermöglicht es also, Narzissmus doppelt auszuleben: durch eine »positive« Befriedigung in der Gemeinschaft – und durch eine »negative« Befriedigung in der Rivalität. Dies trifft für alle Massen-, für alle Gemeinschaftsbildungen zu: ob nun das Über-Ich oder das Ich-Ideal dominiert. Das Besondere der heute vorherrschenden Variante aber ist, dass diese eine vorwiegend affektive Vergesellschaftung bedeutet: Im Unterschied zu Über-Ich-Figuren verkörpert der Star als Ich-Ideal weder Gesetz noch Moral noch Befehl. Nur Vollkommenheit (welcher Art auch immer). Nur Selbstbezüglichkeit (welche Form diese auch annimmt). Und genau das befördert eine rein affektive Vergesellschaftung – sowohl in ihrer »positiven« als auch in ihrer »negativen« Ausformung.[99]

Wenn wir zu Beginn des Kapitels die Frage gestellt haben, wie Narzissmus und Gesellschaft zusammengehen, so sind wir nun sogar bei einer doppelten Vergesellschaftung des Narzissmus gelandet. Wobei wir sehen müssen, dass Narzissmus als vorherrschende Ideologie eben nicht nur Einheit und Konsens herstellt – sondern durchaus auch negativen Vergesellschaftungen Vorschub leistet. Die Verstrickung, die aus solcher »narzisstischen Befriedigung« erwächst, ist demnach auch eine doppelte: eine positive ebenso wie eine negative. Ein Umstand, der das »leidenschaftliche Verhaftet-Sein« mit dem Bestehenden nur umso mehr vertieft.

Kapitel 6

Die narzisstische »Moral«

Die narzisstische Ethik

Wir sind dem Über-Ich zuletzt im vorigen Kapitel begegnet. Dort haben wir gesehen, was seine Herrschaft bedeutet: die Herrschaft eines Gesetzes, das Verbote und Gebote auferlegt. Eine Herrschaft, in der das Über-Ich zugleich als strenger Richter, als Zensor und als genauer Beobachter fungiert, der alle unsere Handlungen – ja selbst all unsere Absichten – wahrnimmt, begleitet und beurteilt. Wie Freud explizit anmerkte, gilt dies für den Einzelnen ebenso wie für ganze Gruppen: Auch Gemeinschaften, Gesellschaften, Kulturepochen bilden ein Über-Ich aus mit ebensolchen Funktionen der strikten Forderungen und Vorschriften. In diesem Fall heißt das Über-Ich dann Moral.

Diese Herrschaft aber befindet sich bekanntlich längst im Rückgang. Was hat diese Schwächung des Über-Ichs zur Folge – was bedeutet sie für den Einzelnen und für die Gesellschaft? Sind wir damit einen strengen Herrn losgeworden – um nun enthemmt und befreit zu genießen? Sieht so unser Leben aus?

Tatsächlich wurde dieses Über-Ich-Regime durch eine andere Instanz abgelöst, der wir heute unterliegen. Wir sind im Verlauf unserer Erörterungen schon mehrfach darauf gestoßen – auf die Herrschaft des Ich-Ideals. Es ist dies eine Herrschaft ganz eigener Art. Der Unterschied zwischen Über-Ich- und Ich-Ideal-Regime kann als Unterschied zwischen Moral und Ethik bestimmt werden.

Was diese Differenz bedeutet, hat Michel Foucault genau benannt.[100] Wir folgen hier seiner Darstellung.

Moral meint, so Foucault, ein Ensemble von Regeln und Werten einer Gesellschaft (oder einer Gruppe), die Gesetzcharakter haben. Dieser »Moralcode« bestimmt den Rahmen des Handelns: Er legt fest, was erlaubt und was verboten ist. Das Einhalten dieser Gebote wird streng überwacht, und Verstöße werden bestraft. Deshalb ist Moral immer an eine Instanz der Autorität gebunden, die sowohl das Erlernen als auch das Beachten der Gesetze durchsetzt und kontrolliert. In diesem Sinne entspricht Moral also dem, was wir als gesellschaftliches Über-Ich bezeichnen.

Entscheidend für uns ist, wie Foucault nun sein Konzept der Ethik dagegen in Stellung bringt. Ethik meint die Herstellung von ethischen Subjekten, die in ihrem Handeln ethischen Maximen folgen. Ethisch sind also sowohl die Maximen als auch die Subjekte.

Was die Maximen anlangt, so ist eines entscheidend: Diese sind keine Gesetze, sondern Regeln. Dies ist für uns zentral – der Gegensatz von Gesetz und Regel. Dieser Gegensatz impliziert unterschiedliche Arten der Verpflichtung, des Befolgens. Damit benennt er punktgenau den wesentlichen Unterschied zwischen Über-Ich-Herrschaft und Ich-Ideal-Regime. Im Unterschied zum Gesetz, das Gehorsam verlangt, leiten Regeln die konkrete Lebensführung. Ziel der Regeln ist das ethische Subjekt als »Vollendung seiner selbst«. *Und zu diesem Zweck*, um sich zu vollenden, wirke der Einzelne auf sich ein.[101] Der Zweck ist also das Streben nach dem Ideal. Das ist klar. Wie aber wirkt man auf sich ein?

Durch das, was seit Foucault landläufig als »Technologien des Selbst«, als Selbstsorge bekannt ist. Wir sind diesen schon in Kapitel 3 begegnet. Es sind Praktiken, die auf das Selbst ausgerichtet sind. Techniken des Selbstbezugs. Dabei geht es sowohl darum, auf sich zu achten, sich um sich zu kümmern – als auch um alle Prozeduren, um sich zu verändern, zu bearbeiten, zu transformieren.

Hier finden wir uns sofort wieder – in diesem Konzept von Ethik als Regeln der Lebensführung, angetrieben durch die Sorge um sich, die Selbstsorge. Wir haben nicht nur vielfältige Formen der Lebensführung, der Regeln – vom Essen über die Gesundheit bis zur Ästhetik. Wir sind heute geradezu besessen von Fragen nach der richtigen Lebensführung, besessen von der Sorge ums Selbst. Eine Besessenheit, die sich in allen Schichten findet. Die Frage dabei lautet immer: Wie erreiche ich mein Ideal? Durch welche Lebensführung? Welche Selbsttechnologien, welche narzisstischen Techniken befördern dieses?

Wir finden uns also in diesem Konzept von Ethik sofort wieder, denn wir leben in Gesellschaften, die Selbstsorge nicht nur erlauben, sondern sogar verlangen. Diese wird nicht nur nicht eingedämmt – sie wird vielmehr eingefordert.

Halten wir noch einmal fest: Im Unterschied zur Über-Ich-Herrschaft der Moral haben wir es heute mit einem Ich-Ideal-Regime der Ethik zu tun. Auch wenn es uns so scheinen mag, so ist dessen uneingeschränkte Forderung nach Selbstsorge aber alles andere als selbstverständlich. Denn wir sind nicht nur in unsere *Selbstsorge* verstrickt – wir sind zugleich auch »Erben einer christlichen Moraltradition«. Und diese Tradition sieht in der *Selbstlosigkeit* die Vorbedingung des Heils, wie Foucault schreibt.[102] Es gibt also einen lange gehegten, lange eingeübten Argwohn, dem jede Sorge um sich verdächtig ist. Dem jede Form der Selbstliebe als unmoralisch erscheint.

Der Gegensatz von Selbstsorge und Selbstlosigkeit hat eine lange Geschichte. Wir wollen uns dieser jetzt zuwenden. Wir folgen dabei aber nicht der historischen Chronologie, sondern vergleichen vielmehr zwei Autoren, die die zwei wesentlichen Formen dieses Gegensatzes, die zwei wesentlichen Arten des Umgangs mit Selbsttechnologien also, skizzieren: Max Weber und Michel Foucault.

Für beide bilden die christlichen Klöster die Negativfolie.

Einerseits waren es gerade die Klöster, die sich ganz der Arbeit am Selbst gewidmet haben – in den Mönchsordnungen mit ihren ausgefeilten Praktiken. Andererseits aber standen diese Praktiken dabei ganz und gar nicht im Zeichen der Selbstsorge. Sie standen vielmehr im gegenteiligen Zeichen – dem des Verzichts auf sich selbst. Die klösterlichen Techniken der Kontemplation, des Gehorsams, der Selbstprüfungen dienten allesamt diesem Verzicht aufs Ich. Jede der rigorosesten Reglementierungen des täglichen Lebens, jede Aufmerksamkeit aufs Selbst – vom Schlafrhythmus bis zur beständigen Sündenerforschung – all dieser Aufwand hatte nur die Auslöschung des Ichs zum Ziel.

Außerhalb der Klostermauern, losgelöst von den ausgefeilten mönchischen Selbsttechniken, blieb davon nur eine weltliche Moral über, die die Selbstlosigkeit zu ihrer zentralen Forderung erhob.

Es war ausgerechnet der Protestantismus, der dieses weltliche Selbstverhältnis erschütterte. Es war ausgerechnet der Protestantismus, der diese Art der Selbstlosigkeit grundlegend umformte. Deshalb wenden wir uns jetzt Max Weber zu. Der deutsche Soziologe hat diese Veränderung in seiner berühmten Studie zur »Protestantischen Ethik«[103] dargelegt.

Laut Weber sei der Kapitalismus in seinen Anfängen massiv von dem befördert worden, was er als »protestantische Ethik«

bezeichnet. Diese habe genau die Wirtschaftssubjekte erzogen, deren jener bedurfte. Diese habe also jene Qualifikationen erzeugt, die jener brauchte. Gegen das Hindernis der damaligen prä-kapitalistischen traditionellen Welt und Wirtschaftsweise.

»Protestantische Ethik« heißt laut Weber zunächst einmal: eine lästige, ernst gemeinte Reglementierung der ganzen Lebensführung, die überall eindringt. So skizziert Weber etwa das Bild der traditionalistischen Arbeiterinnen mit ihrer Unfähigkeit und ihrem Unwillen, eine einmal erlernte Art des Arbeitens aufzugeben. Im Unterschied zu Mädchen »pietistischer Provenienz« mit ihrer Fähigkeit zur Konzentration, zum Rechnen, mit ihrer nüchternen Selbstbeherrschung, ihrer kühlen Bescheidenheit und Mäßigkeit – alles Eigenschaften, »welche die Leistungsfähigkeit ungemein« steigern. Die Mittel dazu sind: fortlaufende Selbstkontrolle, religiöse Tagebücher über Sünden, Buchführung über eigene Fortschritte, eine strikte Regelung der Zeit – selbst die Schlafenszeiten wurden eingegrenzt.

Wir haben es hier mit einer »Rationalisierung« der Lebensführung zu tun. Und das in doppelter Hinsicht: Zum einen ist diese rational in dem Sinne, dass sie sich gegen Affekte, gegen Leidenschaften, gegen Triebe, gegen den »natürlichen Menschen« richtet. Zum anderen aber ist dies keine vereinzelte, sondern vielmehr eine systematische Gestaltung des ganzen Lebens – rational also im Sinne einer methodischen Erfassung des ganzen Menschen durch ständige Selbstkontrolle. Die gesamte Lebensführung wird reglementiert und systematisiert – gegen jede Plan- und Systemlosigkeit.[104]

Der springende Punkt ist nun, so Weber: All diese Techniken der Rationalisierung der eigenen Lebensführung. All dieser strikte, reglementierende, disziplinierende Selbstbezug war keine äußerlich erzwungene Regulierung. Protestantische

Ethik bedeutet eben: verinnerlichte statt äußerliche Regulierung der Lebensführung. So wird aus Zwang ein subjektiver Antrieb. Wir würden sagen: eine freiwillige Unterwerfung.

Wie aber kommt es zu dieser Selbstregulierung? Warum befolgen die Protestanten die strikten Regeln freiwillig? Entscheidend dafür sei, so Weber, das zentrale Konzept, das protestantische Zentraldogma: der Beruf. Beruf wird im Protestantismus als Be-rufung verstanden, als ein »calling«, wie Weber es nennt. Eine Anrufung, wie wir sagen würden. Der Beruf ist dem Protestanten der Befehl Gottes, diese konkrete Stellung auszufüllen – er ist die »religiöse Vorstellung einer von Gott gestellten Aufgabe«. Der weltliche Beruf erhält so eine religiöse und sittliche Dimension.

So verstanden wird der Beruf zur Pflicht: zu dem, dem man sich verpflichtet fühlt. Von daher rührt auch jene Hingabe an den Beruf, die man noch heute als »protestantische Arbeitsethik« bezeichnet: Sie ist Gehorsam gegen Gott.

In diese Verpflichtung münden also all die Selbsttechniken. Es ist die Verpflichtung gegen Gott, die die Lebenspraktiken bündelt, die sie zu einer »Ethik« macht. So paradox es für nichtreligiöse Ohren auch klingen mag: Es ist dieser Gehorsam gegen Gott, der die rationalen Selbsttechniken bestimmt – als Mittel einer Selbststeigerung und als Medium der Unterwerfung in einem. Die Selbstermächtigung, die das bedeutet, wird so zugleich befördert und begrenzt. Das ist die protestantische Lektion. Eine heikle Balance.

Das andere, das gegenteilige Modell der Selbstsorge hat Michel Foucault skizziert. In den 1980er Jahren hat Foucault an ein Selbstverhältnis ganz anderer Art erinnert: an die griechische Antike mit ihren »Technologien des Selbst«. Protestantische Praktiken und antike Selbsttechniken sind beides – sowohl verschieden als auch ähnlich. Wenden wir uns zuerst den überraschenden Ähnlichkeiten zu.

Auch in der so anders gearteten Welt der Antike geht es nach Foucaults Darstellung um Selbstbeobachtung, um Selbstkontrolle, um Selbstbeherrschung. Auch hier erfolgt dies durch eine Reglementierung der ganzen Lebensführung. Und auch hier dienen dazu Techniken der Buchführung des eigenen Lebens – also Tagebuch schreiben, Briefe, abendliche Selbstprüfungen. Zentral ist dabei das Üben aller Art: Dazu gehört die körperliche Ertüchtigung ebenso wie das Üben gegen schlechte Gewohnheiten. Auch all die Quantifizierungen, die damit einhergehen, finden sich hier – etwa das strikte Zeitmanagement. Ebenso wie alle anderen Arten von Maßen, Regulierungen, Dosierungen.

Darüber hinaus sind auch in Foucaults Antike diese Techniken nicht nur äußerliche Formen, sondern zielen auf etwas Innerliches: Es geht dabei nicht nur um Fertigkeiten, sondern auch um »Einstellungen«.

Hier enden die Parallelen mit den protestantischen Praktiken. Die Unterschiede aber sind für uns – und für unseren heutigen Umgang mit Selbsttechnologien – nicht weniger erhellend.

Da ist einmal die unterschiedliche Wertung der Praktiken. Etwa bei der Regulierung der Zeit. Für die protestantische Ethik geht es darum, Zeitvergeudung zu vermeiden. Weshalb – wie wir gesehen haben – selbst die Schlafenszeiten reglementiert werden. Für die Antike hingegen skizziert Foucault einen gegenteiligen Umgang: Hier geht es vielmehr um eine »aktive Mußezeit«. Das bedeutet etwa: Rückzug aufs Land, um Zeit zur Selbsterforschung, zur Meditation zu gewinnen. Der Umgang mit der Zeit mag in beiden Fällen reglementiert sein – im einen Fall aber steht er unterm Diktat des Arbeitsethos, im anderen Fall unter dem Signum der Kontemplation.

Die Buchführung des eigenen Lebens hat bei Weber die Funktion, die persönliche Sündhaftigkeit zu kontrollieren: Tägliche Buße, die die Demut bewahren soll. Fortlaufende Kontrolle des eigenen Gnadenstandes. Religiöses Tagebuch als Sündenbuchhaltung und Gnadenfortschritt. Während Foucault für die Antike von einem »administrativen Blick« auf das eigene Leben spricht, der eben nicht als strafender Richter, sondern als Buchhalter seiner selbst zu verstehen sei. Es geht nicht darum, Sündengeheimnisse zu enthüllen, sondern um die Erinnerung an das, was getan werden sollte – um To-do-Listen gewissermaßen.

Auch die Zügelung der Leidenschaften und Triebe wendet vergleichbare Techniken an – und verfolgt dennoch gegenteilige Ziele.

Beim Protestantismus geht es um das Vermeiden allen Genießens. Zentral dafür ist, so Weber, der erlaubte Gelderwerb unter strikter Vermeidung von Konsum. Gelderwerb ohne Genießen – eine massive Sublimierung, eine Umleitung und Umwandlung der Leidenschaften. Insofern ist dies also eine negative Askese, eine Askese unter dem Diktat des Verzichts.

Die Regulierung der Leidenschaften in Foucaults Antike hingegen kennt zwar auch Techniken der Selbstbeherrschung und der Enthaltsamkeit. Deren Ziel ist es, sich zu transformieren, sich zu bearbeiten. Weshalb auch dem eigenen Körper eine erhöhte Sorgfalt zukommt – durch Gesundheitsregeln, Körperpflege, Diätpläne, Sport. Diese Techniken stehen aber nicht im Dienste des Verzichts, sondern im Dienste der Selbststeigerung. Insofern ist dies eine positive Askese mit dem Ziel einer »Intensivierung« des Körpers, der Gesundheit.

Es geht dabei nicht um Entsagung und Sublimierung, sondern um ein maßvolles, geregeltes Genießen. Ziel ist nicht, die Triebe auszuschalten, sondern sich von der Tyrannei der Leidenschaften zu befreien, diese also zu kontrollieren. Das sei der Weg zur Vollkommenheit, zum Glück, zu einem erfüllten Leben. Foucault skizziert also das Streben nach dem Ideal im Unterschied zu Über-Ich-Regulierungen, könnte man hinzufügen.[105]

Gleichartige oder ähnliche Techniken können also gegenteilige Wirkungen haben – je nachdem, in welchem Horizont sie stehen. Daran zeigt sich der für uns zentrale Punkt: Bei durchaus ähnlichen Selbsttechniken liegt der entscheidende Unterschied im jeweiligen Verhältnis von Ermächtigung und Unterwerfung. Selbsttechniken dienen immer dazu, die eigenen Kräfte zu steigern, sich zu verbessern, zu optimieren, wie man heute sagen würde. Entscheidend aber ist, wie diese Ermächtigung jeweils eingegrenzt, eingehegt wird. Wodurch sie also in die Schranken gewiesen wird – und in welche. Bestimmend ist also die Balance der zwei Momente.

Diese kann eklatante Unterschiede aufweisen. Unterschiedliche Gewichtungen von Ermächtigung und Unterwerfung haben nicht nur unterschiedliche, sondern geradezu gegenteilige Folgen. Das zeigen die beiden skizzierten Konzepte deutlich.

Wie ist das Verhältnis von Ermächtigung und Unterwerfung bei Max Weber? In seiner protestantischen Ethik findet sich eine Gleichzeitigkeit von Regeln der Lebensführung und striktem Gottesglauben. Die Balance zwischen beiden Momenten wird durch ein zentrales Moment gewährleistet: durch die erwähnte Verschiebung des Verzichts. Verzicht muss geleistet werden im Christentum – aber dieser ist nicht mehr ein gänzlicher Verzicht auf das Selbst (wie bei den mönchischen Praktiken), sondern nur ein teilweiser: der Verzicht aufs Genießen.

Das Selbst soll gestärkt und befördert werden. Man arbeitet an sich, um sich zu steigern, um die eigenen Kräfte zu mobilisieren – aber durch den Verzicht aufs Genießen folgt daraus keine Ermächtigung des Einzelnen. Das ist der springende Punkt. Dessen Kräfte mögen zwar gesteigert werden – aber er selbst ist nicht ermächtigt. Im Gegenteil: Die Balance der protestantischen Ethik ermöglicht eine Steigerung der Kräfte, die aber durch das Genussverbot mit deren massiver Einhegung einhergeht. Es ist dies eine Steigerung ohne Autonomie. Eine Rationalisierung ohne Eigenständigkeit. Eine beschränkte, eingehegte, gezügelte Kräftigung des Einzelnen. Eine Ethik, die die Einzelnen als Gestärkte unterwirft.

Eine erstaunliche Ethik mit starken Über-Ich-Zügen. Dazu gehört auch, dass sie eine Autorität kennt, von der ein Ruf ausgeht – die Be-rufung. Dass sie auf einem Gesetz beruht, welches diese Autorität vorgibt. Mit einem wesentlichen Ziel: der Liebe Gottes. Wir hatten ja gesehen, dass die Herrschaft des Über-Ichs einer Moral entspricht. All dies vor Augen, stellt sich die Frage: Warum spricht Max Weber eigentlich von einer protestantischen *Ethik* und nicht von einer protestantischen *Moral*?

Zum einen wohl, weil die Autorität verinnerlicht ist, und zum anderen, weil es nicht um ein allgemeines Gebot, sondern um spezifische Regulierungen der Lebensführung geht, um eine individuelle Selbststeigerung und Intensivierung. Es ist also das, was man als eine »Über-Ich-Ethik« bezeichnen könnte. Nach all dem, was wir gesehen haben – ein eklatanter Widerspruch.

Foucaults Perspektive hingegen ist genau gegenteilig. Zwar bedarf auch Foucaults antikes Subjekt einer äußeren Instanz – diese ist aber keine gesetzgebende Autorität, sondern ein Lehrer, der praktische Anleitungen gibt. Jemand, der zu einem Leben in Glück führt. Der unterweist, anleitet. Jemand, der zum Ideal hinführt. Gehorsam ist dabei nur Teil der Methode, ein Instrument – aber kein Ziel. In diesem Sinne sind die Vorgaben Regeln, denen man folgt, aber keine Gesetze, denen man sich unterwirft.

Wesentlich ist, dass all diese Praktiken und Techniken der Lebensführung von einem Ideal ausgehen, auf ein Ideal abzielen, zu diesem hinführen. Es ist dies kein moralisches System von Verboten, sondern eine »ethische Sorge«, die von einer genauen Vorstellung geleitet wird. Von der Vorstellung: Was ist ein guter Vater, was ist ein guter Hausherr, was ist ein guter Bürger (all dies galt ja nur für Männer) – von der Vorstellung eines gesellschaftlichen Ideals also. Genau damit ist die Sorge um sich aber nicht selbstsüchtig, sondern ethisch – weil sie immer darauf abzielt, seinen Platz in der Polis einzunehmen. Ihr Zweck ist es, als gleichwertiger Bürger einer Gemeinschaft anerkannt zu werden, die eben eine ethische Gemeinschaft ist. Auf sich achten heißt auf die Stadt achten, so Foucault. Selbstsorge innerhalb einer ethischen Gemeinschaft bedeutet also: kein Sklave sein – weder Sklave seiner Leidenschaften noch Sklave in der Polis. In diesem Sinn ist diese Selbstsorge für Foucault eine »Praxis der Freiheit«.

Wir haben in Foucaults Antike also eine Betonung der Ermächtigung durch die Selbsttechniken – und trotzdem ist diese keine reine Selbsterhöhung, bleibt sie doch stets durch ihre gesellschaftliche Einbettung eingehegt. Klar ist aber, dass es hier einen Überhang der Ideal-Elemente gibt. Man könnte, im Gegensatz zu Weber, von einer »Ich-Ideal-Ethik« sprechen, wenn dies nicht ein Pleonasmus wäre. Ist uns Ethik doch das, was eben am Ideal orientiert ist.

So unterschiedlich sie auch sein mögen – in einem Punkt treffen sich Weber und Foucault: Die Selbstsorge, die Selbstzuwendung ist eine Balance zwischen Ermächtigung und Unterwerfung, zwischen Steigerung der Kräfte und deren Einhegung. Die jeweilige Begrenzung aber ist völlig unterschiedlich.

Bei Weber ist diese mehr negativer Art – durch Genussverzicht im Dienste Gottes. In Foucaults Antike ist die Einbindung der Kräfte mehr positiver Natur – durch das vorgegebene Ideal. Für uns aber ist entscheidend: Beides entspricht *nicht* unserer heutigen Situation. Wie sieht diese aus? Selbstzuwendung ist nicht mehr verpönt, sondern gefordert. Wir haben uns nicht nur des Verdachts gegen die Selbsttechnologien erfolgreich entledigt, wir leben vielmehr in deren Obsession. Was aber bedeutet es, wenn die erlaubte Selbstsorge weder durch eine Polis noch durch Gottesfürchtigkeit begrenzt wird?

Natürlich kam Foucaults Erinnerung nicht zufällig. Mitte der 1980er Jahre sieht er bereits jene Veränderung anbrechen, die wir als Narzissmus bezeichnen. In diesem Moment eröffnete er einen positiven Zugang zur Selbstzuwendung: Selbstsorge als gesellschaftliche Ethik. Aber dennoch entspricht Foucaults fröhliche Antike nicht unserer heutigen Situation.

Rund dreißig Jahre später versucht der deutsche Philosoph Peter Sloterdijk, das zeitgenössische Selbstverhältnis neu zu vermessen. Seine Perspektive lautet programmatisch: »Du sollst Dein Leben ändern« – dies ist sowohl Analyse als auch Appell.[106] Eine Perspektive, von der sich letztlich zeigen wird: Sie ist nicht die unsere.

Sloterdijk skizziert den historischen Weg der Selbstsorge als Weg von einer negativen hin zu einer positiven Askese: von einer unterwerfenden Moral hin zu einer Ethik der Ermächtigung. Die negative, lebensverneinende Askese ist ihm die des Christentums mit seinen »Entselbstungsdressuren« und seinen »Bußaskesen«. Erst herausgelöst aus diesem Kontext, wird die Askese im Zuge der Moderne zu einer positiven Askese der Ertüchtigung und der Selbstintensivierung.

Die entscheidende Weiche auf diesem Weg ist für Sloterdijk die »Entspiritualisierung« des Selbstverhältnisses – die Säkularisierung der Selbsttechniken also. Erst jenseits der Klostermauern konnte das Selbstverhältnis langsam eine positive Konnotation, eine Umcodierung erfahren. (Und eine Ausdehnung: Dieses war nun nicht mehr den Virtuosen, den Spezialisten vorbehalten, sondern erfasste nach und nach die ganze Gesellschaft.) Was Sloterdijk nun unternimmt, ist die Übersetzung des solcherart säkularisierten Selbstbezugs in eine entsprechend säkulare Sprache.

Die Selbstsorge ist ihm ein Übungssystem: Die Einzelnen formen, bilden, verändern sich durch stetes Üben. Solches Üben orientiert sich an einer »Leitdifferenz« – eine Unterscheidung, die die Richtung vorgibt. Für übende, asketische Kulturen lautet diese: vollkommen im Gegensatz zu unvollkommen. Vollkommenheit ist das Ziel des Übens. Sie wirkt wie ein »Attraktor« – also etwas, das anzieht, attrahiert, ruft.

Der Ruf, der bei Webers Protestanten noch der Ruf Gottes war, die Be-rufung, wird in die Nüchternheit eines »Attraktors« übersetzt, der einen Sog ausübt. Tatsächlich aber wird auch bei Sloterdijk der Sog, der den Übenden ergreift, nicht nur durch eine abstrakte, nüchterne, symbolische Differenz erzeugt. Er bedarf noch einer imaginären Vorstellung, eines Vorbilds, des Bilds einer »fernen Vollkommenheit«. Dieses ist es, das uns ruft, das uns antreibt. Wohin? Hinauf. Das ist die Richtung, in die der Ruf uns zieht. Der Sog weist nach oben. In die Höhe. Weshalb Sloterdijk in seinem Nüchternheitspathos dies als »Vertikalspannung« bezeichnet. Die Vollkommenheit, das ferne Ideal ruft uns an und auf, »unser Leben zu ändern« – uns durch Übungen zu steigern, zu ertüchtigen, zu intensivieren.

Wir wollen daran festhalten, was uns – bei aller Differenz – mit Sloterdijk verbindet. Und das ist: eine Anrufung, die nicht von einer Autorität, sondern von einem Ideal ausgeht.

Die Sorge um sich als Üben, als Steigerung, als Intensivierung – kurzum als Training – hat bei Sloterdijk mehrere Momente.

Zum einen geht es um eine »Entpassivierung«: Selbst aktiv werden. Sich-selbst-Formen. Es geht also um Selbstantrieb.

Zum anderen zielt der säkularisierte Ruf auf eine Steigerung, die nur eine Steigerung der eigenen Intensität, der eigenen »Vitalität« ist. Ohne jeglichen Zusatz. Ohne jegliche Beifügung, die die Sorge um sich maskieren würde. Seit Ende des 19. Jahrhunderts gibt es, so Sloterdijk, eine reine, unmaskierte Sorge um sich. Eine »Vertikale ohne Gott«. Da ist er also – der erlaubte, der positive, der nackte Selbstbezug. Paradigma dafür ist ihm der Sport. Dieser sei »die selbstbezügliche Bewegung, das nutzlose Spiel, die überflüssige Verausgabung, der simulierte Kampf«.[107]

Hier zeigt sich nicht nur der Attraktor unverhüllt, sondern auch das, worum es Sloterdijk geht: um eine Selbststeigerung im »Geiste der kompetitiven Intensivierung des Daseins«. Ein selbstbezügliches Üben – weder im Dienste von jemandem noch von etwas. Eine Steigerung der Kräfte als reiner Selbstzweck. Eine solche Steigerung aber gilt ihm nicht nur als intensiveres Leben. Sie ist ihm ein »Schritt ins Freie« – ein Schritt in die Freiheit, in die Exzellenz der Gesteigerten.[108]

Und genau hier trennen sich die Wege.

Für Sloterdijk ist die Selbststeigerung eine Freiheitspraxis – eine, die dem Einzelnen den »Schritt ins Freie« ermöglicht. Über das Bestehende hinaus. Die dazu notwendige Disziplinierung, die nötigen Reglementierungen sind ihm Mittel zum Zweck der Freiheit eines gestärkten Selbst. Was er damit anbietet, ist eine selektive Foucault-Lektüre, wie er unumwunden einräumt. Eine Lektüre, die Foucault von jenem »Kitsch« befreien will, der in jeder Disziplinierung eine Unterwerfung »wittert«. Eine solch selektive Lektüre aber, die von Ermächtigung ohne Unterwerfung träumt, verfehlt den Kern des Gelesenen. Denn für Foucault gibt es nicht einerseits Ermächtigung und andererseits Unterwerfung. Wenn es eine Lektion Foucaults gibt, dann ist es diese: Es gibt eine Gleichzeitigkeit von Unterwerfung und Ermächtigung. Diese lassen sich nicht voneinander trennen, weil sie nicht im luftleeren Raum, sondern in gesellschaftlichen Verhältnissen, in Machtverhältnissen stattfinden. In diesen bedeutet gerade die Steigerung der Kräfte eine Vertiefung der Unterwerfung.

Anders als bei Sloterdijk zieht uns der Sog – die Vorstellung des Ideals, das uns ruft und antreibt – in doppelter Hinsicht: Er zieht uns und er zwingt uns. Er richtet uns aus und passt uns ein. In diesem Sinn bedeutet dem Ruf folgen Ermächtigung und Unterwerfung in einem. In diesem Sinn liegt gerade in der Ermächtigung die freiwillige Unterwerfung.

Nun könnte man einwenden: Ist Sloterdijks gesteigertes Ich, das er uns schmackhaft machen möchte, nicht tatsächlich eine Selbstermächtigung? Man genießt sich in seiner gekräftigten, verbesserten Version? Wäre dies dann nicht eine Selbstzuwendung als reine Selbstermächtigung? Dazu muss man sagen: Ein solches Erlebnis ist immer zugleich real und imaginär. Eine Differenz, die Sloterdijk nicht macht.

Real mag man sich durch Übung steigern – seine Leistungen und seine Performance verbessern. Aber das Erlebnis des gesteigerten Ichs bleibt immer phantasmatisch: Es bleibt das Erlebnis einer imaginären Fülle, einer phantasmatischen Übereinstimmung von Ich und Ideal. Kurzum – es ist dies die Verwechslung eines Plateaus mit dem Gipfel, eine Verwechslung der Steigerung mit dem Ideal.

Darüber hinaus aber ist dies kein rein inneres Erlebnis – selbstbezüglich und selbstgenügsam zugleich. Kein privater Vitalitätsspiritualismus. Denn auch bei Sloterdijk hat die Selbststeigerung eine gesellschaftliche Dimension – wenn auch anderer Art. Als »Schritt ins Freie« ist sie ihm der Schritt über die Normalität, über den Durchschnitt, über die Menge hinaus. In die Freiheit des herausragenden Einzelnen im Modus der Exzellenz. Hier wird der leicht verstaubte und längst überholte Mythos der herausragenden Schöpferfigur wiederbelebt. Diese Figur markiert genau jene Differenz, die die Verallgemeinerung der Selbsttechniken laut Sloterdijk eingeführt haben soll: die Differenz zwischen jenen, »die etwas oder viel aus sich machen«, und »jenen, die nichts oder wenig aus sich machen«. Der Grund der Ungleichheit der Menschen liege, so Sloterdijk, in ihren Askesen, in ihrem Übungsverhalten also.

Der Ruf des Ideals, der Sog, den dieses auslöst, die »Vertikalspannung«, die Steigerung – all das dient Sloterdijk nur dazu, dass der Einzelne, der dem Ruf folgt, sich herauskatapultiert. Heraus aus dem Durchschnitt, aus der Gewöhnlichkeit. Es dient dazu, den Status quo zu überwinden, über diesen hinaus zu schreiten. Denn das ist die Höhe, in die die Vertikalität führt: jene über der Menge. Dieser Gestus mit all seinem Nüchternheitspathos ist aber seltsam deplatziert in einer Gesellschaft, deren Norm ja gerade in der Steigerung besteht – in einer Ich-Idealgesellschaft, die nicht Anpassung und Einpassung an den Durchschnitt einfordert, sondern vielmehr Steigerung als Norm. In so einer Gesellschaft ist die Steigerung des Einzelnen eben nicht Sloterdijks »Übersteigen«, sein »Überwandern« des Bestehenden, sondern vielmehr das genaue Gegenteil: Sich steigern ist der Vollzug unseres Seins in der Gesellschaft. Die Selbststeigerung ist längst nicht mehr Einspruch gegen den Status quo, sondern dient vielmehr dazu, diesen, also die Normalität, herzustellen.

Die Selbstsorge ist unsere heutige Form, in der Gesellschaft zu leben. Und genau deshalb ist die übende Selbstzuwendung weder eine rein selbstbezügliche Ermächtigung noch eine reine Erhöhung über die anderen, sondern eben unsere Form, uns ins Bestehende einzugliedern. Ein anderes Wort dafür lautet: freiwillige Unterwerfung.

Halten wir fest, was wir bisher zusammengetragen haben: Die gesellschaftliche Freisetzung der Selbstsorge, die erlaubte Selbstzuwendung ist immer eine heikle Balance zwischen narzisstischen Bestrebungen und deren Einhegung. Diese Balance hat im Laufe der Zeit verschiedene Formen angenommen. Heute ist der zähe Verdacht gegen den Narzissmus aufgelöst. Wir haben uns der Erbschaft der Moral, des moralischen Verdikts gegen den Narzissmus entschlagen. So finden wir uns wieder mitten in einer Mobilisierung der Selbstsorge an allen Fronten. Es ist dies eine schon Jahrzehnte anhaltende Explosion narzisstischer Praktiken – ohne Glauben, ohne Gott, aber auch ohne ethische Gemeinschaft, ohne Polis. Und dennoch sehen wir darin keinen »Schritt ins Freie«, keine reine Ermächtigung. Warum?

Das Spezifische der heute erlaubten Selbstsorge zeigt sich deutlich, wenn man diese als Ablöse des Über-Ichs, als Herrschaft des Ich-Ideals also, betrachtet. Sowohl individuell als auch gesellschaftlich. Anders gesagt: Die Selbsttechniken stehen heute nicht im Kontext einer Moral, sondern folgen einer Ethik. Allerdings in einem anderen als dem Sloterdijk'schen Sinne.

Denn die Erosion des Über-Ichs, die Erosion des Moralgesetzes mit seinem grundlegenden Verbot, die Erosion der strafenden Gewissensinstanz bedeutet nicht einfach einen »Schritt ins Freie« – sondern vielmehr die Dominanz des Ich-Ideals. Diese ist eine andere Herrschaftsform. Individuell und gesellschaftlich. Das Ich-Ideal herrscht nicht weniger strikt – aber anders. Es herrscht nicht durch die moralische Gesetzlichkeit.

Das Verhalten wird vielmehr durch Regeln geleitet. Das ist der entscheidende Gegensatz, der dem Unterschied zwischen Moral und Ethik zugrunde liegt. Mit dem Gegensatz von Gesetz und Regel hat dieses Kapitel begonnen. Hier soll dieser noch eine weitere maßgebliche Bestimmung erhalten. Dazu ziehen wir Slavoj Žižek heran, der diese Frage heute wohl am präzisesten behandelt.

Was unser Verhalten heute lenkt, ist nicht das allgemeine Gesetz der Moral, das durch eine unhinterfragte Autorität garantiert wird – sondern Regeln.

Regeln sind (selbst)erfundene Vorgaben. Sie funktionieren, so Žižek, »ohne Rückendeckung eines transzendenten Gesetzes«.[109] Das bedeutet: Wir handeln heute also sowohl ohne Garantie als auch ohne Autorität – ohne die Garantie vorgegebener Markierungen und Orientierungen, aber auch ohne die Autorität der alten strafenden Instanz.

Regeln haben somit eine andere Verbindlichkeit, eine andere Verpflichtung als das moralische Gesetz. Die Frage ist dann aber: Wieso hält man sich an solche Vorgaben? Wieso befolgt man die (selbst)erfundenen Regeln? Und genau dazu gibt wiederum Slavoj Žižek einen entscheidenden Hinweis. In einer Fußnote hält er fest: »Der Perverse (...) stellt Regeln auf (und folgt ihnen), um die Tatsache zu verschleiern, dass es kein zugrunde liegendes Gesetz in seinem psychischen Universum gibt, das heißt, diese Regeln funktionieren als eine Art Ersatz-Gesetz«.[110] Genau das ist für uns grundlegend: Die ethischen Regeln, die erfundenen Regulierungen der Lebensführung werden gelebt, »als ob« sie Gesetze wären. Sie ersetzen das fehlende moralische Gesetz, indem sie wie ein solches funktionieren. Wenn aber die Ethik des Ich-Ideals, wenn die Regulierung unserer Lebensführung als »Ersatz-Gesetz« funktioniert, dann bedeutet dies: Diese Ethik wird als narzisstische Moral gelebt –

ein Widerspruch, der durch Anführungszeichen markiert werden muss. Unsere Regeln, unsere Als-ob-Gesetze machen die narzisstische Ethik zu einer Als-ob-Moral – zu einer »Moral«. Kein allgemeines Gesetz, keine allgemeine Moral – nur getarnte Regeln, die individuell gelten. In diesem Sinne leben wir heute eben gemäß einer narzisstischen »Moral«.

Die narzisstische »Moral«

Der Untergang des grundlegenden moralischen Gesetzes erzeugt also nicht Freiheit, sondern eine Herrschaft anderer Art. Um uns dieser anzunähern, müssen wir noch einmal betrachten, wie die alte Moral funktioniert hat. Und da muss eines betont werden: Das moralische Gesetz kam einem nicht nur von außen zu und wurde dann verinnerlicht. Es brauchte und schaffte auch das, was Judith Butler ein »leidenschaftliches Verhaftet-Sein« nennt: einen leidenschaftlichen Bezug zum Gesetz, eine libidinöse Besetzung des Verbots. Eine solche Ausrichtung des eigenen Wünschens zeigt sich besonders deutlich in neurotischen Symptomen. Nehmen wir beispielsweise den Waschzwang. Hier wird das moralische Verbot einer metaphorisch »verunreinigenden« Handlung zum Zwang, sich tatsächlich zu reinigen. Im Waschzwang erfülle ich das Verbot – indem ich dem Wunsch entsage. Zugleich aber umgehe ich das Verbot – indem ich den Wunsch in einer verschobenen Erfüllung, in einem Ersatz befriedige. Im zwanghaften Waschen wird das Gewünschte gewissermaßen *durch* dessen Verbot erfüllt. Das moralische Verbot wird somit durch ein libidinöses Tun aufrechterhalten.[III] Und genau das begründet das »leidenschaftliche Verhaftet-Sein« mit dem Gesetz.

Wie muss man sich nun diesen Bezug vorstellen, wenn

Regeln als »Gesetz« gelebt werden? Anders gefragt: Wie sieht die leidenschaftliche Anbindung – die freiwillige Unterwerfung – bei solcherart geltenden Regeln aus?

Das ist eine ganz andere Situation. Denn Regeln stehen nicht im Zeichen eines Verbots, sondern im Zeichen einer erlaubten, mehr noch: einer geforderten Erfüllung – einer Erfüllung des Ideals. Zugleich aber ist dieses Ideal unerreichbar. Das Ideal ist also sowohl eine drängende Forderung als auch eine ständige Uneinlösbarkeit. Und genau da haben die Regeln unserer alltäglichen Lebensführung eine besondere Funktion: Diese Regeln, die selbst auferlegt oder akzeptiert – jedenfalls nicht allgemein vorgegeben sind. Die also *meine* Regeln sind und nur als solche wirken – diese Regeln sind nicht nur Mittel zum Zweck. Sie bergen auch ein Versprechen – das Versprechen, der Weg zum Ideal, der Weg zur Erfüllung zu sein. Die unmögliche Idealerfüllung verschiebt sich damit in die mögliche Regelerfüllung. Die Regeln werden so zur Übersetzung des unerreichbaren Ideals, zu idealen Mitteln. Anders gesagt: Regeln befolgen wird zum Ersatz des Ideals. Wir umgeben unseren Alltag mit so vielen, mit immer mehr Regeln. Denn diese verschaffen uns eine verschobene Befriedigung – eine Befriedigung im Zeichen des Ideals. Und eben nicht im Zeichen des Verbots.

Wobei die Befriedigung, die wir aus den Regeln ziehen, ein erstaunliches Moment hat. Solche Regeln der Lebensführung sind häufig an Übungen, Wiederholungen, Training, Diäten gebunden. Hier bekommen die Qualen des Narzissmus, denen wir schon öfter begegnet sind, eine besondere Bedeutung. Denn Üben bedeutet immer auch ein Sich-Quälen. Und genau das wird hier produktiv: Man spricht den Qualen Sinn zu. Nicht nur den Sinn einer realen Verbesserung, einer Steigerung – sondern auch jenen einer Beglaubigung. Die Qualen des Übens, das Quälende meiner Regeln beglaubigt die Annäherung ans Ideal.

Wir haben hier eine bemerkenswerte Situation: Die Regeln, die uns quälen, sind auch die Regeln, die uns eine verschobene Erfüllung garantieren – das Erreichen des Ideals. Von daher rührt unser leidenschaftliches Verhaftet-Sein, unsere libidinöse Besetzung, ja unsere Obsession mit Regeln, Anleitungen, Plänen aller Art. Wir sind ja besessen von Regulierungen, Quantifizierungen, Messbarkeiten, Leitfäden. Denn sie sind uns Mittel des Ideals.

Wenn Žižek schreibt: Bei der Zwangsneurose gäbe es eine »Umkehrung der »repressiven« Regulation des Begehrens in das Begehren nach Regulation«[112] – dann müssen wir das heute umformulieren: weg vom Verbot – hin zum Ideal. Heute haben wir kein repressives Verbot, sondern ein forderndes Ideal. Wenn die Regeln das unerreichbare Ideal gewissermaßen übersetzen, dann ist das keine Umkehrung. Es ist vielmehr eine Gleichsetzung von Begehren nach dem Ideal mit dem Begehren nach Regeln. Im Befolgen der Regeln umgehen wir kein Verbot – das Einhalten der Regeln wird vielmehr zur Erfüllung des unerreichbaren Ideals.

Hier eine Anmerkung: Seit Jahren erheben Klimaschützer die Forderung nach Verzicht: Verzicht aufs Auto, aufs Fliegen, auf überschüssigen Konsum. Dieses alte Motiv wird heute neu interpretiert. Als Ruf nach einem Ende der Regellosigkeit und als Loblied auf die Wiederkehr eines neuen Pflichtbewusstseins. Dies verfehlt aber die gegenwärtige Situation doppelt. Weder gibt es die konstatierte Regellosigkeit – ganz im Gegenteil sind wir ja eben versessen auf Regeln aller Art. Noch ist das, was sich hier einstellen soll, beziehungsweise das, was gefordert wird, tatsächlich eine Pflicht. Denn Pflicht ist das Verhältnis zu einem Gesetz. Wir aber haben es gerade bei Dingen wie etwa der »Flugscham« oder der »Impfpflicht« eben nicht mit einem neuen oder mit einem wiedererwachten Pflichtbewusstsein zu tun – sondern mit Regeln. Darin liegt ein anderer Typus von Verzicht. Die neuen selbst auferlegten Einschränkungen – vom Energiesparen bis zum Radfahren – sind kein Verzicht wie Webers Genussverbot. Das ist nicht Verzicht als Beschneidung, sondern als Gewinn. Es wird als Gewinn verbucht: Gewinn einer anderen Lebensqualität. Gewinn von gutem Gewissen. Gewinn an Sozialprestige. Es ist kein verzichtender, sondern vielmehr ein erfüllender, ein entlastender Verzicht, der nur den Weg der Idealverfolgung etwas umlenkt. In diesem Sinne eröffnet dies kein neues Paradigma jenseits des Narzissmus.

Aber zurück zu den Regeln. Faktisch haben Regeln der Lebensführung meist rationalisierende Effekte – sie können tatsächliche Verbesserungen bewirken. Steigerung von Gesundheit, Ästhetik, Können, Leistungen. Für uns ist aber entscheidend: Wir befolgen die Regeln, die Als-ob-Gesetze, weil sie für die Mühen, die sie uns abverlangen, etwas bieten – das Versprechen einer Fülle, einer Erfüllung im Tausch gegen die Qualen. Sie weisen also einen realen Weg zu dieser imaginären Fülle des Ideals, sie bieten eine konkrete Kausalität an: Wenn du übst, wiederholst, regulierst, beachtest, dich kasteist – kurzum: wenn du dich an die Regeln hältst, dann wirst du das angestrebte Ideal erreichen. Dann wirst du zur angestrebten Fülle gelangen.

Wir müssen hier den Unterschied festhalten zwischen einer Regulierung, die vom Über-Ich, und einer, die vom Ich-Ideal ausgeht. Den Unterschied zwischen einer Regulierung im Zeichen des Verbots und einer im Zeichen des Ideals. Denn das Verbot bewirkt das, was Žižek eine »symbolische Kastration« nennt. Das Fügen ins Verbot, das Akzeptieren, dass man nicht alles darf, dass man nicht alles kann – die Unterwerfung unter die jeweilige Über-Ich-Autorität, ob Gott oder Vater, bedeutet: die eigene Identität in deren Zeichen stellen. Bedeutet, die eigene Identität grundlegend als eingeschränkt, als nicht allmächtig, eben als nicht-narzisstisch begreifen und leben.

Im Unterschied zum Verbot, welches das Subjekt mit einem Mangel, mit einer grundlegenden Einschränkung versieht, geht es bei der Herrschaft des Ideals ums genaue Gegenteil: nicht um Mangel, sondern um Fülle. Statt einen Mangel herzustellen wie das Verbot, sind es die Regeln, die den Mangel überwinden sollen – den Mangel, dem Ideal nicht zu entsprechen. Denn die Regulierungen der Lebensweise im Zeichen des Ideals, die Regeln des Übens, des Trainierens, der Lebensführung – sie alle stellen eine Fülle in Aussicht. Mehr noch: Sie garantieren diese. Regeln sind also unsere narzisstischen Garantien. Zugleich aber ist diese Fülle ein Phantasma – eine trügerische Vorstellung also, eine Illusion. Denn die tatsächliche Fülle, also das Ideal, ist ja unerreichbar. Und selbst Etappensiege, also punktuelle Steigerungen, sind nur partielle Er-füllungen – also eben keine. Für uns ist dieser Widerspruch entscheidend.

Wenn die Regulierungen, mit denen wir unser Leben überziehen, tatsächlich der Weg zu einer vollen Verwirklichung des idealen Ichs wären. Wenn sie der Modus der narzisstischen Verwirklichung wären – dann wären sie ebenjene Ermächtigung, von der Sloterdijk träumt. Tatsächlich aber haben wir ein unerreichbares Ideal, ein Phantasma, das sich im Befolgen der Regeln eine punktuelle Ersatzbefriedigung verschafft. Wir haben also eine neue Balance zwischen Ermächtigung und Einhegung: die Herrschaft des Ideals, in der das Befolgen der Regeln Befriedigung und Unterwerfung zugleich ist.

Wie wir bisher gesehen haben, bedeutet diese Herrschaft des Ideals: Regeln statt Gesetz, Regeln als Als-ob-Gesetz. Fülle statt Mangel. Das aber führt zu einer folgenschweren Verschiebung der zentralen Kategorie dieser »Moral«.

Die Über-Ich-Moral, also die ohne Anführungszeichen, ist die Herrschaft eines Gesetzes, das Verbote markiert und Pflichten benennt. Ihre zentrale Kategorie ist die *Schuld*. Man ist schuldig, die Pflicht nicht zu erfüllen. Man ist schuldig, ein Verbot zu übertreten. So ist das Schuldbewusstsein der ständige Begleiter des Subjekts, das von seinem Über-Ich beherrscht wird. Jenes Schuldbewusstsein, das – so Freud – nicht nur unsere Taten, sondern bereits unsere Absichten und Wünsche erkennt, verurteilt, bestraft. Die Über-Ich-Moral ist die strikte, befestigte, bewachte Grenze zwischen gut und böse.

Natürlich gibt es diese nach wie vor. Aber das heute vorherrschende Modell ist anderer Art.

Die narzisstische »Moral« stellt keine Verbote auf – sondern Gebote, Anforderungen des Ideals. Diese begründen kein Gesetz, sondern eben Regeln, wie wir gesehen haben. Auch wenn diese Regeln als Ersatz-Gesetze funktionieren, so funktionieren sie doch nicht über Schuld. Das Ich-Ideal sichert seine Herrschaft mittels einer Drohung anderer Art: Geahndet wird nicht die Übertretung, sondern das Versagen. Deshalb geht es dabei nicht um Schuld, sondern um Minderwertigkeit. Das Damoklesschwert der narzisstischen »Moral« ist nicht das Schuldbewusstsein, sondern die Scham. Die Scham, das Ideal nicht zu erfüllen. Dieses Schwert trifft uns als Ganzes. Denn die Scham beschränkt sich nicht auf einzelne Taten. Sie gilt der gesamten Person.

Wir sind in Kapitel 5 der Schamlosigkeit begegnet, auf der der Selfie-Kult beruht. Dieses Fehlen von Scham bezieht sich auf das Ausstellen des Ichs – auf die Selbstrepräsentation. Diese steht heute nicht mehr unter Verdikt. Hingegen stellt sich Scham dort ein, wo wir das Ideal nicht erfüllen. Scham übers Versagen – das ist heute unser ständiger Begleiter.

Mangel bedeutet also nicht mehr, nicht alles tun können, nicht alles tun dürfen, sich einfügen ins Verbot – Mangel bedeutet heute: die Fülle nicht erreichen, das Ideal nicht erfüllen. Eine ganz andere Art von Mangel also. Nun ist das Ideal aber nie wirklich, nie ganz zu erfüllen. Diese Unerreichbarkeit des Ideals macht das Scheitern unausweichlich. Es ist sozusagen strukturell. Es verfolgt jede unserer Verbesserungen. Es begleitet jede Steigerung unserer Kräfte. Es ist unser Schatten. Die ständige Aushöhlung unserer Ermächtigung – wie sehr wir uns auch bemühen. Deren unüberwindliche Eingrenzung. In dieser Konstellation ist eben die Minderwertigkeit zentral – die wir als Scham oder als Kränkung erleben.

Damit aber ist die narzisstische »Moral« nicht jene, die zwischen gut und böse, sondern jene, die zwischen gut und schlecht unterscheidet.

Was ist nun diese Gut-schlecht-Differenz, die unser Handeln leitet und die nicht an Verboten ausgerichtet ist?[113]

Auch in dieser Frage kommen wir wieder auf Spinoza zurück.

Die Unterscheidung zwischen gut und schlecht hat laut Spinoza ihren Ausgangspunkt in einer Verkehrung: in jener Verkehrung, in der sich die Menschen einreden, der Mittelpunkt der Welt zu sein. Wenn man alles auf sich bezieht – dann bildet man Begriffe wie gut und schlecht. Denn dann wird man selbst zum Maßstab. Dann ist »gut« das, was einem nützt, was einem wertvoll scheint, was man als angenehm empfindet. Und »schlecht« eben alles, was das nicht erfüllt.

Die Dinge sind also gut oder schlecht nur in Bezug auf

mich, nur für mich. Und hier kommt unser Begehren ins Spiel: Denn laut Spinoza begehrt jeder das, was er als gut beurteilt. So wie auch jeder das verabscheut, was er als schlecht beurteilt. Und genau da liegt Spinozas entscheidende Wende. Denn daraus folgt: Wir begehren etwas nicht darum, weil wir es als gut beurteilen (etwa im moralischen Sinne). Es verhält sich vielmehr genau andersherum: Wir bezeichnen »das als gut, was wir begehren«[114] – und folglich das als schlecht, was wir verabscheuen. Gut-schlecht entspricht also unseren Wünschen, unserem Begehren. Ebenso wie nützlich-schädlich oder angenehm-unangenehm. Gut-schlecht ist ein subjektives Urteil aufgrund unserer Neigungen, aufgrund unserer Natur – wir würden heute sagen: aufgrund unserer Identität. Gut ist das, was mit unserer Natur übereinstimmt, und schlecht das, was ihr entgegensteht oder schadet. Spinoza ist da sehr explizit: »So beurteilt der Habgierige viel Geld als das beste und Geldmangel als das schlechteste. Der Ehrgeizige dagegen begehrt nichts sosehr als den Ruhm, und schrickt umgekehrt vor nichts so zurück, als vor der Scham. Dem Neidischen sodann ist nichts angenehmer, als anderer Menschen Unglück, und nichts ärgerlicher als fremdes Glück; und in dieser Weise beurteilt ein jeder auf Grund seines Affekts, ob ein Ding gut oder schlecht, nützlich oder unnütz ist.«[115]

Man muss festhalten: Für Spinoza sind diese Vorstellungen von gut-schlecht keine Erkenntnisse, sondern das, was er als »inadäquate«, als unangemessene Ideen bezeichnet. Wir würden sagen: Sie entsprechen einem ideologischen Verhältnis zur Welt. Heute sind sie zur vorherrschenden Ethik, zur narzisstischen »Moral« geworden.

Genau daran lässt sich ermessen, welch grundlegende Verkehrung eine solche narzisstische Ethik bedeutet: Gut, ethisch gut, ist nicht das, was man unter moralisch gut versteht. Gut als das, was für mich gut ist – als das, was meine Natur, meine Identität befördert, bestimmt heute unsere gesamte Lebensweise.

Nehmen wir etwa das Essen, dem heute eine derartige Aufmerksamkeit gilt. Hier kann sich die Differenz gut-schlecht in vielfacher Weise einfügen: als Kriterium des Geschmacks – da ist gut-schlecht eine Frage der Verfeinerung. Als Kriterium des politisch Korrekten – da geht es etwa um faire Produkte. Als Frage der Klimaneutralität – also die Bevorzugung regionaler Produkte. Oder als religiöse Frage – gemäß den religiösen Regeln, die rein und unrein unterscheiden oder Fastenzeiten. Oder als gesundheitliche, als diätetische Frage.

Uns interessiert hier nicht die jeweilige Ausformung, was gut und schlecht ist. Uns interessiert, dass diese Unterscheidung in *all* diesen Fällen auf die Natur, auf die Identität des jeweiligen Essers bezogen ist. Bin ich ökologisch orientiert, dann sind meine Essensregeln ökologisch. Dann ist ethisch gut, was ökologisch ist. Das leuchtet sofort ein. Denn dies profitiert von der alten, der moralischen Bestimmung des Guten. Das aber ist nur ein Restbestand. Denn es gilt eben auch für den, der dem reinen Genuss frönt: In diesem Falle ist ethisch gut – im narzisstischen Sinne – das, was diesen Genuss befördert. Gut ist also nicht das, was im landläufigen Sinne als gut gilt – weil ethisch gut ja etwa auch das Nackensteak für den Steak-Esser ist. Also sowohl das, was man »ethischen Konsum« nennt, als auch das Gegenteil davon können »gut« sein.

Im heutigen Kontext ist »gut« kein externer Maßstab, den man anlegt. Im heutigen Kontext bin ich vielmehr mein eigener Maßstab.

So ist das ethisch Gute in Zeiten des Narzissmus zu einer erlaubten Selbstbejahung geworden. Wenn gut aber das ist, was meiner Natur entspricht. Wenn gut das ist, was meine Identität befördert, dann verhandeln wir mit gut-schlecht immer auch das, was ich bin: Man *isst* nicht nur Fleisch, man *ist* Fleischesser. Man *fährt* nicht nur Rad, man *ist* Radfahrer.

Dann aber bedeutet die Unterscheidung gut-schlecht nicht nur: Was ist gut für mich? Sondern auch: Bin ich gut? Oder nicht? Dann stehe ich stets auf dem Spiel.

Die narzisstische »Moral« ist nicht nur eine erlaubte Selbstbejahung, sondern auch eine geforderte Bekräftigung der – stets prekären – eigenen Identität.

Sich selbst zum Zentrum, zum Maßstab seiner Welt, zum Kriterium von gut und schlecht zu machen, bedeutet somit auch: alles zum Anlass, zur Gelegenheit fürs eigene Ich zu nehmen. Allem in der Welt mit der Frage begegnen: Was macht das aus mir? Was kann ich dadurch sein? *Das* zeitgenössische Leitmotiv.

Mit dem Kriterium gut-schlecht verhandeln wir also, wer wir sind. Oder wer wir sein wollen. Und genau da kommt ein weiteres Konzept Spinozas zum Tragen – genau da, wo es nicht nur um eine gegebene Identität geht, sondern um eine erstrebte, angestrebte: das »Musterbild«.

Musterbilder sind laut Spinoza allgemeine Ideen. Wir haben solche Musterbilder etwa von Häusern, von Gebäuden. Anhand dieser Bilder entscheiden wir: vollendet oder unvollendet. Vollkommen oder unvollkommen. Diese Urteile beruhen darauf, in welchem Maß ein Ding mit seinem Musterbild übereinstimmt – oder eben nicht. Solches gibt es aber nicht nur für Dinge. Es gibt auch das Musterbild des Menschen – wir würden dieses als Ideal bezeichnen. Gut ist das, was uns hilft, diesem Musterbild »näher und näher zu kommen« – schlecht aber das, was uns hindert, »diesem Musterbild zu entsprechen«. Spinoza definiert gut-schlecht also nicht nur in Bezug auf ein gegebenes Ich, das sich einbildet, die ganze Welt beziehe sich auf es. Gut-schlecht definiert sich auch in Bezug auf ein Musterbild, dem man eben näher und näher kommen möchte – in Bezug auf ein Ideal also. Gut sind dann Lebensweisen, die das ideale Ich stärken – schlecht jene, die es schwächen. Gut sind Selbsttechniken, die das Ideal befördern – schlecht jene, die das nicht tun.

Wenn dies eine adäquate Beschreibung unserer vorherrschenden »inadäquaten Ideen«, unserer narzisstischen Ideologie ist – dann stellt sich die Frage: Was ist unser Musterbild? Was ist das narzisstische Ideal?

Um uns dieser Frage anzunähern, müssen wir einen kleinen Umweg einschlagen und uns noch einmal Slavoj Žižek zuwenden. Genauer: seiner Kritik an Foucaults Konzept der antiken Selbstsorge. Foucault male, so Žižek, ein Bild der Antike, wo die »Sorge um sich« ohne Bezugnahme auf ein allgemeines Gesetz, ohne Verbote auskomme. Dieses Bild der Antike sei, so Žižek, »stricto sensu phantasmatisch«: das Phantasma, der Mythos einer selbstgestalteten Disziplin ohne jegliche moralische Ordnung. Ohne die »Rückendeckung« eines allgemeinen Gesetzes also.[116]

Es mag sein, dass Foucaults Bild der Antike phantasmatische Züge hat. Was Foucault jedoch sehr klar skizziert, ist eine Selbstsorge, die von einem Ideal geleitet ist. Diese Selbstsorge ist keineswegs eine rein individualistische, eine rein selbstbezügliche Steigerung des Einzelnen. Sie ist vielmehr geleitet von einem Ideal, von einer Vorstellung des Guten, die eine gesellschaftliche ist. Die Selbsttechnologien richten sich immer an der Vorstellung aus: Was ist ein guter Vater? Was ist ein guter Bürger? Die leitende Frage lautet also: Wie fülle ich meinen Platz in der Polis adäquat aus? Für uns ist nicht relevant, wie imaginär dieses Bild der Polis als ethische Gemeinschaft sein mag. Für uns ist relevant, dass die Selbsttechniken hier immer im Zeichen eines vorgegebenen Platzes in der Gesellschaft stehen. Im Zeichen einer gegebenen Vorstellung des Guten. Dass sie also eine Ethik im Zeichen eines Ideals sind.[117]

Für uns ist dies umso relevanter, als es eben nicht unserer Situation entspricht. Das ist der springende Punkt: Wir sind umstellt von Selbsttechniken – aber ohne eine verbindliche Vorstellung des Guten. Ohne Vorstellung des guten Bürgers. Ohne Vorstellung eines guten Mannes, einer guten Frau – was auch immer. Ohne vorgegebene Plätze und Funktionen in der Gesellschaft. Und damit eben auch ohne Vorstellung, wie diese auszufüllen wären.

Wir haben weder allgemein verbindliche religiöse Vorgaben, wie bei Max Weber – noch eine Polis mit deren Vorstellungen eines guten Bürgers. Wir haben also weder ein transzendent befestigtes noch ein rein immanentes Gutes.

Lange Zeit galt das Zurückweisen von vorgezeichneten gesellschaftlichen Rollen und Identitäten – die Weigerung, den vorgegebenen Platz einzunehmen als Heroismus. Als Identitäts-Heroismus gewissermaßen. Exemplarisch etwa in Künstlerbiographien, die man solcherart verklärte: als Eigen-Sinn von Ausnahme-Subjekten.

Entgegen der Annahme, dieses Modell der Verweigerung, des Sich-Erfindens, habe sich post-68 verallgemeinert, muss man vielmehr sagen: Wir haben heute keine Vorstellung, keine verbindliche Vorstellung vom Guten. Wir haben keine vorgefertigten gesellschaftlichen Plätze, keine vorgezeichneten gesellschaftlichen Rollen, so dass es keines Heroismus der Zurückweisung bedarf – ja einen solchen gar nicht gibt. (Auch wenn er im Konzept der »Selbstverwirklichung« noch nachklingen mag.) Tatsächlich aber ist unsere Situation eine ganz andere.

Unsere gegenwärtige Situation ist gerade durch den Mangel an solchen verbindlichen Vorgaben gekennzeichnet. In einem ganz nachdrücklichen Sinn: Gerade das Fehlen an Musterbildern, an vorgegebenen Idealen ist das, was uns heute bestimmt. Denn dieses Fehlen ist umgeschlagen. Die genaueste Darstellung einer solchen Verkehrung – und damit die genaueste Darstellung unserer Situation – findet sich an unerwarteter Stelle: bei Hegel.

Was Hegel vor Augen hatte, war die Romantik.[118] Diese weist narstaunlich viele Ähnlichkeiten mit unserem heutigen narzisstischen Weltverhältnis auf. Diese Ähnlichkeiten machen die Hegel'sche Darstellung für uns so wertvoll. Seine Analyse ebenso wie seine massive Kritik an der Romantik treffen punktgenau auch unsere heutige Situation. So zeigt er, wie sich eine fehlende, eine leere Vorgabe verkehrt: Da, wo es keine allgemeingültige Vorstellung gibt, wird genau dieses Fehlen zum neuen Inhalt des Guten. Anders gesagt: Dort, wo das Allgemeingültige fehlt, setzt sich dessen Gegenteil an seine Stelle: das Einzelne, das Konkrete. Was heißt das nun für unsere Situation?

Ohne allgemeine Vorstellung vom Guten entscheidet nur meine eigene Identität über das, was gut und was schlecht ist. Mein Handeln folgt dann nicht einer allgemeingültigen, vorgegebenen Norm, sondern nur meiner subjektiven Überzeugung. In diesem Sinne gibt es für das Gute keine allgemeine Schnur, an der es gemessen wird. Keinen allgemeinen Maßstab. Die Überzeugung von dem, was ich tue, tun soll, tun muss, bezieht sich nicht auf ein allgemeines Gesetz, eine allgemeine Moral, auf die allgemeinen Sitten, sondern eben nur auf meine subjektive Überzeugung. In meinem Handeln soll sich dann nur meine innere Gewissheit verwirklichen. In diesem Sinne wird eben mein Ich zum *Inhalt* meines Tuns, wie Hegel das nennt.

Das Ich, um das es dabei geht, muss aber genauer betrachtet werden. Denn der Maßstab meines Handelns ist nicht einfach das Ich – sondern das Ich, insofern es sich *als* Einzelner versteht. Man muss dieses »*als* Einzelner« in aller Konsequenz verstehen, die dem innewohnt. Ich »als Einzelner« bedeutet: ich nicht als gesellschaftliches Wesen, sondern ich in meiner »unmittelbaren« Einzelheit. Auch wenn diese Unmittelbarkeit nur eine scheinbare ist, da sie von allem Gesellschaftlichem absieht, eine »Unmittelbarkeit« unter Anführungszeichen also. Dennoch aber ist das die Form, in der ich mich als dieser Einzelne erfahre, erlebe. Genau das ist der Referenzpunkt meines Handelns: ich *als* konkreter Einzelner.

Hier sehen wir, was es heißt, wenn sich das fehlende allgemeingültige Ideal in sein Gegenteil verkehrt: Es heißt, dass an seine Stelle das *konkrete* Ideal, das *einzelne* Musterbild tritt.

Wir stoßen damit auf eine weitere Bestimmung des narzisstischen Weltverhältnisses: zur Zentrierung, die alles auf sich bezieht, bei der man sich immer gemeint fühlt – zum Eigenwert jenseits der Konkurrenz –, und zum Phantasma der Ich-Fülle kommt nun noch die Konkretheit hinzu: ein Weltzugang als besondere Einzelheit, als Besonderheit, als Konkretheit, die sich in aller Widersprüchlichkeit absolut setzt. »Ich – hier – jetzt« absolut setzen ist ein Phantasma, eine Illusion. Das Phantasma der Konkretheit. Denn das Ich ist nur konkret um den Preis einer Abstraktion: der Abstraktion von allen gesellschaftlichen Verhältnissen.

Und genau dieses konkrete Ich ist der Inhalt der narzisstischen »Moral«. »Moralisches« Handeln bedeutet dann: meine konkrete Einzelheit verwirklichen. In all meinem Tun, in all meinen Äußerungen. So ist sich dieses Selbst, schreibt Hegel, »in seiner Zufälligkeit (...) das Vollgültige«. Eine wunderbare Formulierung, die aufweist: Wenn ich alles auf mich beziehe, wenn ich zum Zentrum meiner Welt werde, dann wird mein konkretes Ich in all seiner Zufälligkeit zu dem, was ich als das »Vollgültige« erlebe.

Wie erfährt sich nun der Einzelne *als* Einzelner? Wie erleben wir unsere Konkretheit? Der privilegierte Zugang dazu ist die Sinnlichkeit: In der sinnlichen Erfahrung, im Empfinden, in den eigenen Gefühlen erleben wir uns *als* Einzelne. Ganz »unmittelbar«.

Die eigenen Gefühle sind hier also zentral. Sie sind das Medium, in dem wir unsere konkrete Existenz erfahren. Im subjektiven Empfinden bin ich ganz konkret: ich – hier – jetzt. Unverwechselbar. In »unmittelbarer« Selbstgewissheit. Wie scheinbar diese auch immer sein mag.

Unser Empfinden wird uns zum Beleg: Es ist uns Garantie für unsere konkrete Existenz, für unsere Konkretheit.

Deshalb genießen Emotionen heute so einen hohen gesellschaftlichen Stellenwert. Obwohl sie – und das ist unser nächster Schritt mit Hegel – grundlegend einzeln sind.

Das sinnliche Wissen ist subjektives Wissen, so Hegel. Meinungen, Empfindungen sind individuell, sind einzeln – und nicht allgemein. Es ist genau das, was sie für uns heute so wichtig macht. Empfindungen sind die Anzeige, der Zugang zu dem, was meine Welt ist. Sie sind meine, sind Meines. Was ist mehr Meines als meine Empfindungen? Meine Emotionen bilden somit meinen Horizont. Sie stecken den Horizont meiner Welt ab.

Das bestimmt auch ihren Stellenwert für die narzisstische »Moral«. Dort, wo man sich in den allgemeinen Pflichten nicht mehr wiederfindet, behauptet man das genaue Gegenteil: die absolute Berechtigung, »in sich und aus sich zu wissen, was gut ist«, wie Hegel es nennt. Der entscheidende Punkt dabei ist: Dieses Wissen kommt uns aus unseren Empfindungen, aus unseren Gefühlen zu.

Sie dienen der narzisstischen »Moral« als Garantie des Eigenen. Das ist es, was sie heute so wertvoll macht – zugleich ist es aber auch das, was sie zum Problem macht.

Wenn eine »Moral« – wie die narzisstische – auf die Grundlage der Einzelheit und der Emotionen gestellt wird, dann bedeutet dies: Man macht die eigene Besonderheit zum Prinzip. Für Hegel ist dies gemäß einer langen christlichen Tradition die Definition des Bösen – ein »ungeheuer scheinende(r) Eigendünkel«. Dieser Eigendünkel ist aber dort beseitigt, wo er zum allgemeinen Prinzip erhoben wird. Wenn also ein Einzelner seine Besonderheit über alle anderen erhebt – dann ist das böse. Wenn aber die subjektive Überzeugung, die auf einzelnen Empfindungen basiert, zum allgemeinen Prinzip erhoben wird, dann haben wir keinen Eigendünkel mehr – sondern das, was wir eine narzisstische, eine zutiefst anti-gesellschaftliche »Moral« nennen.

In einer solchen bin ich mir eben das »Vollgültige«. In einer solchen setze ich mich als allgemein, als Allgemeines. Das ist in all seiner Nachdrücklichkeit zu verstehen.

So wie die narzisstische »Moral« keine allgemeinen Pflichten kennt, so wie sie keinen allgemeinen Maßstab hat, so hat sie auch keine Allgemeinkategorien. Genauer: Sie weist diese – mehr oder weniger vehement – zurück. Allgemeinkategorien gelten ihr als Einspruch gegen die angestrebte Konkretheit: Allgemeinkategorien widersprechen dem Phantasma der absoluten Konkretheit, das uns heute als »Richtschnur« dient. Allgemeinkategorien widersprechen der Basis dieser »Moral«, die doch auf dem Einzelnen, auf seinen Empfindungen, auf seiner Selbstgewissheit gründet.

Solche Zurückweisung von Allgemeinkategorien umfasst ein sehr breites Spektrum: Es reicht von der Ablehnung von Konzepten wie Nation, Klasse oder Parteien bis hin zur Biologie – etwa bei deren Definition von Geschlecht.

Es gibt dieses Zurückweisen der Allgemeinkategorien (oder zumindest ein vermindertes Wiedererkennen in diesen) in mehreren Versionen – vornehmlich aber in zwei. Hier begegnet uns jenes Phänomen wieder, auf das wir schon in Kapitel 5 gestoßen sind: Eine vorherrschende Ideologie bedeutet keine Vereinheitlichung aller Lebensformen. Eine vorherrschende Ideologie kann auf unterschiedliche Weise gelebt werden. So ist es auch beim Narzissmus und der narzisstischen »Moral«, die im Wesentlichen zwei Formen, zwei Versionen kennt.

Sind wir diesen bei der Corona-Pandemie in den Versionen robust, kräftig und vulnerabel begegnet, so haben wir nun zwei Versionen, die sich selbst als »liberal« und als »progressiv« bezeichnen und sich damit einander entgegenstellen. Wir aber wollen diese Unterscheidung nachdrücklich als zwei Varianten ein und derselben Ideologie verstehen.

In der einen, der »liberalen« Version in all ihren Varianten, wird die Zurückweisung von Allgemeinkategorien zum uneingeschränkten Anspruch auf die Welt – verstanden als Recht auf Erfüllung der eigenen Wünsche, als uneingeschränktes Anrecht auf das Eigeninteresse und als Behauptung einer absolut gesetzten persönlichen Freiheit. Solch ein Anspruch auf das, was als *meine* Welt verstanden wird, erwächst aus dem Pochen auf meine absolut konkrete Einzelheit: ein Weltverhältnis, dem die Welt nur als Gelegenheit für das Ich in all seiner Konkretheit dient. Dies beschränkt sich aber nicht auf den Hedonismus als Anspruch aufs Genießen. Es erfasst auch das, was diesem Weltverhältnis eigentlich entgegenstehen sollte: den Konservativismus.

Selbst die Art, seinen Konservativismus zu leben, steht heute im Zeichen des Narzissmus und einer narzisstischen »Moral«. Nehmen wir etwa die heute sehr beliebte Ahnenforschung – das weit verbreitete Interesse für die eigene Herkunft und Genealogie. War die Ahnenreihe früher etwas, in das man sich eingereiht hat, so wird diese heute als Linie skizziert, die auf mich zuläuft. Auf mich als dieser konkrete Einzelne. Aus einem Medium der Verortung in der Familienzeit ist sie zu einem Inhalt geworden, den man sich zurechnet. Man wird nicht eingereiht, sondern rechnet auf sich zu. So werden auch Traditionen heute gelebt: nicht als Vorgaben, die man befolgt – sondern als Prädikate, die dem Einzelnen nach Belieben zukommen. Die er sich aneignet.

In der anderen, der »progressiven« Version, zielt die Zurückweisung von Allgemeinkategorien ebenso auf ein Anrecht – auf ein unbegrenztes Anrecht auf das Ich: auf ein Ich, das eben vorgegebene Kategorien zurückweist. Die Zurückweisung von Allgemeinbestimmungen geht damit weit über die klassische Zurückweisung vorgegebener Rollen oder gesellschaftlicher Plätze hinaus. Die eigene Konkretheit reicht bis zur Zurückweisung von biologischen, geschlechtlichen Kategorien. Das, was man den vorgegebenen Geschlechtskategorien entgegenhält, ist mehr als die »alte« geschlechtliche Selbstbejahung – wie etwa schwul oder lesbisch. Diese wurde vielmehr durch eine Formel abgelöst. Eine Formel, die sich immer mehr erweitert: LGBTI, dann LGBTI* bis zu LGBTI*QA. Erweitert, um alle Formen, alle Zwischenformen, alle geschlechtlichen Möglichkeiten zu fassen. Es geht also darum, alle Uneindeutigkeiten zu fassen. So widersprüchlich das auch sein mag.

Indiz dafür, dass diese Aufzählung nie erschöpfend sein kann, dass sie nie alle Konkretheiten erfassen kann, ist das verschämte „+«, das man hinzufügt: LGBTQIA+. Dieses angehängte Pluszeichen signalisiere, so Žižek, dass alle weiteren Gruppen und Bestimmungen »mitgemeint« sind.[119] Man könnte auch sagen: Das Plus ist das Zeichen für die unerreichbare Konkretheit.[120]

Bevor wir uns nun der »progressiven« Version der narzisstischen »Moral« genauer zuwenden, wollen wir noch festhalten, was beiden Versionen gemeinsam ist – also das, was das gesamte Feld dieser »Moral« ausmacht.

In beiden Fällen ist die Selbstgewissheit Grundlage dieser »Moral«. Gegenüber dieser Gewissheit wirken gesellschaftliche Vorgaben, gesellschaftliche Rollen wie ein Affront – ein Affront gegen den Eigenentwurf, gegen die Selbstbestimmtheit. Was daraus folgt, ist das zentrale Moment der narzisstischen »Moral«: das Negieren der Sozialität, das Negieren der eigenen Gesellschaftlichkeit. Sowohl der SUV-Fahrer als auch die Queer-Aktivisten weisen allgemeine »sittliche Verhältnisse«, wie Hegel es nennt, zurück. Anders gesagt: Die narzisstische »Moral« – also der Anspruch, die Welt zu meiner zu machen – ist genau das: eine Form, Gesellschaftlichkeit zu negieren. Eben durch die Illusion einer Konkretheit des Einzelnen, die sich absolut setzt.

Da dieser Drang zur Konkretheit, zur Selbstbestimmung sich immer weiter ausdehnt. Da die Zurückweisung allgemeiner Kategorien immer mehr voranschreitet, wollen wir dies an jenem Phänomen betrachten, das gewissermaßen den Höhepunkt, die Reinform der narzisstischen »Moral« darstellt. Wobei wir festhalten müssen, dass dies auch die Reinform für jene darstellt, die sich möglicherweise in vehementer Opposition dazu finden: die Selbst-Identifikation.

Selbst-Identifikation war zunächst ein anti-diskriminatorisches Vorgehen im Rahmen von Datenerhebungen zur ethnischen Herkunft und Zugehörigkeit. 1990 von der UNO zum Schutz von nationalen Minderheiten beschlossen, sollten diskriminierende Fremdkategorisierungen eben durch Selbst-Identifikation ersetzt werden.

Heute ist die Selbst-Identifikation – vor allem in Form der so genannten Selbstbestimmungsgesetze – zu etwas anderem geworden. Aus einer verwaltungstechnischen Maßnahme ist eine wesentliche Form der Identitätsbehauptung geworden. Selbst-Identifikation meint heute eine radikale Zurückweisung von allgemeinen Kategorierungen in Bezug auf das Geschlecht, welche eben als Fremdkategorisierungen verstanden werden. Das Geschlecht soll heute nicht mehr »äußerlich« vorgegeben werden – weder durch die Gesellschaft noch durch die Biologie.

Das Selbstbestimmungsgesetz, das heute mancherorts schon implementiert ist, andernorts noch diskutiert wird, soll das Recht festschreiben, einen Wechsel der Geschlechtszugehörigkeit durch eine bloße Willenserklärung durchzuführen. Selbstbestimmungsgesetz bedeutet etwa, das in der Geburtsurkunde eingetragene, das »zugewiesene« Geschlecht, ohne medizinischen Eingriff ändern zu können. Einzig aufgrund des eigenen, inneren Gefühls – eben der Selbst-Identifikation.

Wir müssen an dieser Stelle sehr klar unterscheiden zwischen Transgender als Faktum und als Diskurs. Als Faktum betrifft dies – aufs Gesamte betrachtet – nur eine geringe Anzahl an Menschen. Die massiven Problemlagen dieser Menschen sind hier nicht und in keiner Weise unser Thema.

Žižek schreibt, Transmenschen seien nicht einfach eine Randgruppe, die eine Störung der heterosexuellen Norm darstelle. Ihre Botschaft sei vielmehr universell. Man könnte auch sagen: Diese Botschaft ist zu einem zentralen Diskurs geworden – weit über die tatsächlich Betroffenen hinaus. Und diesem Diskurs wollen wir uns hier zuwenden. Denn als Diskurs ist trans, ist vor allem die Selbst-Identifikation zu einem Paradigma geworden. Entgegen dem, was man annehmen könnte (und wohl auch entgegen ihrem Selbstverständnis), ist Selbst-Identifikation nicht gegen die herrschende Gesellschaft gerichtet, sondern vielmehr deren radikalisierter Ausdruck. Sie ist gewissermaßen die Reinform der gesamten »Moral«, um die es uns hier zu tun ist. Das aber bedeutet: Selbst-Identifikation wird zu einem ins Extrem gewendeten Spiegel, der die Grundlage dieser gesamten »Moral« zur Darstellung bringt – also auch jener, die Selbst-Identifikation und Transdiskurs ablehnen. Also auch jener der »liberalen« Version.

Warum?

Im vorherrschenden Narzissmus gründet alles auf der eigenen Identität. Das ist klar. Diese Identität aber – und das ist der springende Punkt, der hier deutlich wird – ist oder soll ausschließlich die einer Selbst-Identifikation sein. Das ist der Höhepunkt der Konkretheit des Einzelnen: der Höhepunkt unserer Obsession mit der Frage, wer oder was bin ich? Und das einzige Kriterium dafür ist – mein Gefühl. Die letzte Wahrheit meiner selbst ist meine *gefühlte* Identität. Mag diese konstant sein oder sich wandeln – wer bin ich heute? Als was fühle ich mich heute? –, in jedem Fall ist das subjektive Gefühl die letzte Begründung, das letzte Kriterium, die Grundlage meiner Identität. Damit wird die Vereinzelung immer weiter getrieben – so weit, bis kein Allgemeines mehr im Einzelnen zu finden ist. Das Phantasma, die Illusion der absoluten Konkretheit, dem wir alle folgen, wird hier auf die Spitze getrieben. Das Phantasma einer völligen, existentiellen »Selbstermächtigung«. Denn eine Identität, die nur auf dem subjektiven Gefühl beruht, bedeutet: eine Identität, die sich nur aus sich selbst bestimmt. Eine reine Selbstsetzung.

Das ist die Zurückweisung jeder gesellschaftlichen Bestimmung des Ichs. Die Zurückweisung des Prinzips, dass jede Bestimmtheit in Abgrenzung, in Negation – aber damit auch in Bezug zum Anderen – steht. Es ist eine Bestimmung des Ichs in reiner Selbstbezüglichkeit. Hier zeigt sich also in aller Deutlichkeit: Dies ist die Vorstellung einer anti-gesellschaftlichen, einer anti-dialektischen Subjektivität. In der Selbst-Identifikation kommt die Negation der Gesellschaftlichkeit des Ichs zu ihrem Höhepunkt. Und genau dies ist der Horizont unserer narzisstischen »Moral«.

Welche Rolle aber haben die Anderen in diesem Horizont der Selbstbestimmung? Auch hier bietet das Konzept der Selbst-Identifikation den entscheidenden Hinweis, der weit über ihr eigenes Setting hinausweist: Die Anderen sollen bei der Selbstsetzung der eigenen Identität darauf beschränkt werden – zuzustimmen. Sie sollen einfach dem zustimmen, was man vorgibt. Mehr noch: Der Grundsatz der Selbst-Identifikation hält fest: Der Andere *muss* meine Vorgaben anerkennen, selbst wenn diese seiner Wahrnehmung widersprechen. Er muss mich etwa als Mann akzeptieren, wenn ich mich als solcher bestimme – selbst wenn dies seiner Wahrnehmung nicht entspricht. Ob dies von den Anderen als angemessen wahrgenommen wird oder nicht, ist also egal. Der Grundsatz lautet: Es steht niemandem zu, diese Identifizierung in Frage zu stellen. Und selbst wenn sich meine subjektive Zuschreibung verändert, ist dies von den Anderen zu akzeptieren. Auch in diesem Fall muss der Grundsatz unverrückbar bleiben. Man dekretiert also, dass man das, was man für sich ist, auch für Andere ist. Dass die eigene gefühlte Identität auch jene ist, die man für den Anderen darstellt. Damit soll die gesellschaftliche Wahrnehmung des Ichs sowohl vorgegeben (wie werde ich wahrgenommen) als auch festgeschrieben werden (so habe ich wahrgenommen zu werden). Anders gesagt: Selbstwahrnehmung und Fremdwahrnehmung werden per Dekret zur Deckung gebracht. Dies ist der Versuch, die Tautologie »Ich bin ich« gesellschaftlich festzuschreiben.

Man muss die Paradoxie, die dem innewohnt, klar benennen: Die Selbstsetzung ist eine Negation der Gesellschaftlichkeit des Ichs – ein reines »Ich bin ich«. Zugleich aber bedarf dieses der gesellschaftlichen Anerkennung. Die Paradoxie geht aber noch weiter, denn diese Anerkennung soll selbst verändert werden. Die Anerkennung soll in das anti-gesellschaftliche Prinzip eingeschrieben werden. Was für ein Unterfangen! Der Andere kommt dabei gar nicht als wirklich Anderer vor – sondern nur als Zustimmender. Dies ist kein Spiegeln im Anderen, sondern nur eine rein formelle Anerkennung – da die Zustimmung ja notwendig zu erfolgen hat.

Die Selbst-Identifikation gibt zwar die Definition des Selbst vor – zugleich aber muss das Prinzip als solches gesellschaftlich akzeptiert werden. Und vom Staat gesetzlich durchgesetzt werden. Für Hegel galt noch, der Staat könne Empfindungen, subjektives Wissen nicht anerkennen. Heute soll genau das passieren. Die Selbst-Identifikation versucht dabei einerseits, das Prinzip der Anerkennung zu unterlaufen, indem sie es auf ein reines Zustimmen reduziert – zugleich aber muss dessen Voraussetzung, also der Grundsatz selbst, gesellschaftlich akzeptiert und staatlich bekräftigt werden. Das ist der Widerspruch, in den diese reine Selbstermächtigung mündet.

Selbst-Identifikation markiert wie gesagt einen Höhepunkt der Selbstsetzung, der Selbstermächtigung, der Selbstbezüglichkeit – darin ist sie eben nicht Gegenbild, sondern Modell für Selbstsetzungen *aller* Art.

Die Selbst-Identifikation mag für die »progressive« Version zentral sein – aber sie zeigt in aller Deutlichkeit das Paradigma auf, das auch die »liberale« Version des Narzissmus bestimmt: die Zurückweisung von gesellschaftlichen Vorgaben. Was hier die Zurückweisung von geschlechtlichen Definitionen, ist dort die Zurückweisung von vorgegebenen gesellschaftlichen Regulierungen – von Gesundheitsmaßnahmen bis hin zu Social-Media-Regeln – also die Zurückweisung von dem, was als

»Fremdregulierung«, als nicht eigene Regel verstanden wird.[121] Was hier die geschlechtliche Selbstdefinition, ist dort die Selbstdefinition als allgemeines Weltverhältnis.

Kurzum – in der Selbst-Identifikation bündelt sich alles, was narzisstische »Moral« ausmacht: die Negierung der eigenen Gesellschaftlichkeit, die uneingeschränkte Selbstsetzung des Ichs, die Zurückweisung von Allgemeinkategorien – und zugleich der Widerspruch, in den das mündet: die Notwendigkeit der gesellschaftlichen Anerkennung, die mit alledem einhergeht.

Denn jede Selbstsetzung – wie radikal, wie einzeln, wie konkret auch immer – will und muss dennoch allgemein gelten. Sie muss anerkannt werden. In all ihren Formen.

Deshalb reicht die innere Selbstgewissheit nicht aus – sie muss auch »in ein allgemeines Medium gestellt werden«, wie Hegel es nennt. Auch dort, wo sie sich nicht als Gesetz behauptet. Das bedeutet: Gleichheit mit sich, diese heute höchste und gültigste Überzeugung, das reine »Ich bin ich«, muss sich in all seiner Selbstbezüglichkeit dennoch vergegenständlichen, veräußern. Das Medium dafür ist aber, so Hegel, die *Sprache*: In der Sprache kann der Einzelne in all seiner Konkretheit, hier kann er »als solcher« anerkannt werden. Wie? Indem dieser konkrete Einzelne sich äußert. Indem er *sich* formuliert, *sich* ausspricht. Indem er seine Überzeugungen ausspricht. Wir haben dies ja bei der Selbst-Identifikation gesehen – und es gilt für alle Bereiche, für alle Versionen: Es geht darum, sich zu nennen – und sich eben damit allgemein zu machen.

Halten wir also fest: Das reine Ich, das wir heute alle sein wollen, verwirklicht sich, indem es sich »aus der Form der unmittelbaren Selbstgewissheit (...) in die Form der Versicherung« übersetzt, so Hegel. Indem es sich also aus »Ich fühle mich als ...« in die Behauptung »Ich bin ...« übersetzt. Diese Versicherung versichert also, so Hegel mit seinem unnachahmlichen Humor, dass man davon überzeugt ist, dass seine Überzeugung das Wesen ist.[122] Bevor wir in diesem Strudel der Tautologie untergehen, wollen wir aber das entscheidende Moment für uns heute festhalten: Zentral ist, so Hegel, das Aussprechen dieser Versicherung. Denn es hebt die »Form seiner Besonderheit« auf. Indem man es ausspricht, indem man ausspricht, wer oder was man ist – was heute ja jeder ständig tut –, wird dies allgemein. Dies erhellt auch unsere heutige Obsession mit der Sprache. Wir sehen nun: Die Sprache ist das Medium des narzisstischen Subjekts, das Medium, in dem es seine Einzelheit und Konkretheit als solche zur Anerkennung bringen kann.

Und trotzdem ist dies nicht ganz unsere heutige Situation. Diese weist noch ein weiteres Spezifikum auf. Denn die Sprache selbst hat sich grundlegend verändert: aus einem Medium des Allgemeinen, wie Hegel sie sieht, ist ein Medium des Narzissmus, also ein Medium des Einzelnen und seiner Konkretheit geworden. Diese Veränderung bedeutet einen »narcisstic turn« der Sprache.

Folgen wir hier zwei Sprachspezialistinnen – der Lektorin Katharina Raabe und der Übersetzerin Olga Radetzkaja –, die in einem Gespräch die zentralen Momente dieses »narcisstic turn« benennen.[123]

Ausgangspunkt ist ihnen die immer weitere Ausdifferenzierung der Personenbezeichnungen – diese werden damit von allgemeinen Begriffen zu so etwas wie Namen. Die Tendenz gehe dahin, den Einzelnen nicht mehr allgemein zu bezeichnen – etwa Mann oder Frau –, sondern die Person konkret, einzeln, geschlechtlich zu *markieren*. Etwa durch Genderstern, Unterstrich, Binnen-Doppelpunkt und andere Identitätsmarkierungen.

Wir würden sagen: Das entspricht dem Versuch, die Sprache auf jene Konkretheit zu polen, die unsere narzisstische

Richtschnur ist. So wird die Sprache zum Medium, aber auch zum Instrument der narzisstischen »Moral«. Man könnte es auch als eine anti-kopernikanische Wende der Sprache bezeichnen: Aus einem Medium des Allgemeinen (das doch eine gewisse Distanz zum Selbst eingeführt hat) soll ein Medium der Zentrierung auf das Ich werden.

Aus der Versicherung »Ich bin ich« wird so das Recht, ja mehr noch: der Anspruch auf sprachliche Repräsentation – das heißt der Anspruch jeder Person, in ihrer Besonderheit sprachlich gewürdigt zu werden, so Raabe. Was klarerweise zur Partikularisierung der Sprache mit immer neuen Formen der Besonderung führe.

Diese Wendung beschränkt sich längst nicht mehr auf Political Correctness mit deren emanzipatorischem Anspruch – und deren manchmal überschüssigen Formen. Man finde die neuen Regeln der sprachlichen Partikularisierung überall, so Raabe: in der öffentlichen Verwaltung, in Unternehmen, in der Werbung, in den Medien, in Pressemitteilungen, in Promotionsordnungen, in Stellenangeboten, in Kundenansprachen. »Unpersönliche Instanzen – Verwaltung oder der Markt – sprechen mich in meinem So-Sein höchstpersönlich an.« Es ist dies die Illusion, jeder könne seine Konkretheit nicht nur äußern, sondern in dieser auch angesprochen, erreicht werden. Jeder höchstpersönlich.

Zur Partikularisierung der Sprache, zu ihrer Wendung hin zum Medium der narzisstischen »Moral« gehört aber auch die Neuformulierung der »moralischen« Frage: Diese lautet, so Raabe – im Einklang mit dem, was wir als anti-kopernikanische Wende bezeichnet haben: Wird die Sprache mir gerecht? Und nur ich, nur das jeweilige Ich kann jeweils entscheiden, ob es sich gewürdigt fühlt – oder gekränkt.

Das Ich mit seinen Empfindungen ist hier die entscheidende Instanz – und es ist nur allzu klar, dass diese Würdigung nie tatsächlich, nie gänzlich gelingen kann. Denn bedeutet die sprachliche Artikulation bei Hegels romantischem Subjekt noch den Zugang zu einer gewissen Allgemeinheit, so geht es nun um eine uneinholbare Wendung, die das Allgemeine der Sprache auf das Partikulare umpolen soll.

Die Folgen, die daraus resultieren, sind eindeutig.

Zum einen ist klar: Wenn alle unmittelbar das Allgemeine sein wollen – und damit kehren wir zu Hegel zurück –, dann folgt daraus notwendigerweise »ein allgemeiner Widerstand und Bekämpfung aller gegeneinander«[124]: Jeder versuche, »seine eigene Einzelheit« geltend zu machen – aber keiner komme wirklich dazu, wenn alle dasselbe versuchen und sich so gegenseitig zum Widerstand werden. Was daraus folgt, nennt Hegel eine »allgemeine Befehdung« – ein treffendes Wort für den öffentlichen Diskurs heute.

Zum anderen aber gibt es auch die gegenteilige Folge: Das Sich-Nennen, das Sich-Aussprechen muss kein »einsamer Gottesdienst« bleiben, wie Hegel die Selbstbezüglichkeit in einer wunderbaren Formulierung nennt. Das Sich-Aussprechen kann auch eine *Gemeinde* bilden – also Gruppen, Gemeinschaften. Welcher Art diese auch sind, ihr Band ist stets »die gegenseitige Versicherung von ihrer Gewissenhaftigkeit, guten Absichten, das Erfreuen über diese wechselseitige Reinheit und aber Laben an der Herrlichkeit des Wissens und Aussprechens, des Hegens und Pflegens solcher Vortrefflichkeit«.[125] Was ist das, wenn nicht eine wunderbare Beschreibung der narzisstischen Gemeinschaft, wie man sie heute allerorts findet – von queeren bis zu Liefestyle-Gruppen aller Art?

In der vulnerablen Version der narzisstischen »Moral« kommt da noch ein Spezifikum hinzu. Das verwundbare Selbst muss sich schützen oder muss geschützt werden – durch Regeln, wie etwa die berühmten Triggerwarnungen. Das, was da konstruiert werden soll, der *safe space*, der Sicherheit und Schutz vor Verletzungen aller Art bieten soll, nennt Žižek einen »Kokon«. Als Kokon wird die narzisstische Gemeinschaft zu einem ozeanischen Raum. So etwa das vielzitierte Beispiel der Universitäten: Diese sollen in solch einen ozeanischen Raum verwandelt werden, dessen Schutz darin besteht – wir können es jetzt benennen –, Raum für den sekundären Narzissmus zu sein.

Daran zeigt sich auch deutlich die Veränderung der narzisstischen Gemeinschaft, deren Hegemonie: Aus den Nischen der Über-Ich-Kultur, in die sich die abgehauten, streunenden 1960er Kids zurückgezogen haben, sind die *safe spaces* geworden, die offensiv ein Terrain des Ozeanischen markieren.

All diese Arten von Gemeinden – ob in vulnerabler oder in robuster Variante – haben aber eines gemeinsam: In dem wechselseitigen Versichern der eigenen Vortrefflichkeit findet Geselligkeit statt – nicht aber Gesellschaft. Anders gesagt: Narzisstische Gemeinschaften kennen nur Geselligkeit. Denn bei der wechselseitigen Versicherung der eigenen Vortrefflichkeit ist es wie bei der Selbst-Definition: Anerkennung ist hier nur ein »Echo« der eigenen Selbstgewissheit. Echo – es gibt wohl keinen treffenderen als diesen Hegel'schen Begriff, um klarzumachen, dass es in all diesen Fällen, in all diesen Gemeinden nur einen Schein von Anerkennung gibt. Diese ist keine tatsächliche Anerkennung, sondern eben nur das: ein Echo der eigenen Selbstbehauptung.

Diese »Anerkennung« beruht also auf keiner Gemeinsamkeit. Sie ist höchstens eine Addition von Echos. Sie ist nur eine Bekräftigung der eigenen Selbstgewissheit – belässt einen aber in seiner Isolation, in seiner »tiefsten innerlichen Einsamkeit«, wie es bei Hegel heißt.

Damit ist dieses Versammeln, diese Addition, diese narzisstische Geselligkeit eben nur ein Schein von Gesellschaftlichkeit. Es ist die Illusion von Sozialität bei Aufrechterhaltung ihres Negierens – die »Gesellschaftlichkeit« der Selbst-Definierten also. Selbst in den Gemeinden, selbst in den Gemeinschaften lässt sich dieses wesentliche Moment des Narzissmus aufrechterhalten: Was hier stattfindet, ist ein paradoxes Gesellschaftssein mittels Negation von Sozialität. Dieses findet sich in allen narzisstischen Varianten.

Aber ist die narzisstische »Moral« mit all diesen Illusionen jene Ermächtigungspraxis, als die sie sich selber versteht? Eine reine Befreiungs-, eine Freiheitspraxis – ohne Einhegung, ohne Einschränkung?

Wir haben gesehen, dass dieser Selbstsetzung des »Ich bin ich« in all seinen Formen, in all seinen Versionen und in all seinen Foren ein Widerspruch innewohnt: der Widerspruch zwischen reiner Selbstgewissheit, also innerer Überzeugung, und äußerer Anerkennung.

Nun müssen wir in einem letzten Schritt sehen, wo dieser Widerspruch hinführt.

Und da zeigt sich: Gerade weil die Selbstgewissheit nur auf dem eigenen Gefühl gründet, ist sie zugleich absolut und prekär. Die Selbstgewissheit wird heimgesucht von einer inneren Prekarität (Gefühle ändern sich – wie sehr kann ich ihnen trauen? Verstehe ich sie richtig?). Ebenso aber unterliegt sie auch einer äußeren Prekarität. (Wird meine gefühlte Identität angenommen, geachtet? Gilt sie? Wie und als was werde ich wahrgenommen?)

Gerade weil dies nur eine gefühlte Identität ist, gerade weil sie keine andere Grundlage, keine andere Begründung hat als mein Gefühl (und hier muss noch einmal betont werden, dass das für alle narzisstischen Versionen gilt) – gerade deshalb hat Zustimmung für sie einen ganz besonderen Stellenwert.

Denn das, was bestätigt werden muss, ist meine individuellste, konkreteste, einzelne Identität – und das bedeutet: Das ist keine symmetrische Anerkennung von Gleichen, kein Bezug auf ein gemeinsames Allgemeines. Es ist nur die Anerkennung meines individuellsten, konkretesten, einzelnen Wesens. Dieses muss sich also völlig entäußern, um einer möglichen Zustimmung dargeboten zu werden. So wird die Anerkennung zu einer grundlegenden narzisstischen Garantie, zu einer existentiellen Zustimmung. Existentieller als jede andere Anerkennung, weil sie mich ja in meiner innersten Gewissheit bestätigen muss. Ob außerhalb oder innerhalb der Echoräume, in denen wir uns verschanzen.

Das aber heißt: Kein Sesselkreis, wie triggergewarnt auch immer, keine Lifestyle-Gruppe, kein Golfclub, keine Gemeinde der wechselseitigen Versicherung der eigenen Vortrefflichkeit ist tatsächlich ein Kokon. So wie es auch kein wirkliches Jenseits der Konkurrenz, keinen wirklichen Eigenwert und keine wirkliche Sicherheit im Erfolg gibt. Denn immer ist das Rettende nur erreichbar, indem man sich existentiell preisgibt. Existentiell bedeutet: Man wirft sich in seiner ganz konkreten Existenz, ganz einzeln, ohne Schutz irgendeiner Allgemeinkategorie der Anerkennung zum Fraß vor.

Wir sehen hier, wie die Selbstsetzung in ihr Gegenteil kippt: Das Ideal einer reinen Selbstermächtigung kippt in ein völliges Ausgeliefert-Sein. Die grenzenlose Zurückweisung der Gesellschaftlichkeit führt in eine existentielle Abhängigkeit von ebendieser. Denn das Selbst ist hier in beispielloser Weise der Einsatz. Und genau das macht den Selbstbezug zur Qual. Hier zeigt sich: Das imaginäre Verhältnis zu den realen Existenzbedingungen, von dem wir ausgegangen sind, die Ideologie also, ist nicht einfach nur Trost der Geschundenen, nur falsche Idylle, nur illusionärer Eskapismus, nur trügerische Hoffnung. Es ist auch eine Pein eigener Art. Ein Moment, das der Narzissmus zu ganz besonderer Perfektion gebracht hat – in den *Qualen des Narzissmus*. Denn hier exponieren wir uns in aller Unerbittlichkeit. Bis in unsere Grundfesten.

So mag die Selbstsetzung in all ihren Versionen eine Ermächtigung sein, die Befreiung vom Zwang des Allgemeinen – zugleich aber mündet sie in einer völligen Selbstentäußerung. Deshalb lautet das Fazit: Dies ist nur ein Rausch der Selbstheit, ein Rausch der Tautologie des »Ich bin ich«. Ein anderes Wort dafür lautet: freiwillige Unterwerfung – das ist jene Unterwerfung, die als Ermächtigung erlebt wird. Unsere ist die des Narzissmus, der narzisstischen »Moral«, die sich als eine Reihe von Widersprüchen erwiesen hat: ein anti-moralisches Prinzip als Moral. Ein anti-gesellschaftliches Prinzip als Gesellschaftlichkeit. Eine Selbstsetzung, die der Anerkennung bedarf. Und eine Anerkennung, die nur ein Echo ist.

Dieses Buch hat mit dem Aufruf Étienne de La Boéties begonnen. In unserer heutigen Situation aber ist solch ein Aufruf nicht möglich – ein Aufruf, der aus unserer freiwilligen Unterwerfung, aus unserer Knechtschaft hinausführt. Wie sollte man sich auch auflehnen? Von wem sich befreien?

Und ein Hegel'scher Ausweg? Für Hegel müsste die narzisstische »Moral«, die narzisstische Ideologie notwendigerweise an ihren Widersprüchen scheitern und untergehen – woraus eine neue Gestalt hervorgehen würde.

Wir haben heute nicht die Möglichkeit La Boéties – uns fehlt aber auch der Hegel'sche Optimismus. So bleibt uns nur die Feststellung: Die Ideologie des Narzissmus ist eine Sackgasse.

Anmerkungen

1 Wir lassen fürs Erste einmal all die Abwehrformen von Corona-Leugnern jeglicher Art beiseite. Denn für unsere Fragestellung ist das Befolgen viel spannender.
2 Das genaue Datum der Niederschrift ist unbekannt. Erstmals erschienen ist der Text 1576.
3 Etienne de La Boétie: Abhandlung über die freiwillige Knechtschaft, Innsbruck – Wien 2019
4 Ebd., S. 6
5 Ebd., S. 42
6 Baruch de Spinoza: Theologisch-politischer Traktat, Hamburg 2012 (Erstveröffentlichung 1670), S. 6
7 Ebd., S. 255 (Kursivsetzung I. C.)
8 Etienne Balibar: La crainte des masses. Politique et philosophie avant et après Marx, Paris 1997, S. 67 (Übersetzung I. C.)
9 Louis Althusser: Ideologie und ideologische Staatsapparate, Positionen Band 3, Westberlin 1977
10 Ich übernehme hier die Schreibweise Althussers, der das SUBJEKT durch Großbuchstaben kenntlich macht, um es »von den gewöhnlichen, kleingeschriebenen Subjekten zu unterscheiden«.
11 James Joyce: Ein Porträt des Künstlers als junger Mann, Zürich 1993, S. 100
12 In Bezug auf unsere Ausgangsfrage können wir fürs Erste festhalten: Auch in der Corona-Krise muss also eine Anrufung ergangen sein. Wir wissen allerdings noch nicht, welche.
13 Althusser: op. cit., S. 133. Ich habe zu diesem ganzen Text ein Buch geschrieben (»Der Althusser-Effekt«). Hier soll es nur um diesen Satz gehen.
14 Baruch de Spinoza: Ethik, Leipzig 1919, S. 177 (Teil IV, Lehrsatz 1, Anmerkung)
15 Louis Althusser: Für Marx, Frankfurt/M. 1968, S. 183
16 Ebd.

17 Althusser: Ideologie und ideologische Staatsapparate, S.148
18 Richard Sennett: Verfall und Ende des öffentlichen Lebens. Die Tyrannei der Intimität, Berlin 2008, S.577
19 Christopher Lasch: Das Zeitalter des Narzissmus, München 1982, S.27
20 Sigmund Freud: Zur Einführung des Narzissmus, in: Psychologie des Unbewußten, Band III, Frankfurt/M. 1975, S.61
21 Siehe dazu: Sigmund Freud: Das Unbehagen in der Kultur, Stuttgart 2017
22 Freud: Narzissmus, S.61
23 Daran wird auch deutlich, dass Narzissmus eben keine Ego-Zentrik, keine Zentrierung aufs Ich, ist.
24 Freud: Narzissmus, S. 61
25 Ebd., S.67
26 Jacques Lacan: Das Spiegelstadium als Bildner der Ichfunktion wie sie uns in der psychoanalytischen Erfahrung erscheint, in: Schriften I, Weinheim, Berlin 1986
27 Für Lacan findet diese Szene so früh statt, während es hier um einen viel späteren Vorgang geht. Aber zum einen wird für Lacan hier der Grundstein gelegt für die Bildung des Ichs und seines Ideals. Und zum anderen geht es um das zugleich Exemplarische und Grundsätzliche des Vorgangs.
28 Freud: Narzissmus, S.60
29 Ovid: Metamorphosen, Köln 2016, S.76
30 Ebd.
31 Freud: Unbehagen in der Kultur, S.96
32 Wobei es in unserem Fall ja ums Verkleben mit dem Ich-Ideal geht. Zu dieser Differenz kommen wir gleich.
33 Sennett: op. cit., S.565, 566
34 In Bezug auf unsere Ausgangsfrage können wir nun festhalten: Die Anrufung, die in der Corona-Krise ergangen ist, muss in Form einer narzisstischen Anrufung ergangen sein. Ist es doch jene Anrufung, die heute vorherrschend ist. Derzeit ist noch unklar, wie diese genau zu denken ist. Im weiteren Verlauf soll sich dies klären.
35 Helmut Dubiel: Der nachliberale Sozialcharakter, in: Ungewißheit und Politik, Frankfurt/M. 1994
36 Dieser imaginäre Bezug ist nicht notwendigerweise eigenen gesellschaftlichen Bereichen zuzuordnen (etwa der Familie oder der Kunst) – wie Dubiel das macht. Er entspricht vielmehr einer eigenen Art des Weltzugangs, des Weltverhältnisses, der überall anzutreffen ist.

37 Michel Foucault: Die Geburt der Biopolitik. Geschichte der Gouvernementalität II, Frankfurt/M. 2019. Diese Vorlesungen sind erst nach Dubiels Text (2004 auf Französisch, 2006 auf Deutsch) erschienen.
38 Wobei wir festhalten wollen: Die beliebte Erzählung einer Gruppe, die sich am Schweizer Mont-Pellerin getroffen habe, um den neoliberalen Umbau nicht nur zu konzipieren, sondern auch strategisch zu planen und dann durchzuführen, ist genau das: eine Erzählung.
39 Ebd., S. 335
40 Ebd., S. 336
41 Ebd., S. 321
42 Ebd.
43 Ebd., S. 312
44 Ebd., S. 359
45 Jene Manipulation, jene Verhaltenslenkung durch positive Anreize, von der heute ständig – in Corona-Zeiten aber noch mal verstärkt – die Rede ist.
46 Ebd., S. 319
47 Jacques Lacan: Séminaire XV: L'Acte Psychanalytique, Séminaire du 15 Novembre 1967, S. 22 (unveröffentlicht) (Übersetzung I. C.)
48 Ulrich Bröckling: Das unternehmerische Selbst. Soziologie einer Subjektivierungsform, Frankfurt/M. 2007
49 Wir werden uns in Kapitel 6 ausführlich damit auseinandersetzen.
50 Im Unterschied zur Autonomie, die eine Kategorie der Über-Ich-Anrufung ist.
51 Bröcklung zieht hier Becker in expliziter Differenz sowohl zu den Ordoliberalen als auch zu Friedrich Hayek heran.
52 Gary S. Becker: Der ökonomische Ansatz, zitiert nach Bröckling: op. cit., S. 89
53 Wir sind diesem in Kapitel 1 begegnet.
54 Judith Butler: Psyche der Macht. Das Subjekt der Unterwerfung, Frankfurt/M. 2019, S. 66
55 Ein Wort, das wir uns von Louis Althusser hier gewissermaßen ausborgen.
56 Siehe dazu: Andreas Reckwitz: Die Gesellschaft der Singularitäten. Zum Strukturwandel der Moderne, Berlin 2017
57 Siehe Kapitel 3
58 Siehe dazu: Roland Barthes: Mythen des Alltags, Frankfurt/M. 1964
59 Auch Reckwitz kennt solche Aufladungen – etwa wenn er schreibt: Essen könne »über seinen Nutzen hinaus« zum »Träger von Wert« werden, von Werten wie gesund, originell oder heilig. (Reckwitz: op. cit., S. 85)

60 Die Besonderung kann natürlich über das reine Qualitätssegment hinaus wirksam werden – als »gesunkenes Kulturgut« sozusagen, wo es in verwässerter Form in die Massenproduktion eindringt.

61 Ludwig Wittgenstein: Tractatus logico-philosophicus, Frankfurt/M. 1963, 6.54

62 Ulrich Bröckling hat dem 360°-Feedback eine ausführliche Analyse gewidmet. Wir greifen in unserer Darstellung auf diese zurück. Bröckling sieht darin kein beliebiges, sondern vielmehr ein exemplarisches, ein paradigmatisches Instrument. Siehe dazu: Bröckling: op. cit., S. 236 ff.

63 Reckwitz' »absolute Differenz« des Ersten gegenüber den graduellen Unterschieden der Konkurrenten multipliziert sich im System der »kleinen Chefs«, der Unterchefs, der Teamleitungen. So kann die Einzigartigkeit über die Nummer 1 hinaus ausgedehnt werden. In eine Art von Dosierung der Einzigartigkeit.

64 Sigmund Freud: Massenpsychologie und Ich-Analyse, Frankfurt/M. 1974, S. 9

65 Freud: Narzissmus, S. 67

66 Eigentlich müsste es ja »Krücken des Narzissmus« heißen, da die Krücken selbst ja nicht narzisstisch sind. Für eine bessere Lesbarkeit aber behalten wir die Bezeichnung »narzisstische Krücke« bei und nehmen die leise Verzerrung in Kauf.

67 Axel Honneth: Das Ich im Wir. Studien zur Anerkennungstheorie, Berlin 2010, S. 32

68 Siehe dazu: Georg Franck: Ökonomie der Aufmerksamkeit. Ein Entwurf, München 2007

69 Diesen Unterschied haben wir am Ende von Kapitel 2 schon kurz betrachtet.

70 Siehe dazu: Freud: Massenpsychologie, S. 70

71 Ludwig Feuerbach: Das Wesen des Christentums, Köln 2014, S. 146

72 Ich möchte hier etwas aufnehmen und weiterdenken, was ich in meinem letzten Buch »Ich und die Anderen« zu entwickeln versucht habe: den Gegensatz zwischen vollen und nicht-vollen Identitäten. Dort war volle Identität die Illusion einer selbstverständlichen Identität, die aus einer unhinterfragten Einheit mit einer homogenen Gesellschaft kam. Während nicht-volle Identitäten die stets prekären, stets ungesicherten Identitäten in den neuen pluralisierten, vielfältigen Gesellschaften sind, die eben keine fixen Identitäten mehr »garantieren« können. Hier haben wir es nun mit einem neuen Konzept von voller Identität zu tun – jenem, das einer narzisstischen Gesellschaft entspricht.

73 Der Ruhm, schreibt Spinoza, ist eine »Zufriedenheit mit sich selber, die bloß durch die Meinung der großen Menge genährt wird«. Baruch de Spinoza: Ethik, Leipzig 1919, IV. Teil. Von der Knechtschaft. Lehrsatz 58, Anmerkung

74 Sigmund Freud: Totem und Tabu. Einige Übereinstimmungen im Seelenleben der Wilden und der Neurotiker, Frankfurt/M. und Hamburg 1956, S. 88

75 Freud unterscheidet Animismus, Religion und Wissenschaft als Reifephasen – sowohl des Individuums als auch der Weltanschauungen der Menschheitsgeschichte.

76 Ruhm, »der bloß durch die Meinung der großen Menge genährt wird«, so Spinoza, kann jederzeit aufhören. Denn die große Menge ist »veränderlich und unbeständig« (Spinoza: Ebd.)

77 Stefanie Graefe: Resilienz im Krisenkapitalismus. Wider das Lob der Anpassungsfähigkeit, Bielefeld 2019

78 Wir sehen hier von Rechtsextremen ab, die ja ihre eigene, offensichtliche Agenda haben.

79 Spinoza: Traktat, S. 4

80 In der psychoanalytischen Terminologie meint Objekt das, was die Position des Gegenübers einnimmt – und keine Diskriminierung wie in der Umgangssprache.

81 Wir sehen hier noch einmal die Verstrickung, das Ineinandergreifen von Innen und Außen – wie bei der ersten Krücke. Nun aber in veränderter Form.

82 1921 konnte Freud den Terminus »Führer« noch in der Unschuld von »Oberhaupt« verwenden. Wir wollen diesen Freud'schen Wortgebrauch trotz allen Unbehagens beibehalten.

83 Freud weist explizit darauf hin, dass die Funktion des Führers auch von etwas Abstraktem – etwa einer Idee oder einem Wunsch, eingenommen werden kann. Wir werden darauf zurückkommen.

84 Feuerbach: op. cit., S. 120 (Kursivsetzung I. C.)

85 Siehe: Jean Laplanche, Jean-Bertrand Pontalis: Das Vokabular der Psychoanalyse, Frankfurt/M. 1972, S. 204

86 Die Kehrseite des Stars ist das böse Genie, das Slavoj Žižek immer wieder analysiert.

87 Jacques Lacan: Das Ich in der Theorie Freuds und in der Technik der Psychoanalyse. Das Seminar, Buch II (1954/55), Olten und Freiburg im Breisgau 1987, S. 171

88 Freud: Massenpsychologie, S. 33

89 Ebd., S. 55 (Kursivsetzung im Original)

90 Honneth: op. cit., S. 274

91 Ferdinand Tönnies hat in seinem Klassiker »Gemeinschaft und Gesellschaft« diese als zwei gegensätzliche Arten des menschlichen Zusammenlebens unterschieden: die traditionale Gemeinschaft – etwa das Dorf oder die Kirche – und die moderne Gesellschaft voneinander getrennter Individuen. Im heutigen Diskurs taucht das Konzept der Gemeinschaft immer wieder auf. Etwa im »neuen Tribalismus« von Michel Maffesoli, der in postmodernen Gesellschaften eine Wiederkehr von Gemeinschaften als nunmehr urbane Formationen sieht: Gruppen, die sich durch Geschmack, Lebensstil, Neigungen bilden. Und auch Andreas Reckwitz spricht von einer Rückkehr als »Neo-Gemeinschaften«. Wir werden diesen Begriff allerdings nicht verwenden, da wir mit Reckwitz nur darin übereinstimmen, dass es sich bei den heutigen Formationen um neuartige Gemeinschaften handelt – nicht aber darin, wie sich diese Neuartigkeit bestimmt. Auch der Begriff des »Tribalismus« deckt sich nicht mit unserer Konzeption.

92 Wobei diese Vorgaben nicht notwendigerweise jene der gesamten Gesellschaft sein müssen. Die Über-Ich-Masse kann auch zur Trägerin einer anderen, einer neuen Autorität werden – anstelle und auch gegen die Gesamtgesellschaft.

93 Diedrich Diederichsen: Stray Cats: Streunen, Verabreden, Abhauen. Jugend. Gegenkultur und Diaspora, in: Gertraud Auer, Isolde Charim (Hg.): Lebensmodell Diaspora. Über moderne Nomaden, Bielefeld 2012

94 Andreas Reckwitz spricht von »Starifizierung«, wenn ein kulturelles Gut – »sei es ein Ding, eine Dienstleistung, ein mediales Format oder ein Ereignis« – zum Star wird. Das bedeutet bei ihm, dass es eine überragende Aufmerksamkeit auf sich zieht. Wir aber sprechen vom Starprinzip, das eine libidinöse Massenbindung herzustellen vermag.

95 So sieht etwa Slavoj Žižek den Konsum als ständige und stets unbefriedigte Suche nach jenem Objekt, das mich »vollständig« macht – eine Suche, die von dem Versprechen angetrieben wird, es gäbe solch ein besonderes Objekt.

96 Religiöse Gemeinschaften gibt es also in beiden Varianten.

97 Freud: Massenpsychologie, S. 41

98 Freud: Unbehagen in der Kultur, S. 64

99 Positiv und negativ meint hier nicht richtige und falsche Vergesellschaftung – sondern bezeichnet nur die Art des Affekts.

100 Siehe dazu: Michel Foucault: Der Gebrauch der Lüste. Sexualität und Wahrheit 2, Frankfurt/M. 1991

101 Michel Foucault: Dits et Ecrits. Schriften. Vierter Band, Frankfurt/M. 2005, S. 683 (Kursivsetzung I.C.)

102 Ebd., S. 972

103 Max Weber: Die protestantische Ethik und der Geist des Kapitalismus, Hamburg 2020

104 Schon in den Klöstern findet sich nicht nur virtuose Selbstquälerei, sondern auch eine rationale Lebensführung, so Weber. Aber anders als die »außerweltliche« Askese in den mönchischen Enklaven bedeutet der Protestantismus den Schritt hinaus aus den Klostermauern in die »innerweltliche Askese« – das heißt: in die Durchdringung des Alltagslebens. Aus religiöser Sicht kommt dies einer Aufwertung des Alltagslebens gleich: Der gesamten weltlichen Alltagsarbeit komme nun eine religiöse Bedeutung zu.

105 Wir sehen hier, dass Ethiken die jeweiligen Elemente – also Autorität, Strafe auf der einen Seite und Selbsttechniken auf der anderen Seite – unterschiedlich kombinieren. So können auch Ethiken mal eher Über-Ich-Formen, mal eher Ideal-Formen betonen.

106 Peter Sloterdijk: Du musst Dein Leben ändern. Über Anthropotechnik, Frankfurt/M. 2019

107 Den möglichen Einwand, der Sport sei doch seit seiner massenhaften Ausdehnung und Professionalisierung genau dies nicht mehr, kontert Sloterdijk vorauseilend, aber nicht überzeugend, indem er die »Amateure« beschwört, die diesen Geist gegen den »Resultatfetischismus« der Profis aufrechterhalten würden. (Ebd., S. 332)

108 Mit unverhohlenem Abscheu spricht er von den erkauften Steigerungsformen (von der plastischen Chirurgie bis hin zu Dopingmitteln aller Art) als eine »Metanoia zum halben Preis« – eine billige Umkehr im Gegensatz zu einer ehrlich erarbeiteten Selbstintensivierung.

109 Slavoj Žižek: Die Tücke des Subjekts, Frankfurt/M. 2001, S. 509

110 Ebd., S. 440. Es gilt festzuhalten, dass »pervers« hier keine Pathologie bezeichnet, sondern vielmehr ein – heute gesellschaftlich vorherrschendes – Weltverhältnis.

111 Siehe dazu: Butler: op. cit., S. 76 ff.

112 Žižek: Tücke des Subjekts, S. 477

113 Obwohl es naheliegend wäre, folgen wir hier nicht Friedrich Nietzsche. Naheliegend, weil es gerade Nietzsche war, der gut und böse von gut und schlecht nachdrücklich unterschieden hat. Sein »Jenseits von gut und böse« ist ja zum geflügelten Wort geworden. Aber zum einen definiert er diese als Differenz zwischen Stärke und Schwäche. Und zum anderen ist ihm das so verstandene »gut« ein anzustrebendes Ziel.

114 Spinoza: Ethik, III. Teil. Von den Affekten. Lehrsatz 39. Anmerkung
115 Ebd.
116 Slavoj Žižek: op. cit., S. 343
117 Wir wollen hier festhalten, dass sich dies nur auf den späten Foucault der Selbsttechnologien bezieht – und nicht auf den Machttheoretiker.
118 Siehe: Georg Wilhelm Friedrich Hegel: Phänomenologie des Geistes, Frankfurt/M. 1986
119 Slavoj Žižek: Der Mut der Hoffnungslosigkeit, Frankfurt/M. 2018, S. 301
120 Man findet das auch an ganz unerwarteter Stelle: bei den Emojis. Also bei jenen Piktogrammen, die alle Welt zur schnellen Kommunikation verwendet. Über diese Zeichen gab es eine identitätspolitische Auseinandersetzung. Das amerikanische Unicode-Konsortium entscheidet darüber, welche Emojis zugelassen werden. Apple, Facebook, Netflix und Google gehören dem Konsortium an. Die Zulassungen werden immer zahlreicher, die Zeichen werden also immer vielfältiger, aber bei jeder Neuerung gibt es Kritik von Minderheiten. So forderten etwa Rothaarige ein eigenes Emoji. Oder indische Studenten kritisierten den Unicode-Katalog. Denn es gibt schon ein Emoji für Burger, für Pizza, für Sushi, aber keines für ein indisches Reisgericht. (Siehe dazu: Adrian Lobe: Politische Ökonomie der Emojis, in: die tageszeitung, 18.3.2021) Auch hier ist es die Aufzählung, die immer unzureichend bleibt. Auch hier wird um eine fortschreitende Konkretisierung gerungen. Immer genauer soll das Konkrete dargestellt werden. Immer detaillierter. Diskriminierung bedeutet dann, in allgemeinen Begriffen, Bildern nicht vorzukommen.
121 Diese Zurückweisung von nicht eigenen Regeln umfasst ein weites Spektrum, das von den so genannten Querdenkern bis zu Elon Musk reicht. Daran zeigt sich, dass der Grad der Illusionierung verkehrt proportional zur Klassenlage ist: je ärmer, desto illusionärer. Zugleich aber gilt: Das Ideal der reinen Selbstsetzung bleibt immer ein Phantasma.
122 Hegel: Phänomenologie, S. 479 f.
123 S. perlentaucher: »Im neuen Turm zu Babel« am 23.8.2021
124 Ebd., S. 282
125 Ebd., S. 481